Como fazer qualquer pessoa se apaixonar por você

Leil Lowndes

Como fazer qualquer pessoa se apaixonar por você

85 estratégias baseadas
na neurociência para melhorar
sua conexão com as pessoas

Tradução
Karla Lima

Principis

Esta é uma publicação Principis, selo exclusivo da Ciranda Cultural
© 2025 Ciranda Cultural Editora e Distribuidora Ltda.

Copyright © 1995, Debra McCarthy-Anderson e Carol Bruce-Thomas. Todos os direitos reservados. Reproduzido sob autorização do editor, Harlequin Books S.A.

Traduzido do original em inglês
How to make anyone to fall in love with you

Texto
Leil Lowndes

Editora
Michele de Souza Barbosa

Tradução
Karla Lima

Preparação
Walter G. Sagardoy

Produção editorial
Ciranda Cultural

Diagramação
Linea Editora

Revisão
Anoar Provenzi

Design de capa
Ana Dobón

Dados Internacionais de Catalogação na Publicação (CIP) de acordo com ISBD

L919c	Lowndes, Leil
	Como fazer qualquer pessoa se apaixonar por você / Leil Lowndes ; traduzido por Karla Lima. – Jandira, SP : Principis, 2025.
	352 p. : il. ; 15,5cm x 22,6cm.
	ISBN: 978-65-5097-246-2
	1. Desenvolvimento pessoal. 2. Autoajuda. 3. Autoconhecimento. 4. Amor-próprio. 5. Autoestima. 6. Relacionamentos. 7. Empoderamento. I. Lima, Karla. II. Título.
	CDD 158.1
2025-872	CDU 159.947

Elaborado por Odilio Hilario Moreira Junior - CRB-8/9949

Índice para catálogo sistemático:
1. Autoajuda 158.1
2. Autoajuda 159.947

1ª edição em 2025
www.cirandacultural.com.br
Todos os direitos reservados.
Nenhuma parte desta publicação pode ser reproduzida, arquivada em sistema de busca ou transmitida por qualquer meio, seja ele eletrônico, fotocópia, gravação ou outros, sem prévia autorização do detentor dos direitos, e não pode circular encadernada ou encapada de maneira distinta daquela em que foi publicada, ou sem que as mesmas condições sejam impostas aos compradores subsequentes.

Para cumprir a promessa do título, Como fazer qualquer pessoa se apaixonar por você *apresenta 85 técnicas baseadas em estudos científicos sobre a natureza do amor romântico.*

Sumário

1. **Qualquer pessoa? Sim, praticamente qualquer pessoa** 15
   - A ciência "descobre" o sexo 17
   - Como mais pesquisas foram compiladas 20
   - Como as técnicas foram desenvolvidas 21
   - Como testei as técnicas 23

2. **O que faz uma pessoa se apaixonar? Os seis elementos** 25
   - I. Primeiras impressões 26
   - II. Temperamento semelhante, necessidades complementares ... 27
   - III. Equidade 28
   - IV. Ego 29
   - V. Reparadores precoces de gênero 30
   - VI. Receita para sexo 32

3. **O aspecto físico de se apaixonar** 34
   - "Por que dá cócegas por dentro?" 34
   - "A pessoa precisa ter um cérebro de ervilha para se apaixonar por mim?" 34
   - "Por que nos apaixonamos por uma pessoa e não por outra?" ... 36
   - "Como coisinhas dessas podem dar início ao amor?" 36

4   Onde estão todos os homens e mulheres bacanas? 40
    Procurando o amor em todos os lugares errados 40

5   Existe amor à primeira vista? 42

PARTE 1: PRIMEIRAS IMPRESSÕES
Não existe segunda chance para o amor à primeira vista

6   Como causar uma primeira impressão bombástica 47
    Primeiras impressões duram para sempre 47
    Esteja de prontidão para o amor – sempre! 48
    Mantenha-se psicologicamente "preparado para arrasar" 50

7   Como acender o amor à primeira vista 53
    Quanto olho no olho é necessário para imitar o amor? 56
    Como conseguir olhos provocantes 58
    Como despertar sensações primitivas, inquietantes e sensuais
        em sua Presa 60
    Olhos maliciosos são muito legais 62

8   Sua primeira abordagem 65
    A delicada arte de escolher (não exclusivamente para os homens) 65
    Caçadores, façam o primeiro movimento... *Rápido* 66
    Caçadoras, façam o movimento rápido... *Primeiro* 70
    Primeiros movimentos que funcionam para mulheres 71

9   Sua primeira linguagem corporal 75
    Deixe que seu corpo conduza a conversa 75
    Quando você é a Presa 79
    A palavra que pode salvar seu relacionamento 80
    "Mas isso é tão básico!" 83

10 Sua primeira conversa 84
    Conversar é compor música bonita juntos 84
    Conversar é como fazer amor 85

Conversar é como vender 86
Como descobrir quais assuntos excitam sua Presa.................................. 89
Como levar sua Presa a pensar que vocês *já estão* apaixonados 92
Aproxime-se ainda mais oferecendo o presente da intimidade 94
Faça seu estilo de vida "encaixar-se" no Mapa do Amor de sua Presa...... 96

11 Seu primeiro encontro 100
Agora o jogo começa a sério.. 100
"Quando devo fazer meu movimento?" 101
"Bancar a difícil: devo ou não devo?" 102
O melhor primeiro encontro, cientificamente comprovado 105
Dê à sua Presa as comichões do primeiro encontro 106
Plante as sementes da semelhança... 108
Dicas para primeiro encontro em restaurantes...................................... 109
Caçadores, um pouco de asseio e de polimento nos modos e na linguagem 111
Caçadoras, perdoem pequenas falhas dele.. 112
Bombas/mancadas do primeiro encontro 114
"Não tenho nada pra vestir" 115

PARTE 2: TEMPERAMENTO SEMELHANTE, NECESSIDADES COMPLEMENTARES
Quero um amor que seja exatamente como a antiga versão de mim (bem, quase!)

12 Somos você e eu, baby, sozinhos contra este mundo muito louco.. 121
Semelhança... e uma pitada de diferença (só uma pitada).................... 122

13 Como estabelecer semelhança *subconsciente* *125*
Como fazer sua Presa sentir instantaneamente "Olha, somos parecidos!" 125
Palavras para provocar na sua Presa "aquela sensação de família" 126
Nós até falamos a mesma língua (corporal) 130

14 Como estabelecer semelhança consciente................................. 134
As três semelhanças conscientes cruciais... 134
Vamos discutir a relação – Não! 143

15   Como estabelecer necessidades complementares 148
     "Tenho justo aquilo de que você precisa, baby" 148

PARTE 3: EGO
Como você me ama? Deixe-me enumerar os jeitos

16   O mundo gira ao seu redor, minha Presa 153
     Massagem no ego é uma arte altamente especializada 154

17   Passo um: elogio silencioso 157
     Deixe que seu corpo faça os elogios 157

18   Passo dois: empatia 159
     "Com isso eu me identifico!" 159
     Apaixonados compartilham detalhes íntimos 162
     Apaixonados têm piadas particulares 164

19   Passo três: admiração 167
     "Ah, amor, você fez um trabalho absolutamente incrível ao fatiar
       esses cogumelos" 167

20   Passo quatro: o elogio implícito 170
     "Você é jovem demais para se lembrar disso, mas…" 170
     Reforço positivo bem no alvo: "Eu simplesmente amo o que você gosta em
       si" 171

21   Passo cinco: armamento pesado 174
     "Você é a pessoa mais fascinante que já conheci" 174
     "O que fazer um elogio matador faz *por mim*?" 176

22   Ajuste fino na máquina do ego 179
     "Calma aí: *todo mundo* gosta de elogios?" 179
     Elogio reflexo: "O que você acabou de fazer foi fabuloso" 180

Dê risada primeiro	181
Apaixonados se dão apelidos carinhosos	182
Quando sua Presa elogia você	184

23 Mantendo acesa a brasa do amor 186
  "Adoro o jeito como você franze o nariz quando ri" 186

PARTE 4: EQUIDADE
O princípio QVELN do amor (Que Vantagem Eu Levo Nisso?)

24 Todo mundo tem um valor de mercado, baby 191
  Por que encontrar o amor é como comercializar cavalos? 192
  Qual moeda "compra" um bom parceiro? 193

25 Como posso usar o princípio da equidade para encontrar o amor? 197
  Você não quer de fato se casar com o Príncipe Encantado nem com a Bela Princesa 197
  "Por que não quero me casar com alguém superior?" 198
  "O que acontece se a iniquidade surge depois de nos casarmos?" ... 200

26 Qual a importância da aparência? 203
  De que tipos de aparência as mulheres gostam? 204
  De que tipos de aparência os homens gostam? 206
  "Como posso fazer minha Presa pensar que tenho uma aparência melhor?" 207
  Como aumentar suas chances de arrasar 210

27 Caçando Presas ricas e famosas 213
  A aparência do dinheiro 214
  O som da classe 215
  Sobre o que fala o pessoal A? 217
  Use palavras de status com Presas de status 218

28 Aumente sua aposta em outros ativos 220
    Conhecimento, desenvoltura social e beleza interior são ativos
      tangíveis 220

29 Ajude-os a se convencerem de que amam você 222
    Deixe sua Presa lhe fazer favores 222
    Ei! Que tal "Ó amor lírico, metade anjo, metade pássaro"? 225

PARTE 5: REPARADORES PRECOCES DE GÊNERO
Existe amor depois do Éden?

30 "Espero que ele ou ela não seja um ou uma babaca como todo
    mundo" 229
    "Quero um homem com quem possa conversar, uma mulher que pense
      como um homem" 231

31 O que são "Conversa de homem" e "Conversa de mulher"? (Isso
    existe?) 233

32 "Como você *se sente* em relação a isso?" 237

33 "Com licença, você poderia me dizer onde fica..." 240

34 "Por favor, poupe-me dos detalhes" 242

35 "Conte-me (não me conte) a respeito" 246

36 "Qual o melhor caminho para ir do Ponto A ao Ponto B?" 249
    "Uma linha reta", ele afirma; "Uma curva suave?", ela pergunta 249

37 Pode me dar uma mãozinha com isto? 252

38 Palavrinhas para conquistar o coração de sua Presa 256

39 Há águas traiçoeiras adiante, na disparidade de gênero? 258

PARTE 6: RECEITA PARA SEXO
Como ligar a eletricidade sexual

40 As zonas erógenas mais quentes de sua Presa 261

41 Não há duas sexualidades iguais, assim como não há dois
    flocos de neve iguais 263
    Como os desejos sexuais de homens e mulheres diferem? 265
    Por que as fantasias de homens e mulheres são tão diferentes? 266
    Mais algumas diferenças 268
    Como usar as diferenças para fazer sua Presa se apaixonar por você 268

42 Entre os lençóis, esqueça a Regra de Ouro 271
    Homens excitados, mulheres apaixonadas 272

43 Caçadores, façam amor com a mulher como a mulher quer 275
    A aula de 1 hora que vai mudar sua vida 276
    Outro curso intensivo de sensualidade ardente para homens 280

44 Caçadoras, façam sexo com o homem como o homem quer 285
    Vamos ao *videotape* 287
    Materiais "vulgares" adicionais para seu currículo de sexo cru 290

45 Teste: quem ama mais, homens ou mulheres? 292

46 Os desejos sexuais de sua Presa são tão individuais quanto uma
    digital 296
    Sexo é como filé 300

O desejo sexual número um 301
"Por que ele ou ela perdeu o interesse?" 302
"Esta mulher me basta, sexualmente, pelo resto da minha vida?" 303

47 Caçadoras, tornem-se detetives sexuais 307
Deixe sua Presa saber que você é uma aventureira sexual 310
Descubra as principais fantasias dele 311
Faça sua Presa se sentir segura para compartilhar os desejos mais
    profundos 312
O sussurar quente do depois 315
Todos os homens têm um segredo sexual? 316
Faça perguntas com um nível de detalhes que o leve a nocaute 317
Caçadoras, descubram as palavras que o excitam 320
Ofereça para sua Presa um bom papo de cama 323

48 Caçadores, estas técnicas funcionam com mulheres? 325
Remova as camadas e desnude as fantasias mais profundas dela 326
Ame-a como ela precisa ser amada 331
Palavras mágicas para fazê-la amar você 332
Caçadoras, palavras-gatilho para relacionamento funcionam para
    vocês também 333

49 Finalmente, laçando o solteiro convicto 335
Por que os Jerrys querem um sexo tão bizarro? 338
Um giro pela estranheza 340

50 Sobre olhar para outras mulheres 342

51 Revirando a última pedra 345

Posfácio 349

1 Qualquer pessoa? Sim, praticamente qualquer pessoa

—Eu não entendo. Sou atraente, inteligente, sensível, tenho sucesso profissional. Por que ele ou ela não olha para mim? Por que não consigo encontrar o amor? – Quantas vezes você socou o travesseiro, fazendo-se essas perguntas?

Você abre este livro com ceticismo, mas com esperança de solução. Você lê o título: *Como fazer qualquer pessoa se apaixonar por você*.

– Esta é uma baita de uma promessa – você diz. De fato, é. Mas a promessa deste livro está a seu alcance, se você estiver disposto a cumprir um plano cientificamente sólido para conquistar o coração de um Parceiro Amoroso Potencial.

Por quê, quando a história está cheia de corações partidos, nós agora reivindicamos os meios para fazer alguém se apaixonar por nós? Porque, depois de séculos de resistência, a ciência está finalmente revelando o que o amor romântico de fato é, o que o desperta, o que o mata e o que o faz durar.

Assim como os antigos homens tribais viam um eclipse e pensavam que era magia negra, nós olhávamos para o amor e pensávamos que era feitiço. De vez em quando, especialmente durante aqueles abençoados momentos iniciais, quando queremos parar desconhecidos na rua e gritar "Estou amando!", pode parecer um feitiço, mas, ao entrar no século 21, estamos descobrindo que o amor é uma mistura definível e calculável de química, biologia e psicologia. (Bem, talvez acrescida de uma *pitadinha* de mágica.)

Conforme a ciência zarpa rumo a mares antes desconhecidos, vamos, por fim, começando a entender os rudimentos da "mais insana, mais ilusória e mais transitória das paixões", como George Bernard Shaw descreveu o amor. E o que leva as pessoas a quererem ficar naquela "perpétua condição agitada, anormal e exaustiva, até que a morte os separe"? A pergunta, e o impasse, de "O que é o amor, precisamente?" não é nova. É uma que ao longo dos tempos recebeu sérias considerações de pesos-pesados cerebrais como Platão, Sigmund Freud e Charlie Brown.

No escuro teatro da Broadway em 1950, as plateias de "South Pacific[1]" estavam em total harmonia com Ezio Pinza quando ele refletia: "Quem pode explicar? Quem pode lhe dizer por quê? Os tolos lhe oferecem razões. Os sábios nunca tentam". Bem, recentemente, muitos homens e mulheres sábios tentaram, *sim*, e tiveram sucesso. Não culpe Rodgers e Hammerstein. Quando eles estavam compondo musicais românticos, a comunidade científica estava tão desnorteada em relação ao amor quanto Nellie e Emile de Becque cantando seu assombro sobre alguma noite encantada.

---

[1] Musical apresentado quase duas mil vezes, composto por Richard Rodgers e Oscar Hammerstein II, cujo enredo se baseia no livro *Tales of the South Pacific* (1947), de James A. Michener. (N.T.)

A ciência "descobre" o sexo

Muito antes que Sigmund Freud abordasse o assunto, mentes científicas analíticas concordavam que o amor era básico para a experiência humana. Mas seus cérebros racionais também consideravam que avaliar, classificar e definir o amor romântico era impossível e, portanto, um desperdício de tempo e dinheiro. Freud foi para o túmulo afirmando: "Nós na verdade sabemos bem pouco sobre o amor".

Suas palavras finais continuaram sendo uma doutrina científica. Pelo menos até o início dos anos 1970, quando um grupo de psicólogos sociais com espírito pioneiro começou a estudar os constantes gritos dos cientistas de *por quê?* e *como?*. Eles começaram a fazer a si mesmos, e a todos que conseguiam atrair para seus laboratórios, perguntas sobre o amor romântico.

Duas psicólogas promoveram uma ruptura, ao inadvertidamente chamar a atenção da imprensa moderna para a antiga questão "O que é o amor?". Ellen Berscheid, PhD, e uma colega, Elaine Hatfield, conseguiram arranjar um subsídio federal de 84 mil dólares para pesquisar o amor romântico. Berscheid convenceu a National Science Foundation a abrir os cofres declarando: "Nós já compreendemos os hábitos de procriação do peixe esgana-gato. Está na hora de nos voltarmos a novas espécies".

O estudo de Berscheid, como outros antes dele, poderia ter passado batido e não ter sido publicado, se não fosse por uma dúzia de páginas, aproximadamente, em um obscuro periódico profissional. Para sorte de pessoas em todos os lugares que procuram o amor, certa manhã, em Capitol Hill, o ex-senador norte-americano William Proxmire, do Wisconsin, estava lidando com sua papelada. Enterrado no fundo da pilha estava o subsídio "frívolo" da NSF para que as duas mulheres pesquisassem relacionamentos.

Proxmire bateu a cabeça no teto. Oitenta e quatro mil dólares para pesquisar *o quê?* Ele soltou um comunicado à imprensa explosivo, afirmando que amor romântico não era ciência e, além disso, ele vociferou, "National Science Foundation, saia do mercado do amor. Deixe isso para Elizabeth Barrett Browning e Irving Berlin".[2] Em seguida, Proxmire acrescentou uma observação pessoal: "Sou contra isso também porque *não* quero a resposta". Ele supôs que todo mundo sentia o mesmo. Como estava enganado!

A reação de Proxmire desencadeou um tiroteio internacional que a cercou pelos dois anos seguintes. "Extra! Extra! Leia tudo aqui. A National Science Foundation se atraca com o amor!" Os jornais tiveram um grande dia. Câmeras e microfones miraram Berscheid com gosto. O tranquilo escritório da pesquisadora foi inundado pelas cartas.

O tiro de Proxmire contra o amor tinha saído pela culatra. Em vez de pôr fim à "busca frívola", a trapalhada despertou um interesse violento pelo estudo do amor. James Reston, da *New York Times*, declarou que, se Berscheid et al. conseguissem encontrar "a resposta para o nosso padrão de amor romântico, casamento, desilusão, divórcio – e as crianças abandonadas no caminho –, isso seria o melhor investimento de recursos federais desde que Jefferson fez a Compra da Louisiana".[3]

Foi como se Ellen Berscheid tivesse tirado o dedo do furo no dique. Desde então, houve uma torrente de estudos escrutinando cada aspecto do amor. Respeitados cientistas sociais, com nomes como Foa, Murstein, Dion, Aron, Rubin e muitos outros, relativamente desconhecidos fora do mundo científico, nos deram um presente por enquanto não aberto, um presente que vamos desembrulhar agora: os resultados de

---

[2] Elizabeth Barrett Browning (1806–1861), poetisa inglesa; Irving Berlin (1888–1989), compositor norte-americano, ambos autores de textos românticos. (N.T.)

[3] O território da Louisiana foi comprado da Primeira República Francesa pelo presidente norte-americano Thomas Jefferson em 1803. (N.T.)

seus trabalhos, de suas pesquisas, nos ensinam (embora esse não fosse o propósito) como fazer alguém se apaixonar.

Certo, alguns dos estudos não nos levam diretamente a esse objetivo. Para encontrar os estudos relevantes, precisei vascular centenas de sondagens científicas com títulos desengonçados como "As implicações da troca de orientação no funcionamento diádico de coabitantes heterossexuais". (Oi?) Alguns estudos puseram ratos para escutar música clássica, depois jazz e blues, para averiguar qual os deixava mais excitados.[4] Outros estudos que foram inúteis para nosso objetivo exploravam a atração sexual por cadáveres,[5] e depois houve estudos sobre cópula tântrica sem movimento,[6] a qual, suponho, só ocorre quando o navio em que o casal passa a lua de mel entra em águas agitadas.

Felizmente, muitos estudos renderam frutos mais saborosos e práticos. Particularmente úteis foram os estudos de um intrépido pesquisador chamado Timothy Perper, um PhD que gastou muitas horas observando cobaias em seu laboratório favorito, chamado "bar de solteiros". Também nos beneficiamos das análises brilhantes de Robert Sternberg e seus colegas, que exploraram as teorias do amor. Aprendemos a partir das primeiras explorações inspiradas de Dorothy Tennov e colegas sobre os elementos da paixão. Houve pesquisadoras corajosas, ainda que relativamente desconhecidas, como Carol Ronai. Ela aceitou um emprego de dançarina de mesa, em um bar onde

---

[4] Peretti, Peter O., e Kippschull, Heidi. 1989. "Influence of Five Types of Music on Social Behaviors of Mice." *Psychological Studies* 35(2):98-103. (N.A.)

[5] Rosman, Jonathan P., e Resnick, Phillip J. 1989. "Sexual Attraction to Corpses: A Psychiatric Review of Necrophilia." *Bulletin of the American Academy of Psychiatry and the Law* 17(2):153--163. (N.A.)

[6] Voigt, Harrison. 1991. "Enriching the Sexual Experience of Couples: The Asian Traditions." *Journal of Sex and Marital Therapy* 17(3):214-219. (N.A.)

vigorava o *topless*, para registrar quais expressões faciais excitavam os homens.[7]

Como mais pesquisas foram compiladas

Minha própria pesquisa em primeira mão, embora menos audaciosa, não foi menos vigorosa. Por mais de dez anos, antes de me tornar consultora de comunicação e dar treinamento, fui diretora de pesquisa de um grupo que fundei, chamado The Project.

The Project era uma organização sem fins lucrativos com sede em Nova York, fundada para pesquisar sexualidade e relacionamentos. Durante meu mandato em The Project, entrevistei e catalogei milhares de indivíduos sobre o que buscavam em um parceiro. Reuni informações de estudantes de dúzias de universidades, nas quais fui convidada a falar sobre minha pesquisa.

Assim como o trabalho da pesquisadora Ellen Berscheid, The Project recebeu uma inesperada avalanche de atenção, que o levou à atenção nacional. Um repórter da revista *Time* cobriu uma das nossas sessões e escreveu um artigo de página inteira, declarando: "A fantasia sexual vai à Broadway"; e ia, de fato.

Um braço de The Project tinha voluntários, que apresentavam no palco psicodramas de suas fantasias amorosas reais. Como não havia nudez nem linguagem explícita, as dramatizações, impolutas, eram sem igual e despertaram o interesse das três maiores emissoras de televisão, que exibiram trechos das chamadas dos blocos em programas nacionais. Isso, por sua vez, gerou dúzias de artigos em respeitadas publicações tradicionais na América e na Europa.

---

[7] Ronai, Carol Rambo, e Ellis, Carolyn, 1989. "Turn-Ons for Money: Interactional Strategies of the Table Dancer." *Journal of Contemporary Ethnography* 18(3):271-298. (N.A.)

Como resultado, pessoas de todo o mundo nos enviaram suas histórias, fantasias e anseios por amor. Elas telefonavam ou escreviam para The Project detalhando precisamente o que buscavam em um par romântico. A maioria das cartas e ligações que recebemos era prefaciada por comentários como "Nunca contei a ninguém, mas...". Os chamadores e remetentes passavam então a divulgar seus desejos mais profundos para o anônimo The Project. Ouvíamos, cheios de gratidão, enquanto reuníamos informações sobre o que fazia, ou poderia fazer, as pessoas se apaixonarem.

Como as técnicas foram desenvolvidas

Vamos deixar de lado o mundo da sexualidade, por um momento. Venha comigo até minha segunda disciplina, o campo da Comunicação. É para cá que trago as descobertas e é aqui que as transformo em técnicas trabalháveis para levar alguém a se apaixonar por você.

Está provado para além de qualquer dúvida que existem maneiras de induzir as pessoas ao comportamento desejado. Se não existissem, todos os psicólogos, e milhares de profissionais de treinamento corporativo, eu mesma incluída, estaríamos fora do negócio. Há métodos estabelecidos para invocar diversas emoções e para alterar o comportamento das pessoas. Por exemplo, podemos aprender como lidar com gente difícil ou como levar funcionários problemáticos a reagir do modo desejado.

O retorno que recebi de seminários que dei em organizações governamentais, universidades, associações de classe e empresas me convenceu de que podemos realmente realizar mudanças em padrões de comportamento. Cumprimos essa tarefa complexa, primeiro, ao compreender as necessidades e motivações básicas das pessoas e, depois, ao empregar as habilidades verbais e não verbais corretas para modificar o comportamento delas.

Isso é o que eu faço neste livro. A partir de estudos científicos, revelo as necessidades e motivações básicas que fazem uma pessoa se apaixonar. Depois, dou a você as habilidades verbais e não verbais corretas para induzir o comportamento que você quer – neste caso, fazer determinada pessoa se apaixonar por você.

Este livro é resultado de muitos anos de pesquisa e investigação em várias disciplinas: relacionamento interpessoal, sexualidade humana, habilidades comunicacionais e diferenças de gênero. Não apenas partimos de estudos científicos sobre a natureza do amor e da minha pesquisa pessoal, mas também nos beneficiamos do trabalho de terapeutas e analistas de comunicação modernos. Sou especialmente grata ao trabalho da sociolinguista Deborah Tannen[8] e as bem sacadas analogias Marte/Vênus do terapeuta John Gray,[9] que popularizou o conhecimento de que homens e mulheres têm estilos amplamente diferentes de pensar e se comunicar.

Qual é a receita para fazer alguém se apaixonar por você? Pode-se reduzir isso a uma fórmula? O conteúdo a seguir soa simples, mas é na verdade bem complicado.

Você começa com uma base científica sólida sobre o que compõe a atração interpessoal. Depois, reúne informações profundas sobre sua *Presa* (a pessoa que você quer que se apaixone por você). Em seguida, emprega técnicas de comunicação sofisticadas, com frequência subliminares, para chegar às necessidades conscientes e subconscientes dele

---

[8] Tannen, Deborah, Ph.D. 1990. *You Just Don't Understand.* New York: William Morrow and Company. (N.A.)

[9] Gray, John, Ph.D. 1992. *Men Are from Mars, Women Are from Venus.* New York: HarperCollins Publishers. (N.A.)

ou dela. Por fim, você garante sua Presa com sua percepção aguçada do que, *precisamente*, ele ou ela deseja, sexualmente.

Aí está: a fórmula para levar um Parceiro Amoroso Potencial a se apaixonar por você.

Como testei as técnicas

Eu não estava satisfeita em simplesmente confiar em pesquisa. Precisava ver se as técnicas iriam funcionar em campo. Muitos anos atrás, para testar minhas teorias, criei um seminário com o mesmo título deste livro, "Como fazer qualquer pessoa se apaixonar por você".

De todo o país jorraram convites de faculdades, grupos de solteiros, clubes e organizações de educação contínua. Foi nesse campo de jogo que o material foi testado. E o retorno de meus alunos foi "Sim! Você pode fazer alguém se apaixonar por você".

É uma tarefa simples? Não.

Exige sacrifícios? Sim.

Você pode concluir, depois de ler este livro, que conquistar o coração dele ou dela simplesmente não compensa dar tanto de si. Mas, se quiser ir em frente, siga-me. Vamos explorar as habilidades necessárias ao cumprimento da tarefa de fazer o Parceiro Amoroso Potencial de sua escolha se apaixonar por você. (Você notou que usei as palavras *Parceiro Amoroso Potencial* várias vezes. Farei isso ao longo do livro porque, embora seja mais comprida, é uma expressão mais precisa do que "qualquer pessoa", que meu editor sabiamente decidiu ser mais legível.)

Quem são seus Parceiros Amorosos Potenciais? Primeiro, um Parceiro Amoroso Potencial (ou PAP) é *qualquer pessoa* pronta para o amor. O momento, se não é tudo, no mínimo conta bastante. Por exemplo, se alguém acaba de perder um cônjuge amado, ele ou ela pode não estar pronto para o amor. Isso o ou a exclui – temporariamente – da categoria PAP.

Segundo, um Parceiro Amoroso Potencial é *qualquer pessoa* livre de necessidades psicológicas esotéricas (ou *Mapa do Amor*[10]). Essas são necessidades que, embora não por sua culpa, você não pode satisfazer. Adiante, falaremos bastante sobre o Mapa do Amor de sua Presa.

Isso deixa muitos Parceiros Amorosos Potenciais, uma miríade de corações entre os quais escolher. Vamos embarcar agora na jornada que leva você ao coração do homem ou da mulher que deseja.

---

[10] Conceito de 1980 do sexólogo John Money, aborda como as pessoas desenvolvem suas preferências sexuais. (N.T.)

2 O que faz uma pessoa se apaixonar? Os seis elementos

Quais são os ansiosamente aguardados resultados dos primeiros estudos de Berscheid e da enxurrada dos que vieram depois? Bem, talvez Freud estivesse certo. O amor romântico *é* enigmático. É de difícil captura e conversão em bits e bytes de informação computadorizada e controlada. Em vez disso, tratando-o como se fosse um vírus, acadêmicos estão abordando questões específicas sobre o amor, fechando alguns aspectos por vez. Fizeram um progresso tremendo.

Da cascata de estudos emergiram seis verdades sobre o que faz uma pessoa se apaixonar. Para ter sucesso como Caçador ou Caçadora de corações, você precisa, tal como um Cupido, ser um arqueiro habilidoso e mirar sua flecha exatamente no centro dos seis alvos a seguir.

I. Primeiras impressões

Não existe uma segunda chance para o amor à primeira vista

Os primeiros instantes em que você identifica sua Presa, e ele ou ela tem um vislumbre seu, podem ser decisivos. Aqui se encontra uma decisão "vou/não vou". Cientistas nos contam que as sementes do amor são frequentemente plantadas nos primeiros minutos de um relacionamento.

Quando dois gatos se encontram pela primeira vez, eles param e se encaram. Se um deles sibila, o outro arrepia os pelos e sibila de volta. No entanto, se o primeiro gato dá uma cutucada amigável com o focinho frio, o outro reage com gentileza, e eles terminam ronronando juntos e lambendo os pelos um do outro.

Um homem e uma mulher começando a se conhecer são como dois bichinhos se farejando mutuamente. Não temos caudas que abanam nem pelos que se eriçam, mas temos olhos que se estreitam ou arregalam. Temos mãos que realçam as juntas ou subconscientemente se suavizam, de palmas para cima, na posição "Eu me submeto". Há dúzias de outras reações "involuntárias" que ocorrem nos primeiros momentos de interação. A boa notícia é que podemos aprender a controlar essas reações supostamente involuntárias.

No momento em que vocês põem os olhos um no outro, seu Parceiro Amoroso Potencial lê subconscientemente as sutilezas de sua linguagem corporal. Nesses primeiros momentos cruciais, ele ou ela pode inconscientemente resolver iniciar uma tentativa romântica ou abortar pensamentos sobre amor. A mente dele ou dela se torna então como um computador, e seu PAP continua a tomar decisões rápidas sobre você durante a *primeira* conversa, seu *primeiro* encontro.

Na Parte Um, vamos abordar as técnicas para levar Parceiros Amorosos Potenciais a se aproximar de você, a gostar de você, e depois marcar um primeiro encontro. Vou compartilhar métodos científicos sólidos de manter a conversa interessante e tornar o primeiro encontro estimulante para sua Presa.

II. Temperamento semelhante, necessidades complementares

Quero um amor que seja exatamente como a antiga versão de mim (bem, quase!)

Se você passa no teste da primeira impressão, entra na segunda fase. Aqui, sua Presa começa a fazer avaliações a seu respeito enquanto Parceiro Amoroso Potencial. A mente subconsciente dele ou dela está dizendo: "Quero alguém como eu. Bem, *quase* como eu".

Para haver compatibilidade por toda a vida, ou mesmo que só para um encontro, alguma semelhança é necessária. Nossos corações são instrumentos finamente sintonizados para buscar alguém que tenha valores parecidos com os nossos, que possua crenças parecidas com as nossas e que olhe para o mundo mais ou menos como nós. A semelhança nos faz sentir bem porque confirma escolhas que passamos a vida toda fazendo. Também procuramos pessoas que gostem das mesmas atividades, para podermos nos divertir juntos. A semelhança é, no fundo, um ponto de partida para a boa decolagem de um relacionamento.

Mas acabamos nos entediando com semelhanças *demais*. Além disso, precisamos que alguém compense nossas deficiências. Se não temos uma cabeça boa para matemática, quem vai controlar as contas? Se somos desleixados, quem vai recolher as meias?

De modo que, em um parceiro de longo prazo, procuramos também qualidades *complementares*. Mas não *qualquer* qualidade complementar

– apenas as que achamos interessantes ou que melhoram nossa vida. Portanto, buscamos alguém que seja tanto *semelhante* quanto *complementar*.

Na Parte Dois, vamos explorar métodos de plantar sementes subliminares de semelhança no coração de nossa Presa e modos de fazer com que ele ou ela saiba que, apesar de vocês dois serem praticamente iguais, você é diferente de várias maneiras úteis, divertidas e interessantes.

III. Equidade

O princípio QVELN do amor (Que Vantagem Eu Levo Nisso?)

– É isso aí, baby, todo mundo tem um valor de mercado! Todo mundo carrega uma etiqueta de preço. – Quanto ela é bonita? Quanto prestígio ele tem? Quanto o sangue dela é nobre? Quanto poder ele concentra em mãos? Eles são ricos, inteligentes, bacanas? *O que eles podem fazer por mim?*

Isso soa feio? Pesquisadores nos dizem que o amor não é realmente cego. Todo mundo – até as pessoas mais bacanas – tem um pouco de grosseria quando se trata de escolher um parceiro de longo prazo. Não é diferente do mundo corporativo, onde todo mundo pergunta: "QVELN?" Que Vantagem Eu Levo Nisso?

Consigo ouvir alguns de vocês protestando. "Não, o amor é puro e compassivo. Inclui cuidado, altruísmo, comunhão, abnegação. É *disso* que trata o amor." Sim, é disso que trata o amor quando boas pessoas estão apaixonadas de verdade. Você provavelmente já conheceu casais que são profundamente dedicados e que sacrificariam tudo um pelo outro. Sim, esse tipo de amor abnegado, com o qual todos nós sonhamos, existe. Mas vem mais tarde – muito mais tarde. Só vem *depois* que você fez seu parceiro se apaixonar por você.

Se quer fazer alguém se apaixonar por você, dizem os pesquisadores, você deve inicialmente convencê-lo de que está fazendo um bom negócio. Podemos não ter consciência do fato, mas a ciência nos diz que princípios mercadológicos testados e aprovados se aplicam a relacionamentos amorosos. Os enamorados calculam inconscientemente o *valor relativo* da outra pessoa, a *relação custo-benefício* do relacionamento, os *custos ocultos*, o *valor de manutenção* e a *depreciação presumida*. Eles se perguntam: "Esta é a melhor oferta que posso obter?" Todo mundo tem uma grande anotação de pontos trancada no coração. E, para fazer com que as pessoas se apaixonem por você, você precisa fazê-las sentir que estão fechando um ótimo negócio.

Está tudo perdido se você não nasceu com uma beleza estonteante, ou se o sobrenome de seu avô não era Vanderbilt ou Kennedy, ou se você não possui a compaixão de um doutor Schweitzer?[11] Não. Na Parte Três, vamos explorar habilidades verbais matadoras, para substituir a origem abastada que não tivemos ao nascer. Dessa forma, podemos satisfazer algumas Presas bastante exigentes.

IV. Ego

Como você me ama? Deixe-me contar as formas

No centro incandescente das primeiras palpitações românticas está o *ego*. Talvez o Cupido erre o alvo quando aponta sua pequena flecha para os corações das Presas. A ciência nos mostra onde devemos

---
[11] Albert Schweitzer (1875-1965), teólogo alemão. (N.T.)

realmente mirar e disparar – direto nos egos delas. As pessoas se apaixonam por pessoas em cujos olhos elas identificam os reflexos mais perfeitos de si mesmas.

Apaixonados em potencial deveriam ficar eletrizados que é o ego que faz o mundo girar, porque os egos das Presas são alvos bastante vulneráveis. Há uma infinidade de formas de fazer sua Presa se sentir bonita, forte, bem-apessoada, charmosa, dinâmica, ou seja lá como for que ele ou ela *queira* se sentir. Existem elogios de alto impacto, carícias de baixo impacto e uma miríade de meios deliciosamente malandrinhos de fazer sua Presa se sentir especial. Atitudes sutis podem convencer as Presas do que elas sempre suspeitaram: "Sou diferente. Sou uma maravilha. E, para lhe agradecer por reconhecer esse fato fabuloso, vou me apaixonar por você".

Todo mundo também anseia por segurança e validação. Buscamos em nosso principal relacionamento proteção contra este mundo tão, tão cruel. Na Parte Quatro, *Como fazer qualquer pessoa se apaixonar por você* aborda formas de levar sua Presa a sentir que você é a salvação – você é o porto seguro dele ou dela contra as tempestades da vida.

V. Reparadores precoces de gênero

Existe amor depois do Éden?

Todo mundo sorriu com ar conhecedor, em 1956, quando Rex Harrison[12] gemeu, em um palco da Broadway, "Ah, por que a mulher não pode ser mais parecida com o homem?". Ele sabia que sua Bela

---

[12] Sir Reginald "Rex" Carey Harrison (1908-1990), ator britânico, atuou em "Minha bela dama" [My fair lady] ao lado de Audrey Hepburn. (N.T.)

Dama era de fato uma criatura muito diferente. Mas, no período que se seguiu a "Minha bela dama", as feministas lançaram sérias dúvidas sobre as convicções dele.

Agora, após muitas décadas de reflexão, suposição e proposição sobre se homens e mulheres realmente diferem em algo além de seus genitais, o envelope foi aberto. A resposta é – rufem os tambores, por favor – *sim*! Homens e mulheres pensam e se comunicam de modos dramaticamente distintos.

Neurocirurgiões conseguem apontar em cérebros femininos grupos de neurônios que levam homens como Henry Higgins, em "Minha bela dama", a chamar as mulheres de "exasperantes, calculistas, agitadoras, enlouquecedoras e irritantes". Cientistas apontam suas agulhas para moléculas no cérebro masculino que levam mulheres a acusar os homens de ser "cabeças-duras insensíveis".

Apesar da torrente de informações que chegam sobre as diferenças genéticas, cerebrais e sexuais entre homens e mulheres, tanto Caçadores quanto Caçadoras continuam *presumindo* que pensamos de modo parecido e insistem em cortejar o outro do modo como gostariam de ser cortejados. Talvez os achados científicos recentes venham a dar a homens e mulheres uma visão melhor do estilo do outro, mas nada menos que uma lobotomia frontal poderia promover uma mudança permanente no tipo de neurônio que nossos cérebros produzem. Mulheres continuarão a ser "exasperantes" e homens ainda serão "insensíveis". E ambos seguirão se comunicando em estilos que desanimam o outro, especialmente nos primeiros encontros.

Para evitar afugentar a Presa antes de capturá-la, caçadores tarimbados se familiarizam com as características e hábitos de cervos, alces, caribus, bisões e javalis. Da mesma forma, Caçadores e Caçadoras de amor sérios precisam ser bem versados nas diferenças de gênero, se pretendem fazer o abate.

A Parte Cinco vai instruir você sobre como evitar os principais baldes de água fria dos primeiros encontros, e tornar até a Presa mais assustadiça confortável em baixar a guarda. A Presa tímida, que normalmente foge quando um homem ou mulher chega perto demais, vai se colocar com toda a boa vontade ao alcance do disparo de sua flecha.

VI. Receita para sexo

Como ligar a eletricidade sexual

Muitos livros sobre como excitar seu parceiro fazem o sexo parecer o botão de liga/desliga da luminária na sua mesinha de cabeceira. "Pressione aqui para apressar o orgasmo. Aperte ali para uma carga extra". Sim, a sexualidade *é* eletricidade, mas os botões corporais de sua Presa só vão acelerar ou desacelerar as funções físicas. *Potência mental* é o que comanda a poderosa máquina e a mantém gerando calor por muitos anos. O órgão mais erótico do corpo de sua Presa é o *cérebro* dele ou dela.

Para os pormenores e os "como fazer", não faltam livros de referência. Eles têm títulos como *Como enlouquecer seu homem na cama*, *Como enlouquecer sua mulher na cama*, *Como enlouquecer ainda mais seu homem na cama* e *Como satisfazer uma mulher todas as vezes e fazê-la implorar por mais*. A lista continua. Tais manuais estão cheios de informações detalhadas para mulheres sobre como provocar aquele ponto logo abaixo do "capacete fofinho" para deixá-lo fora de si. Homens podem estudar gráficos que até um idiota entende sobre por onde deslizar os dedos, de modo a não perder a curva em U que leva ao ponto G dela.

Tudo isso é conteúdo importante, *muito* importante. Mas, quando se trata de fazer alguém se apaixonar concretamente por você, fica pálido em comparação ao que chamarei de *fellatio cerebral* – sugar para fora os sonhos, os anseios e as fantasias de sua Presa, e depois criar uma duradoura aura erótica na qual ele ou ela se esbalde.

Senhores: muito mais importante para uma mulher do que quantas vezes vocês conseguem "fazer" em uma semana (ou mesmo em uma noite) é a sensualidade e a paixão que vocês criam em todos os aspectos do relacionamento. E as *sensações* que vocês provocam nela cada vez que a observam. Senhoras: muito mais importante para um homem do que o tamanho de seu sutiã ou a curva de seus quadris são o tamanho e a curva de sua *atitude* sexual, e como lida com a individualidade sexual dele.

Não existem duas sexualidades iguais, assim como não existem dois flocos de neve iguais. Eu vou lhes fornecer técnicas para descobrir a sexualidade única de sua Presa, e depois fazer amor com ele ou ela exatamente do jeito que ele ou ela gosta. Na Parte Seis, vamos explorar o tipo certo de sexo para levar sua Presa em particular a se apaixonar por você.

Vamos agora embarcar em nossa jornada de seis etapas, começando com o que acontece fisicamente quando nos apaixonamos.

3 O aspecto físico de se apaixonar

"Por que dá cócegas por dentro?"

Apaixonar-se é um processo tanto mental quanto físico. Algumas das primeiras técnicas que você vai aprender despertam a resposta física de sua Presa a você antes que o cérebro dele ou dela perceba. Vamos colocar o amor em um equipamento de tomografia cerebral e em uma máquina de raio X, para examinar o que acontece fisicamente com sua Presa quando ele ou ela começa a sentir aquela sensação incrível chamada amor.

"A pessoa precisa ter um cérebro de ervilha para se apaixonar por mim?"

De fato, sim. Cientistas nos dizem que apenas pessoas com cérebro de ervilha se apaixonam. No centro da paixão, eles especulam, está uma substância química chamada feniletilamina, cuja abreviação em inglês é PEA.[13] É uma prima química das anfetaminas e dá um "coice" parecido.

A FEA vem, por meio do sistema nervoso e da corrente sanguínea, de secreções que criam uma resposta emocional equivalente à euforia das drogas. Essa é a química que dá cócegas por dentro, faz seu coração palpitar e suas mãos suar. (Dizem os boatos que a FEA também pode levar você a querer arrancar as roupas de sua Presa na primeira oportunidade.)

A feniletilamina, dizem os cientistas, ao lado da dopamina e da norepinefrina, é produzida pelo corpo quando pela primeira vez sentimos as sensações físicas do amor romântico. É o mais perto de uma "euforia" natural que o corpo pode alcançar. (Cole Porter obviamente sabia sobre o que estava cantando quando escreveu "Você me dá euforia".)

A má notícia é que essa euforia não dura para sempre, nem mesmo muito tempo. Isso é um acréscimo às evidências científicas, que se acumulam rapidamente, sobre o amor ter uma vida relativamente curta. É por isso que algumas pessoas se tornam "viciadas em amor". A boa notícia é que dura, *sim,* o suficiente para dar início a grandes casos de amor. Sua duração média de um ano e meio a três é tempo mais que suficiente para se ter uma experiência fantástica, conseguir que ele ou ela diga "aceito" e/ou se reproduzir.

Agora, dado que você não pode andar por aí com uma seringa cheia de feniletilamina, identificar sua Presa e injetar um tubo de FEA na corrente sanguínea dele ou dela, você faz a segunda melhor coisa. Você desenvolve técnicas para desencadear nas pessoas respostas cerebrais como se fossem baseadas em FEA e dá a elas a *sensação* de que estão se apaixonando.

---

[13] PEA, abreviação de phenylethylamine. "Pea" significa "ervilha" em inglês. Em português, o nome abreviado da substância é FEA. (N.T.)

"Por que nos apaixonamos por uma pessoa e não por outra?"

As pessoas não simplesmente acordam do nada certa manhã com uma overdose de FEA em seus cérebros e depois desenvolvem um crush pela primeira pessoa em que põem os olhos. Não, a FEA e suas substâncias químicas irmãs são provocadas por reações emocionais e viscerais a um estímulo específico.

Tipo quais? Pode ser um sopro do perfume dela, o modo másculo como ele diz "oi" ou o jeito adorável como ela franze o nariz quando ri. Poderia ser até uma peça de roupa inócua que você está usando e que deixa sua Presa enlouquecida. Por exemplo: em 1924, Conrad Hilton, o fundador da cadeia de hotéis Hilton, perdeu a cabeça por um chapéu vermelho que viu sentado cinco fileiras à sua frente na igreja. Depois do culto, ele seguiu o chapéu vermelho pela rua e acabou se casando com a moça que caminhava debaixo dele.

"Como coisinhas dessas podem dar início ao amor?"

Por que esses estímulos aparentemente sem sentido despertam o amor? De onde eles vêm? Estão em nossos genes?

Não, os genes não têm nada a ver com se apaixonar. A origem está profundamente enraizada em nossa psique. A munição que dispara quando vemos (ouvimos, cheiramos, roçamos) algo de que gostamos está latente em nosso subconsciente. Brota daquele poço aparentemente sem fundo do qual surge a maior parte da nossa personalidade – nossas experiências de infância ou, mais significativamente, o que acontece conosco entre as tenras idades de cinco a oito anos. Quando somos bem jovens, ocorre um tipo de *cunhagem* ou *estampagem* subconsciente, semelhante ao fenômeno que acontece em certas espécies do reino animal.

Nos anos 1930, um eminente etologista austríaco, doutor Konrad Lorenz, induziu um bando de filhotes de pato a se tornar inapelavelmente apegado a ele. Ao observar como patinhos, pouco após nascer, começam a bambolear em fila indiana atrás da mãe – e continuam fazendo isso quando mais velhos –, o doutor Lorenz decidiu estampar os patinhos com *ele próprio*.

Lorenz colocou um punhado de ovos de pata em uma incubadora. Ao primeiro sinal dos pequenos bicos perfurando as cascas dos ovos, ele se agachou como se fosse a mãe pata e passou bamboleando pelos ovos. Eles imediatamente se livraram das cascas e o seguiram pelo laboratório. Dali em diante, apesar da presença de patas de verdade, os patinhos estampados continuaram bamboleando atrás do doutor Lorenz em todas as ocasiões possíveis.

Pesquisadores demonstraram que o fenômeno da estampagem não se limita às aves. Várias formas dele existem entre peixes, porcos-da-índia, ovelhas, cervos, búfalos e outras espécies de mamíferos. E os humanos são imunes à estampagem? Bem, ao contrário dos ingênuos patinhos enfileirados atrás do doutor Lorenz, nós, depois de chegar à idade adulta, não continuamos a rastejar atrás do obstetra que nos trouxe ao mundo. Mas há forte evidência de que caímos presa de outro tipo de estampagem – uma estampagem *sexual* precoce.

O universalmente respeitado sexólogo doutor John Money cunhou o termo Mapa do Amor para descrever essa estampagem. Nossos Mapas do Amor são entalhes de dor ou prazer esculpidos em nossos cérebros em respostas precoces aos membros da nossa família, aos nossos amigos de infância e aos nossos encontros por acaso. Os entalhes são tão profundos que permanecem para sempre inflamados em algum nicho ou fresta da psique humana, só esperando para sangrar de novo quando o estímulo adequado surgir.

O doutor Money afirmou: "Mapas do Amor. Eles são tão comuns quanto os rostos, corpos e cérebros. Todos nós temos um. Sem eles, não haveria paixão, acasalamento nem reprodução das espécies[14]". Sua Presa tem um Mapa do Amor. Você tem um Mapa do Amor. Todos nós temos Mapas do Amor. Eles estão indelevelmente gravados em nossos egos, nossos ids, nossas psiques, nossos subconscientes. Mapas do Amor podem ser estampagens positivas. Por exemplo: talvez sua mãe usasse certo perfume, seu amado pai tivesse um sorriso de menino, sua professora favorita enrugasse o nariz quando ria. Talvez uma moça bonita de chapéu vermelho tenha sido gentil com o pequeno Connie Hilton quando ele era criança em San Antonio, Novo México.

Mapas do Amor também podem ser negativos. Mulheres: talvez vocês tenham sido molestadas na infância, de modo que agora jamais poderiam amar um homem que tivesse um sorriso malicioso. Homens: talvez sua tia cruel usasse o perfume Joy, de modo que agora qualquer mulher que os borrife com Joy os faz querer fugir como um inseto atingido pelo *spray* de um repelente.

Mapas do Amor às vezes incluem percursos muito torcidos. Experiências negativas precoces podem provocar neles uma guinada estranha. Mulheres: talvez seu pai tenha fugido com outra mulher, deixando vocês e suas mães sozinhas, então agora, se seu *crush* simplesmente olhar de relance para uma moça passando, vocês surtem. Homens: talvez sua linda babá batesse em vocês quando tinham cinco anos, mas aquilo estimulava seus pequenos genitais e era gostoso. Então, agora, quando adultos, vocês não conseguem se apaixonar por uma mulher a menos que ela lhes dê tapas de amor.

Experiências esquecidas, tanto positivas quanto negativas, são lembradas por seu subconsciente sexual. Se o momento for propício e

---

[14] Money, John, Ph.D. 1986. *Lovemaps*. New York: Irvington Publishers. (N.A.)

alguém ativar uma, *bang*! Uma dose de FEA inunda suas veias. Explode seu cérebro, cegando-o para a razão, e você começa a se apaixonar. É a fagulha necessária para o pontapé inicial do amor.

Isso tudo é só o arranque. O motor de arranque põe seu carro em movimento, depois a bateria assume. Da mesma forma, após seu cérebro se recuperar da primeira dose de FEA, um pouquinho de razão começa (com sorte) a entrar na massa cinzenta. Conforme você e seu Parceiro Amoroso Potencial vão se conhecendo melhor, você começa a explorar suas semelhanças e diferenças (abordaremos isso na Parte Dois) e ambos começam a se perguntar: "O que posso obter deste relacionamento?" (Parte Três). Escutamos nosso ego e checamos quanto reforço positivo ele está recebendo (Parte Quatro). O início do amor é muito delicado e com frequência, sem perceber, nós afastamos nossa Presa nos primeiros encontros (Parte Cinco). Se passamos desse ponto, o que acontece – ou não acontece – entre os lençóis desempenha um papel gigantesco (Parte Seis). Em *Como fazer qualquer pessoa se apaixonar por você*, vamos explorar todos esses fatores a partir de um ponto de vista científico.

Vamos agora voltar ao princípio. Onde você encontra um PAP? Como faz para que a primeira dose de FEA inunde as veias dele/dela por você?

Onde estão todos os homens e mulheres bacanas?

Procurando o amor em todos os lugares errados

Pessoas solteiras e divorciadas, jovens e maduras, por todos os Estados Unidos estão se perguntando, enquanto escovam os dentes pela manhã, enquanto se barbeiam ou maquiam, enquanto retocam os fios grisalhos: "Onde estão todos os homens bacanas? Onde estão todas as mulheres bacanas?".

"Um em cada cinco norte-americanos está solteiro e à procura", a *American Demographics* nos revela.[15] Isso significa que há 49 milhões de americanos com 25 anos ou mais que são solteiros, viúvos ou divorciados. E a quantidade está crescendo.

– Ótimo – você diz –, mas, se há tantos Parceiros Amorosos em Potencial por aí, onde eles estão?

---

[15] DeWitt, Paula Mergenhagen, "All the Lonely People." American Demographics abril 1992, 44-48. (N.A.)

Como fazer qualquer pessoa se apaixonar por você

A resposta é:

— Estão por toda parte, procurando o amor, exatamente como você.

PAPs estão sentados no parque mordiscando um sanduíche, ouvindo música em um concerto, passeando o cachorro, tomando o metrô para o trabalho e frequentando restaurantes ao seu redor.

Hoje, mesmo com as viagens de jato, romances on-line e um mundo cada vez menor, a maior parte das pessoas se casa com gente das cercanias. Estudos do que cientistas sociais chamam de *proximidade residencial* mostram que as flechas do Cupido não vão muito longe. Na verdade, um estudo nos diz que a distância média percorrida por um trabalhador não qualificado para encontrar o esposo ou a esposa é de apenas cinco quarteirões.[16] A menos que tenha armado sua tenda no meio do Saara, você não precisa se aventurar muito longe em sua expedição de caça. Você vai se equipar com um pouco de conhecimento novo e, armado com as técnicas deste livro, pode começar a rastrear uma Presa bem à mão.

Você ouviu o lamento dos apaixonados malsucedidos: "Estou procurando o amor em todos os lugares errados, procurando o amor em todos os rostos errados".[17] Este não é o verdadeiro problema. A maioria vem procurando o amor de todos os *jeitos* errados.

Atores de teatro sabem que precisam de um conjunto diferente de habilidades para ter sucesso em uma audição e para sustentar um papel no palco. Eles precisam nocautear os produtores imediatamente com seu talento, às vezes em um minuto ou menos. Da mesma forma, você precisa de habilidades diferentes para fazer alguém se apaixonar por você e para manter a relação acesa durante uma vida. Você precisa nocautear sua Presa – às vezes no primeiro minuto ou antes. Sem esse primeiro golpe forte, ele ou ela pode nunca chegar a conhecer você, que dirá se apaixonar.

---

[16] Goode, W. J. 1959. "The Theoretical Importance of Love." *American Sociological Review* 2:38-47. (N.A.)

[17] Letra de "Looking for love", música de Johnny Lee. (N.T.)

5 Existe amor à primeira vista?

Digamos que você tenha sorte amanhã e identifique um Parceiro Amoroso Potencial. Ele ou ela está sentado em uns degraus, lendo um livro. Ou de pé, em um museu, observando um quadro. Ou entrando no ônibus. Ou esperando na fila de um caixa automático.

Você espia furtivamente uma segunda vez. Alguma coisa naquele desconhecido acelera sua fábrica interna de FEA, e uma pequena dose é esguichada em suas veias. Talvez seja a aparência dela, ou o jeito como ele se mexe, algo que ela esteja usando. A aura? Isso é amor à primeira vista? Mas amor à primeira vista existe mesmo?

Bem, essa é uma questão semântica. Desejo instantâneo, ou tesão à primeira vista, definitivamente existe. No entanto, o mundo científico está praticamente de acordo com que o amor à primeira vista é meramente uma profecia sobre o passado.

> "Uma relação amorosa bem-sucedida, talvez uma que
> leve ao casamento, é retrospectivamente declarada
> como amor verdadeiro; ao passo que, se a pessoa
> é rejeitada, é classificada de... paixão passageira."
> – *Medical Aspects of Human Sexuality*[18]

Bem, semântica à parte, um fato permanece. Qualquer pequeno estímulo pode dar início ao amor. Seus primeiros movimentos, quando você identifica um Parceiro Amoroso Potencial, são cruciais. Se, a partir daqueles estímulos poderosos, o amor crescer, você tem todo o direito de chamá-lo de amor à primeira vista. Ninguém vai discutir com você.

O amor à primeira vista sobreviveu porque é parte integrante das muitas crenças populares acerca do amor romântico. O amor romântico é um valor cultural importante para os americanos[19]. Da mesma forma como uma maldição vodu só causa a morte de pessoas que acreditam em seu poder de atá-las, o amor à primeira vista existe verdadeiramente para aqueles que creem nele.

---

[18] Murstein, Bernard I., Ph.D. 1980. "Love at First Sight: A Myth." *Medical Aspects of Human Sexuality* 14(9). (N.A.)

[19] Berscheid, Ellen, 1980. Commenting on "Love at First Sight: A Myth." *Medical Aspects of Human Sexuality* 14(9). (N.A.)

PARTE UM

PRIMEIRAS IMPRESSÕES

*Não existe segunda chance para
o amor à primeira vista*

6 Como causar uma primeira impressão bombástica

Primeiras impressões duram para sempre

O momento em que sua Presa põe os olhos em você pela primeira vez tem uma potência incrível. A imagem fica gravada nos olhos dele ou dela e pode permanecer fixada na lembrança de sua Presa para sempre.

Tenho um amigo muito querido, um senhor já de certa idade chamado Gerald, que é bastante assediado para compromissos sociais em sua cidade natal. É um acompanhante charmoso para diversas senhoras maduras que, muito tempo atrás, perderam seus maridos. Gerald conheceu essas mulheres quando estavam todos juntos no ensino médio, no final dos anos 1940. As amigas dele são lindas por dentro; no entanto, fisicamente, muitas ganharam peso e há tempos perderam a atratividade da juventude.

Certa vez, em uma festa, ouvi um homem grosseiro provocar Gerald sobre o gosto dele para mulheres. Meu amigo ficou genuinamente confuso com o comentário sem tato.

— Mas elas são todas *lindas*! — Gerald exclamou. Ele pegou a carteira e dali tirou uma antiga fotografia, em preto e branco e com dobras nos cantos, da rainha do baile do Ensino Médio, e toda a corte dela.

— Está vendo? — Gerald disse ao homem. Duas das três mulheres que ele estava acompanhando na festa estavam na foto. Uma delas era a rainha do baile. Até hoje, Gerald vê as amigas tão belas como eram em 1948. Essa é a força das primeiras impressões.

Consultores de imagem são remunerados em milhares de dólares para pontificar, em conselhos diretivos por todos os Estados Unidos: "Você nunca terá uma segunda chance de causar uma primeira impressão". O adágio recebeu o status sublime de um provérbio: "Primeiras impressões são as mais duradouras". Então: qual a novidade?

A novidade é esta: mesmo entrando no século 21, ainda não compreendemos realmente as inacreditáveis abrangência e consequência das primeiras impressões. Nem os detalhes liliputianos em que às vezes se baseiam.

Homens: um boné de beisebol virado ao contrário ou o reflexo de uma corrente dourada reluzindo entre os pelos de seu peito podem criar ou arruinar uma relação embrionária com a mulher à sua frente antes mesmo que vocês digam "oi". Mulheres: um quarto de giro na direção oposta, quando ele arrisca um "oi", pode transformar o belo príncipe em um sapo assustado.

Esteja de prontidão para o amor - sempre!

Se as primeiras impressões são tão cruciais e um Parceiro Amoroso Potencial toma a decisão vou/não vou segundos depois de ver você, a grande questão é: Por que as pessoas em busca do amor gastam tanto tempo se arrumando quando vão a um encontro, mas tão pouco quando levam o cão ao veterinário? Quando você for ao encontro, a primeira impressão de sua Presa a seu respeito já foi estabelecida. Sua aparência no encontro é importante, claro. Mas não é nem de longe tão decisiva quanto o primeiro vislumbre que ele ou ela teve de você.

Você não sabia, mas eis a triste verdade: você provavelmente deixou dezenas de PAPs escaparem, nos últimos meses, apenas porque sua armadilha não estava armada: você não estava preparado para arrasar. Caçadores, isso significa que vocês não estavam vestidos para o papel. Caçadoras, isso significa que vocês não estavam suficientemente arrumadas. Pesquisas mostram que, para os homens, as roupas são mais importantes para as primeiras impressões. Para as mulheres, trata-se de corpo e rosto.

Caçadoras, vocês bem poderiam perguntar: "A maquiagem é assim tão importante?". Vamos aos estudos. Pesquisadores pediram que homens conversassem com seis mulheres diferentes, que às vezes usavam maquiagem e às vezes não. O estudo, "Batom como determinante das primeiras impressões da personalidade", revelou que a opinião masculina de cada mulher era *muito diferente* quando ela estava de batom[20].

Mulheres: quantas vezes, andando sem maquiagem na rua, vocês identificaram o Bonitão Desconhecido, que nem olhou na sua direção? Se ele for um homem típico, que se atrai por lábios rosados e belos olhos grandes, o que vocês esperam? Homens: quantas vezes, em suas roupas desleixadas, vocês tentaram conversar com a Moça Bonita no ônibus, e ela teve uma reação superficial e olhou para o outro lado? Se ela for uma mulher típica, que se atrai por uma aparência de competência e sucesso, o que vocês esperam?

---

[20] McKeachie, W. J. 1952. "Lipstick as a Determiner of First Impressions of Personality." *Journal of Social Psychology* 36:241-244. (N.A.)

TÉCNICA #1:
Vista-se "para matar" – em todos os lugares

Homens: isso *não* significa que vocês precisam vestir paletó para ir até a esquina. Mulheres: isso *não* significa que vocês precisam passar três camadas de rímel para ir passear o cachorro. O que isso significa é: sempre que sair pela porta, saia com roupas de matar... sua Presa.

Ficamos descuidados quanto às primeiras impressões devido à teoria do reforço. Digamos que você se arrume para matar. Você sai para passear o cachorro três vezes, quatro vezes, parecendo uma árvore de Natal, e nada acontece.

Daí você fala: "Ah, isto não funciona".

Em meus seminários de vendas, digo aos participantes que, em média, a venda não se realiza até depois do quinto contato comercial. Dê tempo ao tempo. Será que você não pode esperar mais cinco saídas com o cachorro, para que seu futuro amado diga: "Que cachorro bonito. Qual o nome dele? E, a propósito, qual o seu?"?

Mantenha-se psicologicamente "preparado para arrasar"

Não apenas você deveria estar fisicamente pronto ou pronta, precisa também manter abertas as suas portas *mentais*, para permitir que o amor entre... onde quer que você esteja. PAPs não entram na sua vida apenas a partir de festas ou bares de solteiros.

Cindy é uma atraente jovem manicure, que faz minhas unhas há muitos anos. (Deve haver nos removedores de esmalte alguma droga que dissolve as inibições das mulheres e as induz a despejar cada detalhe de suas vidas, enquanto mantêm as mãos unidas por cima da mesinha.) Por meses, ela vinha se queixando para mim sobre, em sua área de trabalho, só conhecer mulheres.

Marquei um horário tardio com a Cindy certa vez, por volta das dezoito horas. Ela me contou como, depois de um longo dia cortando, lixando e esmaltando, fica cansada demais para ir a bares de solteiros e tentar conhecer alguém. Por volta das 18h45, a porta se abriu atrás dela. Ouvimos uma voz masculina profunda dizer:

– Com licença, sei que está absurdamente tarde, mas seria possível fazer as unhas?

Olhei por cima do ombro de Cindy e contemplei um deus grego. (Eu não fazia ideia de que tais divindades precisavam de manicure!) Antes que eu pudesse fechar a boca, Cindy, sem nem mesmo se virar, disse:

– Não, fechamos em dez minutos.

E para mim, sem tirar os olhos das minhas cutículas, resmungou, enquanto o homem ia embora:

– Quem ele pensa que é, para entrar aqui a esta hora e achar que vai conseguir fazer as mãos?

Em seguida os ouvidos de Cindy, sintonizados em sons como o de carros esportivos, escutaram um Jaguar acelerando do lado de fora da janela. Ela deu um pulo para ver e lá estava o Adônis saindo do estacionamento e da vida dela, para sempre, em sua carruagem lustrosa. Ela não parou de se recriminar por tempo suficiente para que eu lhe sugerisse, com todo o respeito, que uma pessoa deveria manter um olho aberto o tempo todo para tais oportunidades.

Os mais bem-sucedidos profissionais de vendas nunca param de prospectar – no consultório do dentista, na copiadora, na pizzaria. Um vendedor amigo meu fechou um seguro corporativo milionário com outro homem nu, que conheceu na sauna do clube. Como diz uma velha canção, pode-se "encontrar uma pessoa valiosa em uma loja de descontos".

TÉCNICA # 2:
Mantenha-se psicologicamente "preparado para arrasar"

Caçadores de presas de grande porte montam armadilhas para ursos mesmo antes de verem o urso. Pescadores lançam suas redes muito antes que o cardume nade em sua direção. Se você preparar sua armadilha psicológica no minuto em que puser os pés no chão pela manhã, a probabilidade é de que a próxima grande caça não escape.

Agora você está física e mentalmente preparado para o amor. A pergunta seguinte é: "Como posso *provocar cócegas dentro* da minha Presa quando ele ou ela me conhecer?".

Vamos começar com duas das armas mais poderosas de que você precisa para desencadear o amor à primeira vista. Elas estão bem acima de seu nariz. Muitas pessoas juram: "Eu me apaixonei no instante em que olhei nos olhos do meu amor".

7 Como acender o amor à primeira vista

Um homem pode ser classificado como sendo fã de seios, traseiro ou pernas. E, embora muitas mulheres insistam no contrário, a maioria delas é comprovadamente observadora de traseiros. (E isso não é mera conjectura à toa: um estudo britânico determinou que as nádegas são o destino favorito do olhar das pessoas.[21])

Mas pesquisadores confirmaram que *todo mundo* é uma pessoa visual. Quando você era um ou uma adolescente sendo apresentado a desconhecidos, com relutância ou não, seus pais provavelmente lhe disseram: "Olhe direto nos olhos". E depois acrescentaram, em termos que não davam margem a dúvidas, que todas as regiões anatômicas anteriormente mencionadas estavam rigorosamente fora dos limites.

Contato visual poderoso estimula imediatamente fortes sentimentos de afeição. Isso foi provado de uma vez por todas em um estudo

---

[21] Mathews, A. M., et al. 1972. "The Principal Components of Sexual Preference." *British Journal of Social Clinical Psychology* 11:35-43. (N.A.)

chamado "Os efeitos do olhar mútuo sobre os sentimentos do amor romântico".[22] Os pesquisadores puseram em uma sala grande quarenta e oito homens e mulheres que não se conheciam. Deram ao grupo instruções sobre quanto contato visual fazer com os parceiros durante uma conversa casual. Depois, os pesquisadores perguntaram a cada participante como havia se sentido em relação às várias pessoas com quem havia conversado.

Os resultados?

"Participantes que olharam nos olhos dos parceiros e cujos parceiros os olharam de volta relataram sentimentos de afeto significativamente mais altos do que participantes em qualquer outra situação. Participantes que se olharam mutuamente aumentaram significativamente suas sensações de amor apaixonado e de apreço pelo parceiro."
– *Journal of Research in Personality*[23]

Vamos dizer isso em uma linguagem menos técnica: olho no olho com o desconhecido atraente ajuda a colocar o palito de fósforo na chama do amor.

Por que o contato visual tem consequências tão chamejantes? A antropóloga Helen Fisher diz que se trata de um instinto animal básico. Um olhar direto aciona "uma parte primitiva do cérebro humano, trazendo à tona duas emoções básicas: aproximação ou recuo".[24]

Contato visual incessante cria um estado altamente emocional semelhante ao medo. Quando você olha direta e intensamente nos olhos

---

[22] Kellerman, Joan, et al. 1989. "Looking and Loving: The Effects of Mutual Gaze on Feelings of Romantic Love." *Journal of Research in Personality* 23(2):145-161. (N.A.)

[23] *Ibid.* (N.A.)

[24] Fisher, Helen. 1992. *Anatomy of Love*, New York: Fawcett Columbine. (N.A.)

de alguém, o corpo dele ou dela produz substâncias químicas como a feniletilamina, ou FEA, que provoca a *sensação* de estar apaixonado. Portanto, estabelecer com sua Presa um contato visual forte, quase ameaçadoramente intenso, é um dos primeiros passos para levá-la a se apaixonar por você.

As pessoas olham demoradamente paisagens de que gostam e desviam os olhos depressa das que não gostam. Gostamos de observar uma lareira aconchegante por longas horas preguiçosas, mas nossas mãos saltam para proteger os olhos de uma cena atroz em um filme. É a mesma coisa quando olhamos para pessoas. Observamos amorosamente nossos parceiros, mas desviamos o olhar de pessoas desagradáveis, feias ou chatas. Quando alguém nos entedia, a primeira parte do corpo que foge são nossos olhos.

Fico agudamente consciente desse fenômeno durante minhas palestras. Sempre que falo por um longo tempo sobre um assunto específico, membros da plateia baixam o nariz para suas anotações. Analisar o estado das cutículas se torna primordial. Alguns até cochilam. Quando volto aos trilhos, seus olhos adejam como borboletas voltando para o sol depois de uma tempestade.

Outro fator, e quase oposto, que impede um bom contato visual é a timidez. Quanto mais uma pessoa nos impressiona, mais evitamos os olhos dela. Funcionários de baixo escalão com frequência desviam o olhar do chefão. Se conhecemos uma pessoas extraordinariamente hábil, bela ou bem-sucedida, tendemos a agir igual.

Em meus seminários, me esforço para fazer contato visual com cada pessoa da plateia. No entanto, se há um homem especialmente bonito em meio ao mar de rostos, com frequência me vejo evitando o olhar dele. Olho nos olhos de todo mundo, *exceto* ele. Depois, me dando conta da tolice da minha atitude, eu me forço a olhar nos olhos do Homem Muito Lindo e *bang*! Meu coração dá um pulo. Algumas vezes, perco a linha de raciocínio. Gaguejo.

Quanto olho no olho é necessário para imitar o amor?

Um cientista britânico determinou que, enquanto conversam, as pessoas olham uma para a outra apenas de 30% a 60% do tempo, em média. Isso não basta para pôr em funcionamento os motores do amor à primeira vista.

Enquanto ainda era aluno da graduação na Universidade de Michigan, um proeminente psicólogo chamado Zick Rubin ficou fascinado pela medição do amor. Mais tarde, em Harvard e Brandeis, o jovem pesquisador romântico criou a primeira escala baseada em psicometria para determinar quanto afeto os casais sentiam um pelo outro. Ela se tornou conhecida como Escala de Rubin, e, até hoje, muitos psicólogos sociais a utilizam para determinar os sentimentos das pessoas umas pelas outras.

Em seu estudo "Medição do amor romântico", Zick Rubin descobriu que pessoas que estavam profundamente apaixonadas olhavam uma para a outra muito mais enquanto conversavam, e demoravam mais a desviar o olhar quando alguém se metia em seu mundo.[25] Ele confirmou isso com um experimento capcioso. Fez a casais que estavam saindo juntos uma longa sequência de perguntas, de modo a poder primeiro ranquear os pares quanto ao amor que sentiam. Sem saber que posição ocupavam, os casais foram levados e uma sala de espera, onde lhes disseram: "O pesquisador virá daqui a pouco para começar o experimento". Mal sabiam eles que aquele *era* o experimento. Câmeras escondidas gravaram quanto tempo os casais passaram se olhando nos olhos. Quanto mais alta a colocação dos casais no primeiro teste, mais tempo eles passaram se olhando. Quanto menos amor sentiam um pelo outro, menor a duração do contato visual.

---

[25] Rubin, Zick. 1970. "Measurement of Romantic Love." *Journal of Personality and Social Psychology* 16:265-273. (N.A.)

Dar à sua Presa a sensação subliminar de que os dois *já estão* apaixonados (uma profecia autorrealizável) aumenta dramaticamente seu contato visual enquanto vocês estão conversando. Puxe isso para 75% ou mais do tempo, se quiser a FEA bombando nas veias dele ou dela.

Os segundos extras de contato visual são um silêncio significativo. Para uma mulher, esse silêncio se traduz por: "Linda mulher, estou curioso a seu respeito. Estou fascinado pelo que você está dizendo". Um homem poderá interpretar o aumento do contato visual como "Estou faminta por você. Mal posso esperar para arrancar suas roupas e que você faça amor comigo louca e apaixonadamente".

No entanto, você *precisa* olhar diretamente nos olhos de sua Presa, se quer provocar aquelas sensações de amor à primeira vista. Não para as sobrancelhas dele, não para o alto do nariz dela – olhe diretamente para aquelas belezuras azuis, castanhas, cinzentas ou verdes. Finja que você está admirando o nervo ocular atrás dos globos.

A sabedoria atemporal vinda de "O rei e eu"[26] é "Assovie uma melodia feliz, e você será feliz". Da mesma forma, emita sinais de que vocês dois estão apaixonados, e sua Presa terá as sensações do amor.

TÉCNICA # 3:
Olhar intenso

Quando estiver conversando com sua Presa, exagere no contato visual. Procure o nervo óptico dele ou dela. Fixe os olhos nos de sua Presa para dar o clima de *já* estarem apaixonados.

No entanto, é mais complicado do que simplesmente olhar profundamente dentro dos olhos de outra pessoa. Você precisa tornar seus próprios olhos acolhedores e convidativos. Encarar os olhos

---
[26] Filme norte-americano de 1956 dirigido por Walter Land. (N.T.)

frios de um peixe morto não contribui nem um pouco para despertar o amor.

Como conseguir olhos provocantes

Olhos provocantes não são uma qualidade com a qual só astros e estrelas de cinema são abençoados. Nem Bette Davis nem Clark Gable tinham patente deles. Todos nós temos esse olhar sugestivo enterrado bem fundo na nossa psique evolutiva. Etnólogos até o chamaram de *olhar de cópula*. O olhar de cópula desempenha um papel importante no ato de fazer amor. Por exemplo, antes de fazer sexo, bonobos – que são tão próximos de um humano quanto um símio pode ser – passam vários momentos encarando profundamente os olhos uns dos outros.

Sexo *sem* contato visual é difícil para certos primatas. Diversos pesquisadores finlandeses apresentaram uns aos outros babuínos machos e fêmeas. Usando dispositivos que limitavam a visão, os pesquisadores variaram qual parte da anatomia feminina o babuíno macho veria primeiro. Quando o vislumbre inicial que o macho tinha da fêmea eram os genitais dela, ocorriam apenas cinco ejaculações. No entanto, quando ele trocava olhares com ela *antes* de ter visão das partes íntimas dela, ocorriam vinte e uma ejaculações.[27] (Homens: aumentar o contato visual durante as preliminares não garante vinte e uma ejaculações, mas definitivamente estimula os sentimentos afetuosos de sua parceira.) A antropóloga Helen Fisher chega ao ponto de dizer: "Talvez, sejam os olhos – não o coração, os genitais ou o cérebro – que sejam o órgão inicial do romance".[28]

---

[27] Linnankoski, Ilkka, et al. 1993. "Eye Contact as a Trigger of Male Sexual Arousal in Stump-Tailed Macaques." *Folia-Primatologica* (3):181-184. (N.A.)

[28] Fisher, Helen. 1992. *Anatomy of Love*. New York: Fawcett Columbine. (N.A.)

Como fazer qualquer pessoa se apaixonar por você

O que torna seus olhos *sexy* e convidativos? Em termos simples, *pupilas grandes*. Pegue ao acaso antigas fotografias de Bete Davis ou Clark Gable, e você verá pupilas enormemente expandidas. Sem dúvida, um retoque na imagem, mas veja!

O pai de uma ciência que se tornou conhecida como *pupilometria*, doutor Eckhard Hess, demonstrou que pupilas grandes eram mais atraentes ao exibir duas fotos do rosto de uma mulher para um grupo de homens. As imagens eram idênticas, exceto que, em uma delas, Hess havia retocado as pupilas da moça para torná-las maiores. A resposta masculina à Senhorita Pupilas Grandes foi duas vezes mais forte do que a reação à mesma mulher com pupilas pequenas. Hess então inverteu o experimento e mostrou para mulheres fotos de homens com pupilas aumentadas. A mesma resposta feminina positiva ao Senhor Pupilas Grandes.

O doutor Hess ensina que não podemos *conscientemente* controlar o tamanho de nossas pupilas, mas no início dos anos 1960 ele provou que podemos pelo menos manipular o diâmetro. Ele conectou voluntários a uma máquina de Rube Goldberg para medir as flutuações de suas pupilas e passou a lhes mostrar uma série de fotografias. Quando os homens viam fotos de paisagens, bebês ou famílias, as pupilas flutuavam um pouco. No entanto, Hess enfiou na pilha uma imagem de uma mulher nua. Quando os homens enchiam os olhos com aquela, suas pupilas faziam *tóin!*, provando assim que, quando observamos um estímulo sedutor, nossas pupilas se expandem.

Eis como aumentar as pupilas para fazer seus olhos parecerem convidativas piscinas, onde sua Presa vai mergulhar com toda a boa vontade. Enquanto vocês estiverem conversando, simplesmente observe o traço mais atraente do rosto de sua Presa. Ela tem um narizinho lindo? Ele tem uma covinha adorável? Enquanto seus olhos desfrutam da visão, suas pupilas irão gradualmente aumentar. Mantenha os olhos bem longe daquela verruga da qual nasce um pelo. Isso fará suas pupilas se fecharem como uma flor boca-de-leão!

TÉCNICA # 4:
Olhos provocantes

Enquanto estiver conversando com sua Presa, observe a parte mais atraente do rosto dele ou dela. Suas pupilas irão automaticamente se expandir, dando a você aqueles olhos provocantes.

Fora isso, tenha pensamentos amorosos. Concentre-se em como sua Presa é bonita, em como você se sente à vontade com ela, em como seria divertido tomar banho com ele.

Fora isso, você deve expulsar da mente timidez, desconfiança, nervosismo e qualquer outra ideia diminuidora de pupilas. Tenha pensamentos quentes e sonhadores sobre sua Presa, para suavizar mais seu olhar.

Como despertar sensações primitivas, inquietantes e sensuais em sua Presa

Vamos agora falar sobre uma terceira técnica que utiliza seu órgão inicial do romance. Esta dá à sua Presa aquela sensação primitiva e inquietante que inunda as pessoas quando elas começam a se apaixonar.

Enquanto conversam, as pessoas tendem a desviar brevemente o olhar no final de uma sentença ou durante as pausas, *exceto* quando estão interessadas no ouvinte (ou inapelavelmente apaixonadas). A frase "Ele não conseguia tirar os olhos dela" não é só alegórica. Pessoas que se amam não apenas se entregam a muito mais contato visual enquanto estão conversando, mas também hesitam mais em desviar os olhos uma da outra, mesmo *depois* que terminam de falar. É eletrizante quando o olhar de alguém se demora em você durante uma pausa, depois que você se calou.

Muitos anos atrás, contratei um marceneiro para instalar uma janela extra no meu escritório. Jerry não era absurdamente lindo e certamente não era um colosso mental, mas, por alguma razão inexplicável, eu o achei muito atraente. Havia no Jerry alguma qualidade indefinível e misteriosa. Era inquietante, primitivo e *sexy*.

Eu não me permiti ceder à minha pequena paixão, porém. Talvez tenha pensado que seduzir o marceneiro não era nem politicamente correto nem sob nenhum aspecto desejável, dadas as circunstâncias. Ou talvez as outras qualidades do Jerry não estivessem estampadas no meu Mapa do Amor. Apesar disso, ideias com o Jerry preencheram minhas fantasias por semanas.

Eu não o vi por alguns anos. Então, bem recentemente, enquanto trabalhava neste livro, precisei de prateleiras para sustentar meus materiais de pesquisa. Naturalmente, chamei o Jerry. Ele chegou à minha porta cinco quilos mais gordo, três anos mais velho, mas *sexy* do mesmo jeito. Desta vez, graças à minha recente pesquisa, com cinco minutos de conversa percebi por que ele me excitava.

Toda vez que eu dizia alguma coisa, os olhos do Jerry se demoravam nos meus. Depois que eu acabava de falar, mesmo durante as pausas, os olhos dele permaneciam grudados aos meus. Essa característica, dei-me conta, era o que eu tinha achado tão inquietante, tão primitivo, tão *sensual*.

Conforme a conversa sobre as prateleiras progredia, também percebi *por que* Jerry estava sustentando o contato visual por mais tempo. Ele não estava tentando ser *sexy*. Não estava fascinado por mim. Não era porque não conseguia desviar os olhos de mim. Era apenas porque o Jerry não era muito inteligente e levava um instante a mais para que meu "Quero que as prateleiras tenham trinta centímetros de largura" fizesse sentido em sua cabeça.

Agora, transformamos isso em uma técnica que desperte aquelas sensações primitivas, inquietantes e sensuais, e que provoque uma sacudida em seu ou sua PAP.

TÉCNICA # 5:
Olhos que grudam

Sempre que estiver conversando com sua Presa, deixe que seus olhos permaneçam grudados aos dele ou dela mais um pouquinho – mesmo durante as pausas.

Um olhar que se prolonga desperta sensações primitivas e ligeiramente perturbadoras. Ele desperta as mesmas substâncias químicas envolvidas no "fuga ou luta" que correm em nossas veias quando sentimos paixão.

Quando precisar desviar o olhar, faça isso com relutância. Afaste os olhos devagar, como se estivessem grudados com bala puxa-puxa quente.

Olhos maliciosos são muito legais

Agora, chegamos à última forma como nossos olhos podem colocar a química para fluir nas veias da nossa Presa. Existem quatro passos cuidadosamente coreografados que um homem e uma mulher devem tomar ao se conhecerem, se é para o amor se desenvolver.

Um dos passos dos quais não se pode abrir mão envolve os olhos. Um fenômeno interessante acontece com os olhos quando um homem e uma mulher começam a se sentir à vontade um com o outro e os estrépitos do amor ressoam em seus corpos. Conforme os enamorados se acalmam pelas boas sensações, seus olhos se tornam mais corajosos. Começam devagar a vaguear amorosamente pelo rosto, cabelo e pelos olhos do outro. Depois se tornam mais ousados e se arriscam mais para baixo, pelos ombros, pescoço e tórax do parceiro. Certo devaneio se instala.

Para levar sua relação com uma nova Presa ao passo seguinte de intimidade, use a técnica que chamo de *viagem visual*. Conforme a conversa vai progredindo, deixe que seus olhos deslizem do nariz para os lábios. Acaricie os lábios com seus olhos por um momento ou dois, então arrisque-se lentamente para o sul, rumo ao pescoço e, se tudo estiver indo bem, desça mais.

TÉCNICA # 6:
Uma viagem visual

Enquanto você e sua Presa estiverem conversando, deixe
que seus olhos perambulem um pouco – mas, primeiro,
apenas em território seguro. Faça uma viagem visual
pelo rosto dele ou dela e se concentre principalmente
nos olhos. Se ele ou ela parecer curtir sua expedição, faça
passeios laterais curtos para o pescoço, ombros, tórax.

Mulheres: vocês têm um passaporte mais liberal para viajar neste
território. Homens: sejam mais cautelosos. Vocês estão navegando
por mares perigosos e podem afundar o navio, se seus olhos
viajarem muito rápido para o sul e ficarem ali por tempo demais.

Essas quatro técnicas oculares – olhar intenso, olhos provocantes, olhos que grudam e viagem visual – são afrodisíacos cientificamente comprovados. Quando começar a usá-las em sua Presa, você vai sentir o efeito. Porém, você não precisa da ciência para lhe dizer que não consegue fazer alguém se apaixonar por você, a menos que os dois sejam apresentados um ao outro. A menos, claro, que você arranje um conhecido sem o benefício de uma apresentação. Em linguagem vernacular, isso é "escolher". Defensores do politicamente correto se arrepiam diante do termo. Mas eu, de minha parte, não tenho nada contra o conceito – se a "escolha" é feita de modo a, digamos, beneficiar a situação e os indivíduos envolvidos.

Vamos dar uma olhada em alguns aspectos básicos. Vamos explorar como você pode conseguir conhecer um Parceiro Amoroso Potencial sem o benefício de um terceiro que faça as apresentações.

8 Sua primeira abordagem

A delicada arte de escolher (não exclusivamente para os homens)

Biólogos, quando observam animais identificando um ao outro, farejando, rugindo, sibilando, esfregando focinhos e por fim copulando, veem de novo e de novo os mesmos rituais de cortejo. Padrões idênticos de proceptividade[29] e agressão se repetem vezes sem conta. Se o padrão é rompido, com frequência a cópula não ocorre.

Não é diferente com os *Homo sapiens* (esses somos nós), mas operamos com uma séria desvantagem. Ao contrário dos animais inferiores, nossos cérebros interferem nos nossos instintos. Em outras palavras, a gente pensa demais. Fazemos a nós mesmos, e às pessoas ao redor,

---

[29] Procura do macho pela fêmea, demonstração de atração e estímulo ou facilitação para que ele a cubra. (N.T.)

perguntas demais: "Ele vai pensar que sou atirada?", "Eu deveria me fazer de difícil?", "Minha aparência está boa?", "A gravata está arrumada?", "Talvez eu deva antes ir ao banheiro aplicar mais batom". A timidez com frequência nos domina e nos paralisa, como um cervo congelado diante dos faróis do carro.

Coelhos não fazem tais reflexões. Tampouco deveríamos *nós* fazê-las, ao localizarmos nossa Presa. Devemos simplesmente cumprir o que as pesquisas nos dizem ser os movimentos corretos quando identificamos nossa Presa.

Caçadores, façam o primeiro movimento... *Rápido*

Homens: quais são os movimentos corretos quando vocês identificam uma mulher que acreditam que gostariam que fizesse parte de seu futuro? Não há o que discutir aqui. Vocês devem se aproximar e devem fazer isso rápido. A velha máxima "vacilou, perdeu" é uma preciosidade na selva dos solteiros.

Uma vez, um amigo (ou AP, amigo platônico, como no ensino médio chamávamos os rapazes por quem não tínhamos sentimentos românticos) e eu estávamos jantando em um restaurante. Meu AP, Phil, viu uma moça absolutamente linda sentada sozinha junto ao balcão atrás dele. Ele se virou para mim e anunciou:

– Aquela é a mulher com quem vou me casar!

– Parabéns! E como pretende agir para conhecê-la? – provoquei.

– Vamos ver – ele ponderou. – Talvez eu simplesmente vá até ela e diga "oi". Não – ele decidiu. – Isso é mundano demais para minha futura noiva. Quem sabe eu me ofereça para pagar uma bebida. Não, isso é muito batido. Talvez – ele brincou – eu vá até lá e diga que estou desesperadamente apaixonado por ela. Não, isso é direto demais. Será que eu deveria dizer que quero que ela seja a mãe dos meus filhos? Não, seria prematuro.

Enquanto Phil fazia graça sobre possíveis abordagens, observei por cima de seu ombro que um homem bem-apessoado marchava diretamente até ela e se sentava na banqueta vazia ao lado. Quando meu amigo se virou, o recém-chegado e a ex-futura noiva de Phil conversavam animadamente. O "amor à primeira vista" se transformou para Phil em "perda à primeira vista". Como geralmente acontece a um Caçador que vacila.

Quando você vê uma moça bonita, qual a melhor estratégia? Deixe que seu corpo fale. Primeiro, use seus olhos. Observe-a e sustente o contato visual por alguns segundos extras. Esteja preparado para que ela desvie o olhar. Mulheres são treinadas para baixar os olhos quando um homem as encara. *Isso não significa que ela não está interessada.* Uma análise dos padrões de paquera nos diz que, se depois de desviar os olhos a mulher voltar a olhar em até 45 segundos, ela gostou de sua atenção.

Homens: ajustem seus cronômetros. Enquanto ela recatadamente finge interesse em alguma outra coisa no ambiente, meçam quanto tempo leva para que ela olhe de novo para vocês. Se for em até 45 segundos, ajam conforme a seguir.

Sorriam para ela e acenem de leve com a cabeça. Pensem nisso como fazer uma reserva de mesa em um restaurante concorrido. Quando tiverem chamado a atenção de uma mulher, vocês terão feito uma reserva para conversar com ela. Eliminem quaisquer pensamentos do tipo: "O que ela vai pensar de mim, se eu for muito direto ou agir muito rápido?". Ela não vai pensar *nada* a seu respeito – nem bom, nem ruim –, se vocês nem chegarem a conhecê-la. Se vocês não se *mexerem depressa, toda* mulher será a que escapou.

TÉCNICA # 7 (PARA CAÇADORES):
Mexa-se depressa

"Mexer-se depressa" não significa pular em cima de sua Presa e lhe quebrar os ossos. Significa apenas tornar sua presença imediatamente percebida, ao sinalizar seu interesse. Eis o melhor método comprovado:

Faça contato visual. Mantenha um contato visual firme com ela e sustente um pouquinho.

Sorria para ela. Certifique-se de que seu sorriso seja amigável e respeitoso, não uma curvatura maliciosa dos lábios nem um esgar obsceno.

Acene de leve. Se ela devolver seu olhar dentro dos 45 segundos decisivos, assinta ligeiramente com a cabeça. O assentimento se traduz como "Gostei de você. Posso fazer uma reserva para conversarmos?".

Mova-se ao alcance dela. O passo final é chegar perto o suficiente para conversar.

Você está agora em posição de conversar. O que deveria dizer a ela em primeiro lugar? Tire da cabeça as palavras "fala de abertura". Frases feitas são recebidas bem assim: como frases feitas. Depois de meus seminários sobre o amor, muitos Caçadores tímidos me perguntam: "O que é uma boa fala de abertura?". Acho uma graça que os homens ponderem sobre tais dilemas.

Uma vez, um camarada extremamente tímido presente ao meu seminário tirou do bolso um livro cheio de orelhas chamado *Como seduzir as mulheres*.[30] Aparentemente, ele não era o primeiro a buscar tal orientação. O livro tem vinte e cinco anos e vendeu dois milhões

---

[30] Eric Weber e Molly Cochran, 1971. Edição brasileira: Editora CPA, 1985. (N.T.)

de exemplares, principalmente por meio de anúncios em revistas masculinas. Ele sugere antigas pérolas como "Não me diga que uma garota bonita como você não tem um encontro para esta noite" e "Você é modelo?". Essa cantada pode ter funcionado quando Papai conheceu Mamãe, mas, em nossa era mais esclarecida, as mulheres odeiam frases feitas. Muito mais importantes do que o que você diz são sua aparência e como você diz *seja lá o que for* que diga.

Homens: suas palavras iniciais devem se relacionar à mulher ou à situação. Perguntem a ela que horas são. Elogiem o relógio ou a roupa dela. Perguntem sobre um endereço. Indaguem como ela conheceu o anfitrião ou a anfitriã da festa. Na verdade, quanto menos espertas suas primeiras palavras, melhor, pois tão cedo no relacionamento ela não está realmente absorvendo o que vocês dizem – ela está conferindo vocês. O cérebro dela está trabalhando duro para avaliá-los com base em seus modos e suas palavras. Seja o que for que digam, ela *sabe* que é só uma desculpa para conversar com ela. E, se gostar de vocês, para ela está tudo bem.

Embora vocês não devam decorar nenhuma frase, prestem, *sim*, atenção às primeiras palavras que saírem de sua boca. Da mesma forma como a sua primeira imagem deve agradar aos olhos de sua Presa, assim também suas primeiras palavras devem encantar os ouvidos dela. Lembrem-se, essa primeira frase para sua Presa é 100% da amostra que ela tem de vocês até o momento. Se começarem com uma queixa, no caderninho dela vocês serão uns reclamões. Se começarem com um comentário presunçoso, ela vai tachar vocês de arrogantes. Mas, se suas primeiras palavras a encantarem, ela os achará encantadores.

Homens: vocês talvez estejam se perguntando por que precisam agir com tanta contenção. Por que precisam ser tão sutis, controlados e precisos em sua abordagem? Tudo por causa da natureza. Enterrado bem fundo nos instintos de uma mulher, quando ela os olha, está um julgamento subconsciente de vocês como possível parceiro. Ela quer sentir que vocês estão cativados por ela. Mas quer saber também se vocês conseguem controlar sua paixão animal, demonstrando assim o parceiro cortês e forte que vocês seriam na vida em comum.

Caçadoras, façam o movimento rápido... *Primeiro*

Caçadoras, vocês podem pensar que a responsabilidade pela escolha repousa nos ombros dos homens. Surpreendentemente, porém, pesquisas mostram que as mulheres iniciam dois terços de todos os encontros.

Isso também é parte do grande plano da natureza. No reino animal, amantes em potencial se atraem piando, cacarejando ou pisoteando o solo. Eles são mais explícitos do que os *Homo sapiens*. Um chimpanzé fêmea no cio identifica sua Presa, "anda até o macho e inclina as nádegas na direção do nariz dele para chamar sua atenção. Depois, ela o põe de pé para copular".[31] Esse comportamento é conhecido como *proceptividade feminina*. A proceptividade feminina (por oposição à *receptividade*) não é desconhecida de nossa espécie, embora nós sejamos, espero, um pouco menos óbvias.

Como as mulheres dão início aos encontros? Do mesmo jeito como fazem as crianças. Do mesmo jeito como pássaros, abelhas e todos os maravilhosos animais do reino de Deus fazem: com um dispositivo que chame a atenção.

Mulheres: digamos que dançando na pista vocês vejam o Senhor Bonitão Desconhecido sentado a uma mesa do lado oposto do clube,

---

[31] *Ibid.* (N.T.)

ou que ele esteja bufando e suando na esteira ao lado, na academia. O que deveriam fazer? O roteiro tradicional é mais ou menos assim: ao vê-lo, a mulher o encara por uma fração de segundo e depois desvia o olhar. Mulheres mais corajosas dão um sorriso e *depois* desviam o olhar, esperando que com isso ele tome a iniciativa (afinal, elas não querem parecer atiradas).

Assim como cinquenta mil sementes minúsculas caem de uma flor e apenas uma cria raízes, suas chances de amor à primeira vista com o Senhor Bonitão Desconhecido bem podem ser de uma em cinquenta mil, se isso for a totalidade de seu ataque. Vocês precisam fazer mais do que simplesmente dar um breve sorriso e deixar o resto com a natureza.

Primeiros movimentos que funcionam para mulheres

Vamos olhar para os estudos e ver o que *funciona*. Uma pesquisadora chamada Monica Moore ouviu dizer que as mulheres faziam dois terços das abordagens e quis descobrir exatamente como elas faziam isso. Ela fez um estudo em que observou mais de duzentas mulheres em uma festa e registrou o que é cientificamente conhecido como seus *sinais não verbais de oferta*.

Aqui, em ordem descendente, estão os resultados das descobertas de Monica Moore. O número na frente de cada movimento é a quantidade de vezes que Moore viu funcionar com sucesso durante o experimento.[32] Precisa desenhar? Caçadoras, estes são os movimentos que levam um homem a se aproximar e conversar com vocês em uma festa.

---

[32] Moore, M. M. 1985. "Nonverbal Courtship Patterns in Women: Context and Consequences." *Ethnology and Sociobiology* 6:237-247. (N.A.)

Como as mulheres obtêm sucesso com o primeiro movimento

Sorrir largamente para ele	511
Lançar a ele um olhar rápido e direto	253
Dançar sozinha	253
Olhar diretamente para ele e mexer no cabelo	139
Manter os olhos fixos nele	117
Olhar para ele, mover a cabeça e olhar de novo	102
Roçar "acidentalmente" nele	96
Acenar de leve com a cabeça para ele	66
Indicar uma cadeira e convidá-lo a se sentar	62
Inclinar a cabeça e tocar o pescoço	58
Umedecer os lábios durante o contato visual	48
Arrumar-se enquanto mantém contato visual com ele	46
Passar ao lado dele movendo exageradamente os quadris	41
Pedir a ajuda dele com alguma coisa	34
Tamborilar em alguma coisa para chamar a atenção dele	8
Passar a mão na bunda dele (Meu comentário: desaconselhável!)	8

Manas, *não* hesitem em fazer o primeiro movimento. Se precisarem de mais coragem, pensem da seguinte forma: a escolha feminina é um mandato evolutivo dado às mulheres para que elas possam selecionar o melhor parceiro e assim garantir a sobrevivência das espécies. Vocês estão apenas seguindo seu destino instintivo quando atraem abertamente o Senhor Bonitão Desconhecido. A mãe natureza aprovaria.

Ainda tímida? Sente que ele vai achá-la atirada demais se você sorrir largamente para ele na multidão ou roçar nele "por acidente"? Pois ele não vai, porque, felizmente, o ego masculino assume o comando...

retroativamente. Dez minutos mais tarde, ele não vai nem perceber que não foi dele a iniciativa. A pesquisa Moore afirmou que os homens pensam que estão fazendo o primeiro movimento, quando na verdade estão reagindo às propostas não verbais das mulheres.

Decidi acrescentar minha própria pesquisa às descobertas já estabelecidas de Monica Moore quando estava jantando sozinha recentemente em um dos ubíquos restaurantes Thank God It's Friday em Albany, Nova York. Eu faria uma apresentação na manhã seguinte para um grupo de solteiros, então, enquanto terminava de jantar, estava repassando mentalmente o programa do seminário. Na palestra, eu planejava uma parte sobre o "sorriso", na qual diria às mulheres como é importante sorrir para um homem atraente.

Pensei comigo mesma: "Leil, sua hipócrita. Amanhã de manhã você vai dizer às mulheres que tenham a coragem de sorrir para desconhecidos, quando você mesma não tem a manha de fazer isso". Ruminando isso, identifiquei um homem de boa aparência lendo, enquanto terminava de jantar, a algumas mesas de distância da minha. Pensei: "Muito bem, Leil, coragem. Vamos tentar". Então sorri para aquele bonitão desconhecido.

O homem me pareceu um tanto aturdido e mergulhou o nariz assustado de volta no livro. Pouco depois, olhou para cima de novo. Sorri de novo. Mais uma vez, o nariz dele desapareceu entre as páginas. Alguns minutos mais tarde, o bonitão desconhecido se levantou e passou pela minha mesa a caminho do banheiro. Enquanto ele passava, me forcei a sorrir novamente. O atônito camarada seguiu andando, coçando a cabeça.

Daí as coisas ficaram interessantes. Ao voltar do banheiro, ele passou bem devagar pela minha mesa. Mais uma vez olhei para ele e – você adivinhou – sorri. O Senhor Bonitão Desconhecido parou de andar. Depois da torrente de sorrisos que eu tinha despejado sobre ele, era perfeitamente lógico começar a conversar como se tivéssemos sido apresentados. Ele se juntou a mim na mesa para o café.

Bem, eu convidei o rapaz – o nome dele era Sam – para ir ao meu seminário na manhã seguinte, e ele foi. Para exemplificar a parte do "sorriso" do meu seminário, contei à plateia (sem revelar a identidade de Sam, claro) a história sobre como meu sorriso havia arranjado um encontro com o solitário comensal.

Depois do seminário, Sam disse:

– Sabe, Leil, acredito que você estava falando sobre mim naquela história que contou. Mas – acrescentou, parecendo totalmente confuso e bastante sincero – achei que tinha sido *eu* quem havia abordado *você*.

– Claro, Sam.

Vou contar a vocês, Manas, o ego masculino é um assombro. Tenham coragem de sorrir largamente, acenar, indicar uma cadeira e convidá-lo a sentar – ou escolham praticamente qualquer uma das manobras de Monica Moore –, e ele vai se esquecer de que não foi ele quem fez a primeira abordagem.

TÉCNICA # 8 (PARA CAÇADORAS):
Mexa-se primeiro

Caçadoras, quando vocês identificarem uma possível Presa, não esperem pela abordagem dele. A natureza determina que *vocês* devem fazer o primeiro movimento. Use qualquer um dos estratagemas comprovados. É o mais perto que vocês vão chegar de espetar o traseiro dele com uma seringa cheia de FEA.

9 Sua primeira linguagem corporal

Deixe que seu corpo conduza a conversa

A ciência documenta que a linguagem corporal inicial de ambas as partes é crucial para que o amor se desenvolva ou não. Um dos mais incansáveis pesquisadores no laboratório do amor foi o doutor Timothy Perper, que passou mais de duas mil estafantes horas empoleirado em banquetas de bares de solteiros, escrutinando homens, mulheres e seus primeiros movimentos de cortejo.

Como estudiosos registrando os hábitos de acasalamento de hamsters, o doutor Perper identificou o padrão de cortejo idêntico repetidamente em seu laboratório no bar de solteiros. Noite após noite, ele permaneceu resolutamente em seu posto, rabiscando anotações, criando gráficos e formulando hipóteses, enquanto homens e mulheres se escolhiam mutuamente. Depois, na melhor tradição científica, ele decupou em cinco passos bem específicos o padrão da linguagem corporal de casais começando a se conhecer.

Os achados do doutor Perper revelam que, quando ambos os parceiros se atinham a uma sequência precisa de movimentos, o casal acabava indo embora junto ou "ficando". No entanto, se algum dos parceiros quebrava a sequência, mesmo que por acidente, o casal se afastava.

Muitas pessoas em busca do amor vão fazer aula de dança na esperança de encontrar um Parceiro Amoroso Potencial. Eles laboriosamente aprendem os passos do foxtrote, da valsa, do chachachá e da rumba. Mas dão com a cara no chão na dança mais importante de todas, uma que o bom doutor chamou de *Dança da Intimidade*.

Quais são os passos da Dança da Intimidade? São tão clara e cuidadosamente coreografados quanto os da Valsa do Tennessee. São movimentos sequenciais que você *precisa* fazer, se é para desenvolver intimidade com seu PAP. Preste atenção a cada um dos seguintes cinco passos da linguagem corporal subconsciente, porque, se tropeçar em qualquer um deles, sua Presa vai perder o interesse e voltar à selva dos solteiros.

A Dança da Intimidade

Passo um: sinal não verbal. Depois que dois parceiros estão próximos o suficiente para conversar, um ou outro torna sua presença conhecida (conforme descrito no capítulo anterior) por meio de um sorriso, um aceno ou um olhar.

Passo dois: conversa. Em seguida, um dos dois fala. Talvez ele ou ela faça um comentário ou uma pergunta. Até um simples "Oi!" será suficiente, mas algo verbal ocorre.

Passo três: virada. Agora fica interessante. Quando um dos parceiros lança o sinal verbal, o outro *precisa* virar totalmente, pelo menos a cabeça, na direção de quem falou e reconhecer receptivamente o comentário. Se ele ou ela não se vira, quem está caçando raramente tenta outra vez. No entanto, se o parceiro se virar acolhedoramente na direção de quem falou, ambos começam uma conversa. Então ocorre um giro sobre o próprio eixo. Caçador e Presa gradualmente mudam de apenas as cabeças viradas na direção um do outro para ombros posicionados assim. Se gostam um do outro, os troncos logo se viram, seguidos pelos joelhos. Por fim, nos encontros bem-sucedidos, os corpos acabam totalmente de frente um para o outro. Essa sequência gradual de cabeça-com-cabeça, barriga-com-barriga, joelhos-com-joelhos pode levar de minutos a horas. A cada nova virada, a intimidade aumenta. A cada desvirada, a intimidade diminui.

Passo quatro: toque. Concomitante à conversa e ao giro gradual na direção um do outro vem um afrodisíaco poderoso, o toque. Um ligeiro roçar da mão dele quando lhe entrega um pretzel. Um leve toque na sua jaqueta quando ela remove um fiozinho do tecido. O toque é fugaz, quase imperceptível. Como você reage ao primeiro toque dele ou dela é um fator importante para que a interação prossiga ou não. Se ele ou ela espana sua jaqueta e você enrijece ligeiramente os ombros, o parceiro pode subliminarmente interpretar isso como rejeição – com frequência, erradamente. Mas daí é tarde. Neste ponto da progressão, revela-nos o doutor Perper, torna-se impossível dizer quem é o Caçador/Caçadora e quem é a Presa. Uma vez que o toque inicial tenha sido executado, bem-recebido e até retribuído, o homem e a mulher estão a caminho de se tornar, ao menos enquanto durar a noite, um casal. Mais ou menos neste ponto, outro fenômeno acontece. O contato visual assume um caráter diferente. Já nos idos de 1977 um pesquisador notou a escalada do contato visual em casais, conforme eles progrediam do contato visual mais formal para o olhar intenso. Seus olhos embarcavam aos poucos em viagens por todo o rosto do outro, seu cabelo, pescoço, ombros e tronco[33]. Essa é a *viagem visual* sobre a qual falamos antes.

Passo cinco: sincronização. O passo final é o mais fascinante de observar. Como se para confirmar a recente afeição um pelo outro, o casal começa a se mexer em sincronia. Por exemplo, o homem e a mulher podem estender a mão para suas bebidas ao mesmo tempo, e juntos devolver o copo à mesa. Então, evoluem para subconscientemente mudar juntos o lado do peso do corpo, virar a cabeça ao mesmo tempo na direção de alguma interrupção e depois, simultaneamente, tornar a olhar um para o outro. O doutor Perper escreveu: "Uma vez sincronizados, os casais aparentemente podem permanecer em sincronia indefinidamente, até o fechamento do bar, até que acabem de jantar e beber e precisem ir embora, até que o metrô chegue a seu destino; para dizer de outra forma, até que o mundo externo intervenha e force a interrupção da interação".[34] No entanto, se um dos parceiros tivesse tropeçado mesmo que em apenas um dos cinco passos acima (por exemplo, não entrando em sincronia com o outro), Timothy Perper e seus pesquisadores associados sabiam que podiam começar a entoar o "canto do cisne" dos casais.

Recentemente, tive o prazer de observar um casal que estava obviamente muito apaixonado. Eu estava jantando em um restaurante, em uma mesa de frente para o balcão, onde um jovem casal estava sentado. Seus corpos estavam completamente de frente e eles se inclinavam na direção um do outro até quase cair das banquetas. Eles sorriam e assentiam quando o outro murmurava. As mãos se roçavam de vez em quando e os movimentos ocorriam em total sincronicidade,

---

[33] Cook, Mark. 1977. "Gaze and Mutual Gaze in Social Encounters." *American Scientist* 65:328--333. (N.A.)

[34] Perper, Timothy. 1985. *Sex Signals: The Biology of Love*. Philadelphia: ISI Press. (N.A.)

quando levantavam os copos e os pousavam no balcão. Eles riam juntos. Franziam o rosto juntos. Exceto pelos momentos em que um ruído externo invadia seu mundo particular, eles mantinham contato visual pleno. Mesmo assim, viravam a cabeça e tornavam a se encarar em uníssono. Qualquer um diria que estavam apaixonados.

Quando me trouxe a conta, a garçonete notou que eu observava o casal. Sorrindo largamente, ela disse:

– Pois é, eu também estava reparando. Não são umas graças?

– São – concordei. – Parecem estar muito apaixonados.

– Ah, não – ela disse. – Eles só se conheceram dez minutos atrás!

Pensei que ambos provavelmente tinham lido os Princípios de Perper. Ou estavam, como diz Annie Oakley em "Bonita e valente[35]", "só fazendo o que acontece naturalmente!".

Quando você é a Presa

A Dança da Intimidade exige dois parceiros. Mesmo quando você é a Presa, precisa se lembrar dos passos. Infelizmente, muitos potenciais relacionamentos nunca decolam porque, acidentalmente, a Presa repele o Caçador com sua linguagem corporal.

Ao contrário dos caçadores de cervos ou ursos, Caçadores e Caçadoras de humanos sofrem de um mal. Chama-se insegurança ou timidez. Quando um Caçador ou Caçadora fizer mira em você, você deve mostrar que é uma presa disponível e ser um bom acompanhante na Dança da Intimidade.

Certa vez, fui a uma festa com minha amiga Diana. Um homem atraente sorriu para ela, e ela desviou o olhar. Então me confidenciou:

---

[35] Filme norte-americano de 1950 dirigido por George Sidney. (N.T.)

– Aquele charmosão ali sorriu para mim.
– Ótimo – respondi. – Sorria de volta.

Logo depois, o camarada estava parado perto de nós. Não sei se foi timidez ou um desejo de se fazer de difícil, mas, em lugar de se virar para ele e sorrir, Diana simplesmente continuou conversando comigo. Alguns minutos depois, vimos o desconhecido charmosão em um caloroso tête-à-tête com outra mulher. Diana ficou arrasada. Ela me disse:

– Bem, suponho que ele tenha me visto de perto e decidido não falar comigo.

– Não, Diana – falei, querendo sacudir minha amiga. – Você simplesmente não respondeu aos avanços dele.

Ela errou o passo na dança básica dos amantes: virar-se na direção dele e demonstrar receptividade.

Oportunidades perdidas como essa acontecem o tempo todo ao redor do globo. Com frequência, Presas gritando para ser capturadas se tornam aquela que foge.

A palavra que pode salvar seu relacionamento

Enquanto conversa com sua nova Presa, você começa a se dar conta: "Esta pessoa realmente é especial. Não é só atração física. Ela tem *potencial* para um relacionamento". Em trinta segundos, seu coração começa a bater mais forte e sua garganta de repente fica seca. Poderia isso ser o começo de algo grande?

Em vez de assumir o comando da missão e instruir cada parte de seu corpo a fazer todos os movimentos certos, seu cérebro começa de repente a se perguntar que impressão você está causando em sua Presa. Sua respiração se acelera. Você tem uma sensação delirante de estar se afogando. Infelizmente, esse é o efeito colateral da FEA inundando seu cérebro.

Preste atenção! Não é possível ser a versão mais encantadora e brilhante de si mesmo se o nervosismo tomar conta e você começar a raciocinar sobre cada movimento. Não há tempo agora para se concentrar nos Princípios de Perper e tentar lembrar se *toque* vem antes de *sincronização*. Ou seria *virada* antes de *toque*? Em momentos de grande ansiedade como esse, você precisa de uma técnica simples para levar seu corpo a fazer precisamente o que o doutor Perper prescreve, de modo a conseguir prestar atenção ao que sua fabulosa nova Presa está dizendo.

Caçadores, o que vem a seguir é especialmente importante para vocês, porque os homens muitas vezes se esquecem de que os tempos mudaram. Antigamente, uma mulher precisava ficar impressionada com seus músculos ou sua velocidade, e saber que vocês eram capazes de entrar na selva e caçar um javali ou um coelho para o jantar. No entanto, muitas mulheres hoje podem pagar pelo próprio patê de carne suína ou um coelho à caçadora em um restaurante fino. O nome do jogo não é mais *impressione a mulher*. Agora, é *mostre quanto você está impressionado com ela*.

Caçadoras, a maioria de nós foi criada para afagar o ego masculino. Talvez alguma química no leite materno tenha dito para nos curvarmos diante de todos os homens ao longo da vida. Aos cinco anos, já tínhamos aprendido o que funcionava: "Ah, papai, você é tão 'inquível'! Eu sei que você vai 'compá' aquela Barbie pra mim!". Mas daí aconteceu uma coisa: *nós crescemos*. Algumas de nós se tornaram feministas. Tal como descartar o bebê junto com a água do banho, muitas mulheres descartaram a atitude "Ah, você é tão inquível" junto com suas Barbies destruídas.

A mulher moderna sente que precisa manifestar sua capacidade, independência e superinteligência imediatamente. *Errado!* Haverá tempo mais que suficiente para mostrar essas qualidades a um homem mais tarde, e você *precisa* mostrá-las, se quiser ter um relacionamento, com respeito mútuo. *Mas agora não é a hora!* Agora é a hora de fazer o homem sentir que você acha que ele é absolutamente, decididamente "inquível".

Tanto homens quanto mulheres são infinitamente mais atraídos a alguém que goste deles de imediato. Em diversos estudos, homens e mulheres que não se conheciam foram informados pelos pesquisadores, falsamente, de que outro participante gostava deles. Mais tarde, quando perguntados sobre de quem gostavam no grupo, praticamente todos os participantes escolheram alguém do sexo oposto que supostamente "gostava deles". Infelizmente, você não dispõe de um pesquisador cochichando no ouvido de sua Presa quanto você gosta dele ou dela, então é preciso que você demonstre isso pessoalmente e por conta própria. Como dizer "Gosto de você" em palavras soa um tanto abrupto, deixe que seu corpo conduza a conversa em seu lugar.

Enquanto estiver conversando com ele ou ela, pense nesta única palavra: *suavizar*. Faça sua linguagem corporal combinar com o acrônimo que forma o verbo [em inglês, *soften*]: sorriso, postura aberta, inclinação para a frente, toque, contato visual, aceno.

TÉCNICA # 9:
Suavize o coração de sua Presa

S é de sorriso. Enquanto estiver ouvindo sua Presa, deixe que um suave sorriso de aceitação se forme em seus lábios.

O é de postura aberta. Fique completamente de frente para sua Presa, nariz com nariz, barriga com barriga. Mantenha seus braços descruzados em uma postura relaxada e convidativa.

F é de inclinação para a frente. Incline-se em direção à sua Presa ou fique de pé ou se sente só um pouquinho perto demais, para mostrar que você está fisicamente atraído.

T é de toque. Delicadamente, até "acidentalmente", toque o braço de sua Presa ou remova um fiapo da roupa dele ou dela.

E é de contato visual. Lembre-se de usar todas as quatro técnicas oculares de sedução que abordamos.

N é para aceno. Gentilmente, confirme com a cabeça qualquer coisa que sua Presa esteja dizendo.

"Mas isso é tão básico!"

Depois de ler esse trecho, alguns de vocês poderão dizer "Mas este conselho é tão óbvio! Ora, em uma exploração sofisticada das complexidades do amor, você sugere movimentos mundanos e tem a audácia de chamá-los de técnicas?".

Por duas razões, meus amigos. Primeira, porque alguns dos meus mais cosmopolitas e civilizados amigos ainda se embananam com esses passos simplórios. Segunda, devido à suprema importância deles. Pesquisas provam que esses são os movimentos específicos que realmente funcionam ao conhecer alguém que vocês querem que se apaixonem por vocês.

Agora, vamos explorar duas outras áreas em que até mulheres e homens muito inteligentes metem os pés pelas mãos: a primeira conversa e o primeiro encontro.

10 Sua primeira conversa

Conversar é compor música bonita juntos

Conversa é como música. Seu primeiro papo pode ser um belo concerto, no qual todas as notas estão nos lugares certos, levando alegria e harmonia ao coração de sua Presa. Ou você pode inadvertidamente soltar notas dissonantes, que fazem sua Presa tapar os ouvidos para pensamentos amorosos.

Até aqui, falamos sobre a *dança* (os movimentos corporais e a coreografia) para despertar o interesse de sua Presa. Agora, vamos explorar a *música* (palavras e melodia) de seu prelúdio amoroso – sua primeira conversa.

Pense na sua primeira conversa como uma audição para ver qual papel você vai representar na vida de sua Presa, se é que vai representar algum. Você pode se safar com interlúdios tediosos mais tarde na relação, mas não agora. A primeira conversa precisa ser um fluxo suave de eletricidade, se é para acender um relacionamento.

O que é uma conversa eletrizante? Para uma Presa, é falar sobre esportes, teatro, balé. Para outra, é debater filosofia, psicologia ou fissão nuclear. Muitas pessoas acham que falar sobre sua casa, família, carro, cachorro ou periquito é de longe o diálogo mais encantador. Você precisa de técnicas para descobrir quais os temas quentes para sua Presa, para garantir que sua primeira conversa seja memorável para ele ou ela.

Conversar é como fazer amor

Quando está fazendo amor com um novo parceiro pela primeira vez, você pode perguntar com bastante delicadeza: "Estou fazendo isso do jeito que você gosta? Tem alguma outra coisa que você queira?". Mas você não pode indagar a um novo PAP "Esta conversa está sendo boa para você também, baby?".

Quando vocês estão na cama juntos pelas primeiras vezes, você ainda não sabe onde ela gosta de ser acariciada, onde ele ama ser tocado. De quanta brutalidade ele ou ela gosta? De quanta delicadeza? Você vai colhendo as pistas. Observa o corpo dela, a expressão no rosto dele. Você presta atenção aos gemidinhos dela, aos arquejos involuntários dele. Você pode sentir que ela fica louca quando você beija os mamilos dela. (Então, é claro que você os beija mais um pouco.) Talvez ele se retraia quando você mordisca as coxas dele. (Então, você não dá mais mordidas naquela pele macia.)

Tenha o mesmo bom senso nos primeiros passos com uma nova Presa. Sua primeira interação conversacional é em cada segundo tão importante quanto sua primeira relação sexual juntos – talvez até mais significativa, porque o sexo pode nunca acontecer se o papo não for bom.

Conversar é como vender

Enquanto estiver conversando, observe as reações de sua Presa ao que você está dizendo. Preste atenção a expressões faciais involuntárias, movimentos de cabeça, rotação do corpo, gestos das mãos e até oscilações do olho. Como um vendedor profissional experiente, aprenda a interpretar todos esses sinais e conduza sua fala de acordo. Com a rara exceção daqueles que estudaram a altamente complexa arte da dissimulação, uma pessoa não consegue *não* comunicar como se sente. Sua Presa pode não informar em palavras como está reagindo ao que você diz, mas os sinais informam, mesmo assim.

Nos meus seminários sobre vendas, ensino uma técnica que chamo de *venda ocular*. Saber minuto a minuto o que entusiasma um cliente, o que o desanima e o que o deixa indiferente pode fazer ou romper uma venda. Da mesma forma, saber minuto a minuto o que entusiasma sua Presa, o que o desanima e o que a deixa indiferente pode fazer ou romper seu relacionamento.

Digamos que você acaba de ser apresentado a um desconhecido empolgante em uma festa. Vocês começam a conversar.

Observe o rosto de sua Presa. Ao longo de todo o papo, a expressão dele ou dela vai mudar. Às vezes, o rosto da Presa vai de repente ganhar uma intensidade vivaz. Isso pode acontecer enquanto você está falando sobre uma coisa que, para você, é comum ou entediante. Em outros momentos, mesmo que esteja falando sobre algo que você considera um tema quente, o rosto dele ou dela se torna inexpressivo. Observe esses detalhes reveladores e ajuste a conversa de acordo. Quando o semblante da Presa ganhar vida, faça mais perguntas sobre aquele assunto. Continue assim. Você está mandando bem. Quando o rosto da Presa se tornar apático, essa é sua deixa para delicadamente mudar de assunto. Vá para outro tema, que traga a luz de volta aos olhos dele ou dela. Caçadores insensíveis simplesmente insistem em um tema chato, e a Presa logo se desvencilha daquela armadilha enfadonha.

Observe a posição da cabeça de sua Presa. Quando Presas se entediam com você, viram a cabeça. Um ruído na cozinha, alguém novo chegando ao ambiente, ouvir o nome dele ou dela do lado oposto da sala – qualquer interrupção vai levar a pessoa a desviar os olhos de você. No entanto, se sua Presa achar sua conversa envolvente, não vai olhar em outra direção. Uma bandeja cheinha de copos pode se espatifar no chão a seus pés, mas o foco de sua Presa vai continuar em você. Preste atenção a viradas de cabeça. Quando sua Presa rotacionar a cabeça para longe de você, é uma dica para introduzir um novo tópico de conversa.

Explore a posição corporal de sua Presa. Quando você se vê preso em um diálogo tedioso com alguém, seu corpo começa a se preparar para o afastamento muito antes que você pronuncie um pedido de licença. Seu corpo recua um passo e seu tronco gira. Se você estiver conversando com um PAP que recua um passo ou gira o tronco, atenção. Pode significar que seu relacionamento nascente já murchou, na cabeça dele ou dela. Porém, faça uma mira certeira e tente mais um disparo. Pare de tagarelar. Contenha o monólogo. Use o nome de sua Presa. Depois faça uma pergunta pessoal, que jogue o foco de volta a ele ou ela. Isso vai recapturar a atenção da Presa e, se o relacionamento ainda não estiver destruído para além de qualquer ressurreição, vai nutrir as sementes. Ao contrário, suponha que sua Presa esteja lhe oferecendo uma postura frontal, aberta, receptiva. Vendedores profissionais experientes sabem que este é o momento de se aproximar para fechar. Faça igual. Faça seu movimento. Esta é a hora de marcar um encontro, pedir o número do telefone ou sugerir que vocês dois se mudem para outro lugar e continuem o papo enquanto tomam uma bebida ou um café.

Observe as mãos de sua Presa. Às vezes, a boca da Presa pode mentir, mas as mãos revelam tudo. Olhe para elas de vez em quando, durante a conversa, para ver alguns dos pensamentos ocultos que ele ou ela está tendo. Ele pega um clipe na mesa ou um palito de fósforo na lareira durante o papo? Ela desliza o dedo pela borda do copo? Esses gestos expressam ponderação ou contemplação. Sua Presa está refletindo sobre o que você acaba de dizer. Aceite isso como uma deixa para parar de falar e permitir que um instante de silêncio dê cadência à conversa. Se você fica desconfortável com o silêncio completo, pelo menos desacelere e mantenha um ritmo tranquilo o suficiente para deixar que sua Presa tenha os próprios pensamentos. Palmas para cima são um excelente sinal. Caçadores, quando ela estiver com as palmas das mãos voltadas em sua direção, significa que gosta de vocês. Ela está se sentindo vulnerável e provavelmente vai receber bem um pouco mais de proximidade. Palmas para cima é a clássica posição "Eu me submeto". Se for adequado, esta é a hora de arriscar um primeiro toque, talvez na mão aberta dela ou no braço. Caçadoras: prestem especial atenção a dedos apontados. Sua Presa move o indicador no ar, enquanto argumenta? Pense em um dedo em riste como uma miniereção, que mostra entusiasmo em relação a algum detalhe específico. Se ele sacudir o dedo no ar enquanto fala sobre algo em particular, significa que tem sentimentos fortes em relação àquilo. Aproveite a deixa para expressar sua concordância total e absoluta com ele.

Fique de olho nos olhos de sua Presa. Se perceber o olhar de sua Presa vagando, não é necessariamente uma rejeição a você. Pode ser apenas que vocês estão falando de um tema maçante. Tente mudar de assunto. Quando se torna especialista em observação de olhos, você consegue avaliar, pelo tamanho das pupilas de sua Presa, o quanto está se saindo bem. Se as pupilas começarem a encolher, uma trombeta involuntária está gritando: "Isto é chaaato!". No entanto, se as pupilas dele ou dela começarem a aumentar, o alarme interno está soando: "Tenho interesse; me conta mais".

TÉCNICA # 10:
Conversa ocular
Não fique apenas tagarelando, cego para as reações de sua Presa. Como um vendedor nota dez, observe seu potencial cliente e calibre seu discurso de acordo com ele. Assim, é mais provável que sua Presa compre seu produto.

Como descobrir quais assuntos excitam sua Presa

É frustrante estar conversando com um desconhecido atraente e se ver preso nos trilhos de um papinho à toa. Você está berrando, em silêncio, "Caramba, eu te adorei. E espero que também goste de mim. Cá estamos nesse papo furado, mas quero que nossa conversa seja mais interessante, mais significativa. Sobre o que *você* gostaria realmente de conversar?".

Desenvolvi uma técnica à prova de fogo para facilitar a transição de um papo bobo para um assunto que seja mais caro ao coração de sua nova Presa. Eu a chamo de *escolher cerejas*. Enquanto sua Presa estiver na conversa superficial, pegue qualquer referência incomum mencionada – qualquer anomalia, qualquer desvio, qualquer digressão ou qualquer invocação de outro lugar, outra época ou pessoa. Agarre essa palavra, porque ela é a chave para saber sobre o que sua Presa *realmente* gosta de conversar.

Suponham, homens, que, ao voltar do trabalho para casa, caia um temporal súbito. Vocês correm para o abrigo mais próximo, uma cafeteria. Vocês entram, se sacodem para tirar os respingos e, quando se sentam, identificam uma deslumbrante Senhorita Desconhecida Atraente sentada na banqueta ao lado. Vocês pigarreiam e arriscam.

– Uau – dizem. – Parece que vai chover, hein?

Ela se volta em sua direção, parece receptiva.

– Com certeza.

Vocês procuram alguma outra coisa para dizer.

– É... Você vem sempre aqui?

Sua Presa parece se divertir com essa frase, mas continua bastante interessada.

– Não, não sempre – ela sorri. – Parei para tomar um café e fugir da chuva.

Vocês arriscam:

– É um toró, né?

Bem, pode não ser uma frase brilhante, mas mantém a conversa rolando.

– Ah, sim. – Sua Presa dá de ombros. – Pelo menos faz bem para as plantas.

Vocês dois olham momentaneamente para fora da janela e depois de volta um para o outro. Você sorri. Sua Presa lhe oferece um sorriso forçado. Daí, nenhum dos dois consegue pensar em mais nada o que dizer, então ambos voltam a se concentrar nos cafés. Fim de um possível caso de amor.

Droga! Tinha começado tão bem! A conversinha à toa foi confortável. Sua Presa estava sorrindo e se inclinando, e pareceu receptiva a você. Mas, quando chegou a hora de abandonar o papo vazio e se mover para temas mais interessantes, você teve um branco.

Aqui vai um teste. No papo superficial acima, havia uma porta de saída, uma *cereja*. A Senhorita Desconhecida Atraente disse uma palavra que você poderia ter captado, e que teria catapultado vocês para fora do papo vazio e para dentro de algo muito mais interessante para ela. Você identificou?

Resposta: a palavra *plantas*.

Vamos voltar à discussão nada empolgante sobre o clima. Logo antes que você ficasse aflito com aquela sensação paralisante de "O que eu falo agora?", ela disse: "Pelo menos faz bem para as *plantas*". Para o Caçador perspicaz, isso é uma deixa. Talvez você não consiga distinguir um narciso de um dente-de-leão, mas obviamente plantas são parte da vida de sua nova Presa, pois do contrário ela não teria usado essa palavra. Subconscientemente, de um modo ignorado até por ela mesma, sua Presa estava gritando: "Eu realmente prefiro falar sobre plantas".

TÉCNICA # 11:
Escolhendo cerejas

Você nunca terá escassez de boas conversas com sua Presa se compreender a *cereja conversacional*. Preste atenção a qualquer palavra ligeiramente incomum. Essa é sua semente de cereja. Plante e observe como desabrocha em uma primeira conversa memorável para a sua Presa.

Depois que ela soltou essa cereja, você deveria ter perguntado: "Ah, você tem um jardim?". Talvez ela tenha uma horta, um jardim no telhado, um jardim suspenso ou um pomar. Talvez ela não tenha jardim nenhum e simplesmente goste de plantas. Você ainda não sabe, mas sabe que plantas são de alguma forma parte do mundo dela. Do contrário, a palavra não teria surgido.

Agora, suponha que, em vez de dizer "Pelo menos faz bem para as plantas", ela tivesse dito "Pois é, parece uma tempestade tropical, não parece?". Sua Presa acaba de lhe oferecer a cereja para salvar a conversa: *tempestade tropical*.

Diga: "Ah, você já esteve nos trópicos?". Provavelmente ela esteve ou no mínimo sabe algo a respeito, ou eles não teriam subido do subconsciente dela durante uma conversa sobre a chuva. *Tropical*, para você, pode ser apenas um modo de descrever uma tempestade, mas, para a pessoa que verbalizou a palavra, tem uma conexão mais intensa. Aprenda a ser um detetive da palavra.

Imagine que ela tivesse dito: "Por causa da chuva, meu cachorro não vai poder passear" ou então "É, a chuva anda derrubando folhas na minha piscina". Nesses casos, *cachorro* e *piscina* são seu bilhete para ingressar em uma conversa mais interessante, pelo menos para a Senhorita Desconhecida Atraente.

Como levar sua Presa a pensar que vocês *já estão* apaixonados

Se você ouvir de passagem um homem e uma mulher conversando em uma festa, provavelmente saberá, em apenas um minuto, qual o nível de intimidade entre eles. Acabaram de se conhecer? São apenas bons amigos? Ou namorados?

Você nem precisaria ouvi-los se chamando de *amor*, *paixão* ou *baby*. Tampouco precisaria ver a linguagem corporal deles para deduzir o tipo de relacionamento. Não importaria sobre *o que* falavam, nem mesmo o tom de voz. Você simplesmente saberia.

Como? Pelo nível em que estariam falando um com o outro. Existe uma progressão fascinante na conversa, dependendo da proximidade entre duas pessoas. Eis como ela se desenvolve.

Nível um: *CLICHÊS*.

Dois estranhos batendo papo geralmente soltam *clichês* de um lado para o outro. Vamos supor que estivessem conversando sobre o universalmente reconhecido tema mais chato do mundo, o clima. Dois estranhos diriam "Que tempo lindo anda fazendo" ou "Caramba, mas como tem chovido, né?". Esse é o nível um, clichês.

Nível dois: *FATOS*.

Pessoas que se conhecem, mas apenas superficialmente, em geral debatem *fatos*. "Sabe, Joe, no ano passado houve 242 dias de sol" ou "Então, a gente finalmente decidiu ter uma piscina, pra enfrentar o calor".

Nível três: *SENTIMENTOS E ASSUNTOS PESSOAIS*.

Amigos frequentemente manifestam seus *sentimentos* um para o outro, mesmo em assuntos tediosos como o clima. "Caramba, Sam, eu simplesmente amo dias de sol". Eles também se fazem perguntas pessoais, tipo "E você? Curte o sol?".

Nível quatro: *DECLARAÇÕES SOBRE NÓS*.

Este é o nível de intimidade de que amigos próximos ou namorados desfrutam. Não são clichês e são mais ricas do que fatos. São mais, até, do que sentimentos. São *declarações sobre nós*. Namorados falando sobre o tempo podem dizer: "Se o tempo continuar bom assim, *nós* vamos fazer uma viagem ótima".

TÉCNICA # 12:

O *nós* prematuro

Crie uma sensação de intimidade com sua Presa, mesmo que só se conheçam há poucos minutos. Bagunce os sinais na psique dele ou dela ao pular os níveis um e dois e ir direto para os níveis três e quatro.

Eis uma técnica que nasce desse fenômeno. Use-a para fazer uma nova Presa sentir subliminarmente que vocês já são um casal, um fato dado, que já estão apaixonados. Eu a chamo de *nós prematuro*, porque você exclui os níveis um e dois e pula direto para o três e o quatro. Misture os sinais conversacionais. Pergunte à sua Presa, do modo como perguntaria a um amigo, que sentimentos ele ou ela tem sobre algo. Use frases com *nós* que são geralmente reservadas a namorados e outras pessoas íntimas.

Digamos que você esteja conversando com um novo PAP em uma festa. Traga à tona os *sentimentos* dele ou dela tal como fazem os amigos. "Você gosta de festa?".

Continue para o nível dos namorados, com declarações sobre *nós*. "É, *nós precisamos* realmente ter muita energia para sobreviver a essas festas de fim de ano, não *precisamos*?"

Em geral, em um relacionamento nascente, as pessoas não se sentem prontas para fazer declarações que usem *nós*. Porém, quando Caçadores e Caçadoras dizem prematuramente *nós*, isso subconscientemente traz a Presa mais para perto.

Aproxime-se ainda mais oferecendo o presente da intimidade

Aqui está outro truque conversacional para aumentar a intimidade. Em geral, ao conversar com estranhos, ficamos na defensiva. Nós não revelamos imediatamente informações pessoais.

Mas aos poucos, conforme nos tornamos mais íntimos de alguém, oferecemos de presente pequenos pedacinhos de nós. Podemos contar a um amigo ou namorado como é difícil não roer as unhas ou, veja se não é péssimo, que temos um cabelo tão oleoso que precisamos lavar todos os dias.

Como fazer qualquer pessoa se apaixonar por você

Quando você revela pequenas falhas como essas a um amigo, provavelmente ele vai retribuir dando risada e respondendo algo como: "Ah, você chama *isso* de ruim? Eu fico louca tentando não espremer as espinhas!" ou então "Seu cabelo oleoso não é nada. Meu barbeiro pergunta se quero troca de óleo ou de corte!". É assim que amigos se comportam.

Réplicas sagazes reveladoras assim criam vínculos, uma intimidade entre amigos. Ao compartilhar um segredo ou fazer uma pequena confissão, você mostra à sua Presa que não está na defensiva. Você está se pondo vulnerável.

No entanto, certifique-se de estar em terreno firme com sua Presa antes de usar essa técnica, que chamo de *revelação antecipada*. Se sentir que ele ou ela ainda não respeita você o suficiente, pode ser um tiro que sai pela culatra. Um estudo fascinante revelou que, quando uma pessoa de habilidades superiores comete uma gafe social, gostamos mais dele ou dela, porém, quando uma pessoa de habilidade mediana dá um fora, gostamos menos dele ou dela.[36]

Revelar uma pequena falha pode ser enternecedor. Uma grande, não. Por exemplo, cedo demais na relação, dizer à sua nova amiga que você já se divorciou duas vezes, que teve a carteira de habilitação cassada ou foi expulso de uma prestigiosa faculdade de Direito pode esfriar sua Presa. "Que fracassado!", ela pode dizer a si mesma.

Os fatos em si podem até não ser grande coisa. Podem constituir a totalidade dos aspectos negativos em sua vida impecável, de relacionamentos sólidos, sem delitos e com um histórico acadêmico excelente. Mas, tão cedo no relacionamento, ela não tem como saber disso. A reação instintiva dela será "O que mais vem por aí? Se ele divide isso comigo tão no começo, o que mais estará oculto? Um armário cheio de ex-mulheres? Uma ficha criminal? Uma parede forrada de cartas de rejeição?".

---

[36] Aronson, E., et al. 1966. "The Effect of a Pratfall on Increasing Interpersonal Attractiveness." *Psychonomic Science* 4:227-228. (N.A.)

Tranque a porta do armário e guarde os maiores esqueletos para mais tarde. Agora é o momento de reforçar o positivo e eliminar o negativo. Mas revele, sim, pequenas falhas. Sua Presa vai achar enternecedor e se sentir mais próxima de você.

TÉCNICA # 13:
Revelação antecipada
Se sentir que a conversa com sua nova Presa está correndo bem, faça uma *pequena* revelação sobre si. Isso cria intimidade. Escolha um defeitinho e revele como se fosse uma confissão, mas certifique-se de que seja realmente pequeno.

Faça seu estilo de vida "encaixar-se" no Mapa do Amor de sua Presa

Você pode se questionar se, como Shakespeare sugeriu, o mundo é um palco. Mas é indiscutível que, quando um desconhecido atraente lhe pergunta (geralmente nos primeiros cinco minutos): "E o que você faz?", ele ou ela está avaliando você para uma possível amizade. O modo como você responde a essa pergunta pode fazer uma grande diferença quanto ao papel que sua Presa vai lhe atribuir. Você será o astro ou a estrela? Ou só fazer uma ponta na vida dele ou dela?

Você está preparado? Atores preparam monólogos para audições. Assim como artistas experientes sabem que uma música específica ou determinado monólogo não são adequados para todas as audições, uma resposta-padrão à pergunta "O que você faz?" também não é adequada para todas as Presas. Antes de responder, você precisa avaliar o desconhecido atraente e depois fornecer o que chamo de seu *currículo sucinto*.

Se quer que essa nova pessoa se apaixone por você, precisa considerar três fatores, antes de responder.

1. Você quer soar como o tipo de homem ou mulher que ela ou ele poderia amar.
2. Você quer soar confiante e entusiasmado em relação à própria vida.
3. Você quer que sua resposta contenha um gancho para que a Presa continue conversando com você.

Número 1: "Sou o tipo de homem ou mulher que você poderia amar".

Claro que, ao encontrar pela primeira vez um desconhecido atraente, você sabe muito pouco sobre ele ou ela. Mas tente fazer sua profissão ou atividade se encaixar no que você suspeitar que será adequado para o Mapa do Amor dele ou dela. Por exemplo, talvez você sinta que sua nova Presa quer um namorado com um status profissional alto. Faça seu trabalho parecer o mais importante possível. Talvez, seu novo PAP transpire qualidades libertárias. Realce o aspecto de liberdade de seu trabalho. Ele ou ela é workaholic? Sublinhe sua dedicação ao trabalho e conte como você também dedica a ele muitas horas. Quando entender o tipo de Presa que capturou em sua armadilha, ofereça a ela o tipo de fala que acha que ela vai gostar de ouvir sobre seu trabalho.

Número 2: "Amo meu trabalho".

Todo mundo se sente atraído por pessoas confiantes e entusiasmadas. As mulheres, especialmente, querem que um homem seja autoconfiante. Uma vez, eu estava escrevendo para uma revista masculina um artigo sobre as qualidades que as mulheres buscam em um homem.

Em vez de recorrer a psicólogos e pesquisas, simplesmente perguntei a todas as minhas amigas: "Quais qualidades você mais procura em um homem?". As respostas delas? Esmagadoramente, o fator que mais as animava era que fosse confiante. "Gosto que um homem seja autoconfiante", uma das minhas amigas disse. "Ele pode ser um pateta, mas, se for um pateta confiante, tá tudo bem." Os homens também gostam de mulheres confiantes. Com frequência, depois que meu amigo Phil tem um encontro, pergunto a ele: "Como foi? Você gostou dela?", e Phil, o típico homem de poucas palavras ao falar de relacionamentos, em geral simplesmente resmunga um "Ah, foi ok".

– Mas você *gostou* dela, Phil?
– Bom, claro, mas provavelmente a gente não vai se ver de novo.
– Por que não?
– É que ela parece estar com a vida meio bagunçada.

Em outras palavras, ela não tinha um senso de direção claro e confiante da própria vida. Os homens se queixam disso com frequência sobre uma mulher específica. Da próxima vez que um desconhecido atraente se virar e lhe perguntar: "E o que você faz?", certifique-se de que sua resposta transborde de alegria e confiança quanto à sua vida das 9h às 19h.

Número 3: "Vamos continuar conversando".

Imagine que você tenha acabado de conhecer o possível amor da sua vida. Você acaba de dizer "Sou secretária", "Sou advogada" ou "Sou física nuclear". Ora, isso é bacana. E, agora, o que *ele* vai dizer? Uma resposta curta para "O que você faz?" provavelmente vai deixá-lo sem palavras. Afinal, o que se pergunta a uma física nuclear? "Ah, bem, é... O que você tem *nuclearizado* ultimamente?" Nunca se limite a informar o nome de seu trabalho e deixar que sua Presa afunde na conversa. Dê-lhe iscas introdutórias que ele possa mordiscar, de modo que o papo não morra de fome. Você é advogada? Em lugar de dizer simplesmente "Sou advogada", expanda. Diga, por exemplo: "Sou advogada. Nosso escritório é especializado em Direito Trabalhista. Inclusive, estou no momento trabalhando no caso de uma mulher que foi demitida por engravidar e tirar alguns dias de licença". Agora você forneceu ao seu paquera uma isca conversacional. Se não fizer isso, ele pode nadar rapidamente em busca de pessoas com quem conversar e que o façam sentir-se mais inteligente. Cedo ou tarde, outra pergunta que o Desconhecido Atraente vai fazer é: "De onde você é?". Faça mais do que soltar no colo dele uma informação de palavra única. Prepare um ganchinho interessante sobre sua cidade natal. Por exemplo, eu sou de Washington, D.C. Quando me perguntam, respondo que, ao amadurecer, havia na cidade sete mulheres para cada homem, devido ao fluxo de funcionárias trabalhando para o governo federal. (Uma boa razão para cair fora, certo?!) Com uma Presa mais artística, digo que Washington foi planejada pelo mesmo urbanista que projetou Paris. Isso aumenta as opções conversacionais de apenas planejamento urbano de Washington para Paris. Quanto mais você informa, melhor a posição que obtém no ranking conversacional com sua nova Presa.

TÉCNICA # 14:
Currículo sucinto
O que quer que faça da vida, aonde quer que vá, não estrague o que poderia ser a maior audição de sua vida – alguém perguntar "E o que você faz?".

Prepare uma resposta que se encaixe no Mapa do Amor de sua Presa, seja descolada e confiante, e lance alguma isca apetitosa para manter a conversa em andamento.

11 Seu primeiro encontro

Agora o jogo começa a sério

A dança do amor começa a sério quando você considera um encontro com seu novo PAP, mas agora o jogo é mais perigoso. A partir do primeiro encontro, ele ou ela olha para você com o rigor de um juiz das Olimpíadas. Tudo o que você fala e faz pode lhe dar pontos ou destruir suas chances de medalha de ouro, o coração de sua Presa. O amor é ainda mais arriscado do que as Olimpíadas porque, se você melar tudo no primeiro encontro, não tem chance de competir da próxima vez.

Skatistas olímpicos treinam por anos para realizar seu sonho, mas, quando estão executando as manobras, seus movimentos parecem ser instintivos e não exigir esforço. É assim que você deveria parecer enquanto constrói seu relacionamento: casual, relaxado. Permita que eu lhe apresente os movimentos corretos do encontro, cientificamente provados, para vencer no jogo do amor. Estude-os, mas, quando estiver com sua Presa, deixe que se tornem sua segunda natureza, de modo a poder executá-los com a suavidade de um astro ou uma estrela.

"Quando devo fazer meu movimento?"

Toda vez que uma de minhas amigas atrizes me conta que conseguiu um papel, sempre sei, pelo nível de felicidade em sua voz, *como* ela conseguiu.

Existe em teatro uma prática chamada *seleção por tipo físico*. Significa ser selecionado para um filme ou peça apenas porque você tem o biotipo exigido pelo papel. O processo tradicional para conseguir um papel é participar de uma audição. Se os produtores gostarem de você, convidam-no para um segundo teste. Para grandes espetáculos, pode haver uma terceira e até uma quarta audição antes da contratação.

Atores e atrizes gostam de sentir que os diretores os escalaram por seu talento, não só porque possuem a aparência da personagem. Quando se trata do amor, as pessoas sentem a mesma coisa... especialmente as mulheres.

Pergunta: Quanto tempo depois de conhecer sua Presa você deveria fazer a pergunta "Vamos marcar de sair?"? *Resposta*: Não até que sua Presa sinta que ele ou ela *conquistou* seu interesse.

Homens: permitam que a mulher bonita conte sobre sua extraordinária perspicácia comercial, *antes* de sugerir um almoço para falarem de uma colaboração (isto é, chamá-la para um date). Mulheres: permitam que ele lhes conte sobre quanta lenha precisou cortar, enquanto abria caminho na selva da hierarquia corporativa, *antes* de convidá-lo para almoçar, para conhecer seu tio, que talvez possa empregá-lo (isto é, dar um truque para conseguir um date).

Deixe sua Presa sentir que ele ou ela conquistou seu interesse ou sua atenção por causa do brilhantismo dela ou da personalidade fascinante dele, dos talentos dela, da maravilhosa singularidade dele. Daí, ela vai valorizar sua companhia ainda mais. Porque a conseguiu à moda antiga... ela a *conquistou*. Permita que seu novo conhecido passe pela audição *antes* de oferecer a ele o papel de protagonista romântico da noite.

Homens: existe outra razão pela qual vocês não deveriam convidá-la imediatamente para sair. Antes de investir uma noite de seu valioso tempo em vocês, ela quer saber se vai se divertir. Uma mulher precisa de mais informação. Precisa descobrir mais sobre vocês. Está baseando o "vou/não vou" dela não só na sua aparência, mas na sua personalidade, inteligência, seu humor, seu tudo. Falem mais. Mostrem-se. Deem a ela mais informação, de modo que ela possa tomar uma decisão bem ponderada a seu respeito, antes de precisar responder "sim" ou "não".

TÉCNICA # 15
(MAIS IMPORTANTE PARA CAÇADORES):
Deixe que sua Presa seja aprovada na audição antes

Caçadores, não convidem uma mulher cedo demais para sair, para que ela não pense que vocês só estão interessados na aparência dela. Uma mulher valoriza muito mais seu interesse se sentir que você aprecia as outras qualidades dela.

Caçadoras, vocês podem se mexer um pouquinho mais rápido. Homens estão menos acostumados a ser tratados como objetos sexuais. De fato, alguns podem até gostar disso!

"Bancar a difícil: devo ou não devo?"

Quantas vezes você ficou sentada ao lado do telefone, prometendo entregar seu primogênito para o mosteiro se *ele* ligasse? É pegar ou largar, Deus. Interceda agora. Por favor.

Daí o telefone toca.

– Alô?

É ele! É ele! Deus é bom.

— Quer sair comigo no sábado à noite? — ele pergunta, com voz doce. Você reprime um salto acrobático.

— Se quero sair com você? Queeeero, eu *adoraria* sair com você! — Mas você desiste desse fraseado. Resolve ser mais contida, porque pensa que talvez deva bancar a difícil. Você hesita e demora uns segundos, como se estivesse avaliando a sugestão dele, e depois diz, um tanto friamente, "Ah, tá bom".

Você o tratou direito? Bancar a difícil compensa? A resposta pode surpreendê-la.

Vamos às pesquisas. Quatro cientistas sociais altamente respeitados, pioneiros do estudo do amor, foram solidamente convencidos, bem como os colegas deles e o público, de que homens gostam mais de uma mulher difícil de se conseguir. Afinal, todo mundo valoriza aquilo pelo que precisa lutar, certo? No entanto, para não deixar nenhuma pedra sem revirar, eles conduziram um estudo em profundidade chamado "Bancando a difícil: compreendendo um fenômeno esquivo[37]". Os pesquisadores reuniram um grupo de rapazes no primeiro ano da faculdade e perguntaram se eles preferiam uma mulher difícil e por quê. As respostas foram previsíveis: "Bem, claro, se ela é mais difícil, deve significar que ela é mais disputada. Sim, se uma garota é popular, pode se dar ao luxo de ser exigente. Bom, meus amigos vão me invejar: dá muito mais prestígio sair com uma mulher difícil".

A essa altura, os pesquisadores sentiram que partir para um experimento de campo seria praticamente inútil. Era uma conclusão já estabelecida que "difícil" significava "melhor". Porém, sendo cientistas responsáveis, eles puseram a teoria à prova. Contrataram um grupo de rapazes e moças que haviam se inscrito em um programa computadorizado de encontros. Os homens deveriam telefonar às mulheres

---

[37] Walster, E., Walster, G. W., et al. 1973. "Playing Hard to Get: Understanding an Elusive Phenomenon." *Journal of Personality and Social Psychology* 26:113-121. (N.A.)

e convidá-las a sair. Os pesquisadores disseram às mulheres que, por metade do tempo, elas deveriam fazer uma pausa e refletir por três segundos antes de aceitar o convite, fingindo assim ser difíceis. Na outra metade do tempo, deveriam aceitar o encontro imediatamente e com entusiasmo, sendo assim fáceis.

Mais tarde, os pesquisadores perguntaram aos homens como se sentiram em relação às mulheres. Os resultados os deixaram pasmos. Apesar do que os homens diziam em uma situação hipotética, na realidade eles não gostavam mais das mulheres difíceis. E lá se foi a teoria por água abaixo.

Os pesquisadores testaram e retestaram a hipótese de cinco formas diferentes, e todos os cinco métodos falharam em alterar o resultado. Assim como a ciência destruiu as teorias dominantes de que a Terra é plana e de que pedras pesadas caem mais rápido do que pedras leves, a ciência destruiu também outro mito: bancar a difícil com um homem não faz com que ele a queira mais. Não no começo, pelo menos.

Mas havia um porém, conforme novos experimentos demonstraram. Em outra parte do estudo, os homens tinham a chance de escolher uma entre cinco mulheres para um date, pensando que outros homens estavam competindo pela companhia dela. Isso funcionou. Quando a mulher era difícil para os rivais, mas fácil para ele, ele gostava mais dela – *bem* mais.

TÉCNICA # 16:
Eu sou difícil (mas, pra você, baby...)

Está pensando em bancar a difícil? Não faça isso...
com ele. Quando ele a chamar para um date, responda imediata e vigorosamente: "Ah, eu adoraria!". Mas depois, mais tarde, deixe escapar dicas sutis de que você é difícil para outros homens. Seja *muito* sutil.

O melhor primeiro encontro, cientificamente comprovado

Muitos Caçadores, tendo seduzido sua Presa a ter um primeiro encontro, agora se perguntam: "Aonde devo levá-la?". Muitas Caçadoras, quando perguntadas sobre aonde gostariam de ir, dizem simplesmente: "Vamos sair para jantar". Essa sempre foi minha escolha. Durante um jantar você consegue conhecer seu Parceiro Amoroso Potencial e dar a ele a oportunidade de explorar todas as facetas maravilhosas de sua cintilante personalidade.

Mas, se seu objetivo é levar sua Presa a se apaixonar por você (como atesta o fato de você estar lendo este livro), jantar *não* é a melhor opção. Há evidências contundentes que mostram que sua Presa se sentirá mais atraída por você se você a colocar em uma situação emocionalmente excitante ou vulnerável.

Existe um vínculo forte entre a excitação emocional e a atração sexual, conforme comprovado por pesquisadores[38]. Eles levaram assistentes femininas de pesquisa e voluntários masculinos a um lugar pitoresco para realizar um experimento. O local era uma atração turística popular, onde os participantes podiam ver, abaixo, um desfiladeiro assustadoramente cavernoso e profundo. Apenas duas pontes cruzavam o desfiladeiro. Uma era a escolha dos turistas, uma ponte segura e sólida. E daí havia a *outra*. E essa outra era apavorante! Balançava de um lado ao outro, oscilava ao vento e se equilibrava precariamente sobre o desfiladeiro. Apenas uns poucos pés corajosos já haviam cruzado essa ponte.

---

[38] Dutton, D. G., e Aron, A. P. 1974. "Some Evidence for Heightened Sexual Attraction under Conditions of High Anxiety." *Journal of Personality and Social Psychology* 30:510-517. (N.A.)

No estudo, os homens foram orientados a atravessar uma ponte ou a outra. Fosse qual fosse que escolhessem, todos eram recepcionados do lado oposto por uma das moças assistentes da pesquisa.

Depois de cruzar a ponte, fosse a sólida ou a instável e precária, uma assistente de pesquisa exibia uma foto a cada participante e pedia a ele que escrevesse uma história curta sobre a imagem. Depois, a pesquisadora assistente agradecia, informava seu número fixo de telefone e comentava casualmente que, se ele quisesse "falar mais sobre a experiência", poderia telefonar para ela em casa.

Sobre o que era todo esse experimento? Os pesquisadores estavam procurando ver quais histórias tinham mais imaginário sexual e quais homens aceitavam o convite das pesquisadoras assistentes de ligar para elas em casa.

Os homens que atravessaram a ponte assustadora escreveram as histórias mais sensuais, e os homens que atravessaram a ponte assustadora – você adivinhou – foram mais propensos a telefonar para as pesquisadoras em casa e discutir a experiência traumática. O experimento demonstrou que situações que geram ansiedade criam mais excitação erótica.

Por quê? Lembre-se da droga que abordamos anteriormente, a feniletilamina ou FEA. O medo produz a mesma substância que invade nossas veias nos primeiros estágios da paixão.

Dê à sua Presa as comichões do primeiro encontro

Obviamente, não é possível nem prático sugerir um date em que você faça seu acompanhante cruzar uma ponte perigosa. Mas a ciência nos diz que, se sua primeira experiência juntos for agitada, seu date vai transferir as emoções mais fortes para você.

Caçadores, vocês poderiam levá-la para cavalgar ou surfar. Se essas atividades físicas forem vigorosas demais, escolham uma experiência emocionalmente exaustiva – brinquedos em um parque de diversões, um filme de terror ou um maravilhoso concerto. Por exemplo, um balé lindo me deixa emocionalmente exausta. Talvez sua Presa se comova com música. Talvez ela ame ópera.

Compartilhar a ansiedade e falar sobre uma situação estressante aproxima os casais. Muitos romances começam nas empresas quando as duas partes enfrentam os mesmos desafios. Filmes, teatro e contos de fada estão cheios de heróis e heroínas derrotando juntos o grande lobo mau e depois vivendo felizes para sempre.

Para testar os achados de outro jeito, os mesmos pesquisadores levaram os participantes a um laboratório[39]. Disseram a alguns dos homens que eles estavam prestes a receber uma série de doídos choques elétricos. A outros, disseram que os choques seriam suaves, nem um pouco dolorosos. Enquanto cada participante aguardava sua vez, os pesquisadores o apresentaram a uma jovem (uma assistente de pesquisa) que, supostamente, era outra voluntária no experimento. Após deixar que tivessem uma breve conversa, os pesquisadores pediram aos voluntários que preenchessem um questionário avaliando a mulher que tinham acabado de conhecer.

Mais uma vez, os rapazes inundados de ansiedade (os que pensavam que receberiam choques elétricos fortes) avaliaram a jovem mais favoravelmente do que seus companheiros mais relaxados. Isso provou mais uma vez que alguém é mais propenso a se atrair por outra pessoa se ele ou ela for emocionalmente excitada – mesmo que a excitação não venha daquela pessoa.

---

[39] *Ibid.* (N.A.)

TÉCNICA # 17:
Proporcione as comichões do primeiro encontro

Ao planejar seu primeiro date, descubra o que aciona os botões de sua Presa e então pense em uma experiência emocional excitante. Você não precisa arriscar a vida nem um membro, mas um pouco de ansiedade compartilhada é um afrodisíaco comprovado.

E depois, claro, é bacana sair para jantar, para que possam conversar sobre a experiência traumática.

Plante as sementes da semelhança

Adiante, vamos explorar quanto uma sensação de semelhança é vital para levar sua Presa a se apaixonar por você. Agora, no primeiro encontro, é hora de plantar essas sementes. Esta técnica, embora se aplique a ambos os sexos, é mais crucial para mulheres, porque elas se aproximam por meio da conversa. Os homens criam vínculos por meio de realizar atividades conjuntas.

Muitas mulheres se esquecem dessa diferença significativa. Em seu primeiro date, elas sugerem um lugar onde ambos possam conversar e se conhecer. Isso é aproximação ao estilo feminino. Se você está estrategicamente planejando levá-lo a se apaixonar por você, há um jeito melhor. Sugira uma atividade que os deixe próximos, ao estilo masculino. Caçadoras, simplesmente descubram quais atividades interessam a ele e sugiram que a façam juntos. Ele vai receber a mensagem subliminar "Esta mulher se encaixa no meu estilo de vida".

Você pode morrer de tédio em jogos de basquete, lutas de boxe ou corridas de cavalos, mas, se for a paixão dele – e você quer se tornar a paixão dele também –, é seu melhor estratagema.

TÉCNICA # 18
(MAIS IMPORTANTE PARA CAÇADORAS):
Vínculo do primeiro encontro

Para plantar as sementes que vocês dois são parecidos, sugira a atividade favorita dele como atividade do primeiro encontro.

Lembre-se: para um homem, criar vínculo *não* é sentar-se à mesa em um restaurante e olhar fundo em seus olhos enquanto falam sobre sentimentos – é *fazer* coisas juntos.

Dicas para primeiro encontro em restaurantes

Não importa qual atividade você escolheu para o primeiro encontro, ela provavelmente vai incluir jantar – antes, depois ou como evento principal. Muitos homens têm pavor do fardo pesado de ter de escolher um restaurante. Será que ele deveria tentar impressionar você e pressionar as próprias finanças ou levá-la à hamburgueria favorita dele?

Facilite as coisas e ao mesmo tempo mostre a ele que você não é uma caça-níqueis. Se ele pedir uma sugestão, responda com um lugarzinho lindo que você pense que ele possa apreciar (ou seja: charmoso, mas barato).

TÉCNICA # 19 (PARA CAÇADORAS):
"Conheço um lugarzinho ótimo"

O caminho para o coração de um homem passa pelo estômago – e pela carteira dele. No caderninho de todas as mulheres deveria haver o nome de um restaurante fabuloso, encantador e *não caro*.

Homens, vocês também podem escolher um bistrô charmoso e acessível, mas tenham em mente que um jantar de primeira grandeza em um restaurante caro é afrodisíaco para muitas. Há um argumento forte a favor de levar uma mulher a um restaurante chique no primeiro encontro, e não é só impressioná-la com seu cartão de crédito gold. *Você se dá melhor em um lugar caprichado.*

Aqui está a prova. Pesquisadores mostraram aos participantes fotos de mulheres e homens em diversos locais[40]. Eles avaliaram que os mesmos homens e mulheres eram mais atraentes quando estavam sentados em uma sala bonita, com belas pinturas e cortinas, provando assim que as pessoas transferem seus sentimentos sobre o ambiente para as pessoas com quem estiverem.

TÉCNICA # 20 (PARA CAÇADORES):
Pague por um restaurante bacana

Se você está jantando fora no primeiro encontro, leve-a a um restaurante com a atmosfera que você deseja projetar: elegante? Otimista? Descolado? Artístico? A atmosfera é importante porque ela vai transferir a você o que sentir em relação ao lugar.

Homens: há também um argumento a favor de levar a moça a uma festa estilosa e não a um evento lotado. O título de um estudo chamado "Abafado e lotado: a influência da densidade populacional e da temperatura no comportamento afetivo interpessoal" já diz tudo.[41]

---

[40] Maslow, A. H., e Mintz, N. L. 1956. "Effects of Aesthetic Surroundings." *Journal of Psychology* 41:247-254. (N.A.)

[41] Griffitt, W., e Veitch, R. 1971. "Hot and Crowded: Influence of Population Density and Temperature on Interpersonal Affective Behavior." *Journal of Personality and Social Psychology* 17:92-98. (N.A.)

Caçadores, um pouco de asseio e de polimento nos modos e na linguagem

Homens, eu os ouço perguntar: "Você vai mesmo enlamear as águas do amor falando de *modos*?". Sim, Caçadores, essa lama é para vocês. Coisa muito importante para uma mulher.

Para uma mulher, se você se levanta quando ela chega, se gentilmente a ajuda a tirar o casaco, segura a porta para ela passar ou sabe exatamente quanto dar de gorjeta para o porteiro, quando ele chama o táxi, é tão bom quanto um beijo. É tão excitante quanto uma carícia delicada, quando você prova suavemente o vinho no restaurante ou diz ao garçom: "A senhora deseja jantar o *Canard à l'orange*", em lugar de "Ela vai querer o pato".

Caçadoras, os homens não são tão suscetíveis a tais sutilezas. A menos que um fio de espaguete esteja pendurado em seu dente ou vocês derramem vinho tinto no blazer branco dele, ele provavelmente vai deixar passar modos menos que impecáveis.

TÉCNICA # 21 (PARA CAÇADORES):
Modos e linguagem

Caçadores, peguem um exemplar de um guia de Amy Vanderbilt ou de Miss Manners. Leiam com a mesma atenção com que leriam *Como satisfazer uma mulher todas as vezes e fazê-la implorar por mais*, porque, ao seguir os conselhos ali presentes, vocês estarão satisfazendo duas partes da anatomia dela – o coração e o cérebro.

Homens: sugiro que vocês peçam na biblioteca mais próxima um exemplar de *O livro completo de etiqueta de Amy Vanderbilt* ou *Miss Manners guide for the turn-of-the-millenium* [Guia da Senhorita Bons Modos *para a virada do milênio*]. Se ler esse tipo de coisa os constrange, levem um saco de papel pardo para transportá-los para casa.

Quando se tornar uma segunda natureza para vocês tomarem graciosamente o braço dela ao atravessar a rua e com naturalidade desviá-la de um cocô de cachorro na calçada, sem rir, ela dirá a si mesma: "Este cara tem técnica".

Caçadoras, perdoem pequenas falhas dele

Da mesma forma, Caçadoras, se ele for menos do que gentil, não traga o fato à tona. Deixe que o homem fique com o agradável mito de que está acima dos erros grosseiros comuns e das funções biológicas constrangedoras. Se seu date sofrer a humilhação de soltar gases audíveis e você piscar, rir, zombar ou der qualquer outra mostra de ter percebido a gafe biológica, ele poderá retribuir seu sorrisinho com outro, cheio de vergonha. Mas, por dentro, você terá perdido pontos.

Se você estiver jantando com sua Presa e ele der um passo em falso, você deveria entrar na brincadeira infantil que chamamos, cruelmente, de Helen Keller.[42] Seja cega para o copo que ele derrubou. Seja surda quando ele espirrar, tossir ou soluçar. Não importa quanto sejam bem-intencionados seus "Saúde!", "Eita" ou um sorriso cúmplice, ninguém gosta de ser recordado das próprias falhas humanas.

Tenho um amigo, Gil, agora um redator muito bem pago, que veio de origem humilde. Ele cresceu no Bronx, em Nova York. Os pais emigraram da Rússia, e a família sempre precisou lutar, então ele tinha um orgulho todo especial por ter um salário tão bom e ser tão capaz de pagar pelo melhor da vida.

---
[42] Helen Adams Keller (1880-1968), escritora surdocega norte-americana. (N.T.)

Gil adorava sair com mulheres elegantes. Quando o conheci, ele pensou que estava se apaixonando por Stephanie, uma moça bonita e, ele pensava, graciosa. Stephanie o impressionou porque nasceu em berço de ouro e conhecia todas as coisas refinadas da vida à qual ele aspirava.

TÉCNICA # 22:
Nunca diga "mão furada"

Caçadoras inteligentes deixam passar os pequenos escorregões, derramamentos, falhas, erros e passos em falso de sua Presa. Elas obviamente ignoram flatulência sonora e todos os outros sinais de fragilidade humana em sua Presa. Caçadoras bem--sucedidas (e Caçadores) nunca dizem "mão furada".

Certa noite, Gil a levou a um dos melhores restaurantes de Nova York. O maître os acompanhou à mesa. Gil pediu as bebidas ao garçom, e ele e Stephanie se prepararam para uma noite íntima, de boa conversa e comida maravilhosa.

Gil tirou da mesa o guardanapo dobrado, pôs no colo e se inclinou para dizer a Stephanie como ela estava linda à luz das velas. Foi recebido por uma expressão gélida, que só se suavizou quando o garçom chegou, tirou o guardanapo de Stephanie da mesa e o pôs no colo dela.

Gil disse que não tinha problema com modos à mesa e etiquetas sociais. Na verdade, gostava da oportunidade de aprender a respeito. Mas Stephanie fazer uma cena pelo aparente desconhecimento dele quanto a esperar que o garçom tirasse o guardanapo e o posicionasse em seu colo jogou um balde de água fria na noite. (A propósito: é perfeitamente adequado tanto esperar quanto pessoalmente retirar seu guardanapo da mesa.)

Gil tentou salvar a situação ao provocar Stephanie de leve. Ele perguntou: "Ei, Steph, você gostaria que o garçom viesse limpar seu queixo depois de cada garfada e pedir a ele 'Mais um bocado para a Porcalhona, seu garçom'?". Stephanie não achou graça nenhuma. A noite e o relacionamento desandaram definitivamente.

Caçadoras, não importa quanto ele erre nos modos e na linguagem, não critiquem o homem que vocês querem que se apaixone por vocês. Deixem que o charmosão meio tosco siga adiante na vida em abençoada ignorância, porque, mesmo que sua Presa seja sensível à etiqueta social, pode apostar um rim que ele é muito mais sensível ao próprio ego.

Bombas/mancadas do primeiro encontro

As roupas fazem o homem? As roupas fazem as mulheres? Claro que não. Mas elas influenciam dramaticamente a *percepção* que um Parceiro Amoroso Potencial terá de você. Lembre-se, a percepção é a única coisa que eles têm para se basear quando vocês estão se conhecendo.

Quando pesquisei pela primeira vez sobre a roupa perfeita para caçar o amor ideal, pensava (como você talvez esteja pensando agora) que as roupas são mais importantes nas mulheres. Não é assim. A habilidade masculina instintiva de "despir mentalmente" uma mulher faz uma moça se perguntar se valeu a pena gastar o salário do mês anterior naquele lindo conjunto Versace.

É interessante como uma mulher rumina por horas sobre o que vestir para um encontro, enquanto um homem pega a primeira peça que sua mão tateante encontra no armário escuro. A menos que os estudos estejam mentindo, deveria ser exatamente o oposto. O traje de caça dos homens é muito mais importante para arrasar do que o das mulheres.

"Não tenho nada pra vestir"
(Mulheres: não se preocupem com isso.
Homens: preocupem-se com isso.)

Vamos recorrer à ciência para chegar à conclusão sobre roupas. Em um estudo da Universidade de Syracuse, mostraram tanto a homens quanto a mulheres fotografias de membros do sexo oposto.[43] Alguns dos homens e mulheres nas fotos usavam roupas elegantes e de prestígio, e outros usavam peças menos caras que iam de baratas até francamente horríveis. Os resultados?

Para as mulheres foram feitas seis perguntas hipotéticas, desde: "Com qual você escolheria se casar?" até uma sondagem cientificamente surpreendente: "Qual você escolheria para passar uma noite?". Como o homem estava vestido foi de extrema importância para as mulheres. Muitas têm uma habilidade fantástica de identificar um par de sapatos Gucci em um homem a quatrocentos metros de distância, do lado oposto do salão de baile. Quanto mais bem-vestido estava um homem, mais altas suas notas nas seis categorias – incluindo aquela sobre só ficar uma noite.

Teóricos evolucionistas nos dizem que, mesmo ao considerar apenas uma ficada, a mulher subconscientemente escuta os próprios genes. Quando um homem está bem-vestido, isso sinaliza a capacidade dele de sustentar os filhos dela. Mesmo quando ela se questiona: "Devo ou não devo *esta noite*?", se você conseguiria cuidar bem dela e dos filhos ainda não nascidos está na cabeça dela. Não culpe a mulher. Ela está apenas instintivamente fazendo o que a mãe natureza ordena.

---

[43] Townsend, John M., e Levy. Gary D. 1990. "Effects of Potential Partner's Physical Attractiveness and Socioeconomic Status on Sexuality and Partner Selection." *Archives of Sexual Behavior* 19(2):149-164. (N.A.)

TÉCNICA # 23 (PARA CAÇADORES):
Vista-se esmeradamente

Apesar dos milhões de anos de evolução sexual, homens e mulheres ainda abordam o romance de modos diferentes. Mesmo quando estiver buscando uma relação efêmera (isto é, uma ficada de uma noite só), não saia vestido como uma cama desarrumada. Vista--se como se estivesse competindo para ser o marido dela.

Mesmo sabendo que você fica incrível com sua calça jeans justa, com muitas mulheres você vai se dar melhor se estiver de roupa de alfaiataria, ainda que seja o único homem tão bem-vestido do lugar. Isso não significa, homens, que não possam se vestir casualmente, mas esqueçam as calças *grunge* baratas e confortáveis. Ela pode achá--los ótimos naquela antiga camisa de linho xadrez da L. L. Bean, mas a peça quadriculada de poliéster do K-Mart (que para vocês parece idêntica) não vai fazer muito sucesso com ela.

Ah, se fosse simples assim para as mulheres. Como seria divertido ir às compras em busca de um *look* arrasador, que vocês sabem que vai virar a cabeça dele no primeiro encontro. Infelizmente, Caçadoras, seu terninho de marca vai passar batido para ele, a menos que *ele* seja um caça-níqueis.

Vocês não conseguem acreditar que ele não vai ficar passado com seu novo terninho de Oscar de la Renta? Pois acreditem. Os mesmos pesquisadores provaram quanto as roupas femininas são relativamente *desimportantes*. Eles mostraram a homens fotos de mulheres previamente classificadas como muito atraentes, moderadamente atraente e não atraentes. Em seguida, os homens manifestaram interesse em ter relações com as altamente atraentes e as moderadamente atraentes, independentemente de quanto estivessem malvestidas. Independentemente de quanto as não atraentes estivessem bem-vestidas, porém, no geral foi um "não vou". Guarde suas roupas caras para impressionar suas amigas ou um possível empregador. Com os homens, como você se porta, seus cabelos, suas unhas, sua maquiagem, sua aparência, sua simpatia – isso é o que conta.

TÉCNICA # 24 (PARA CAÇADORAS):
Vista-se atraentemente

Mulheres: da próxima vez que pensarem "Não tenho nada para vestir", não se preocupem. Qualquer roupa será suficiente, desde que lhes caia bem. Ele vai despi-las mentalmente, de qualquer forma.

Um sorriso, boa maquiagem e linguagem corporal receptiva são de longe um conjunto mais instigante.

Caçadores, Caçadoras, nós agora já molhamos os pés, ao imergi-los em todos os "primeiros" mais importantes: primeiro olhar, primeira abordagem, primeiros movimentos, primeira conversa e primeiro encontro.

Vamos agora seguir para águas mais profundas e subliminares. Antes de começarmos a jornada, no entanto, peço a vocês uma única coisa. Por favor, suspendam quaisquer noções preconcebidas que tenham sobre o que fazer e o que não fazer em um relacionamento. Muito do que ouviram provavelmente são conselhos ótimos sobre como manter um relacionamento aceso por muitos anos, mas essa não é a missão a que nos propomos aqui. Nossa ambição é mais astuciosa: conseguir que alguém se apaixone por vocês. Para isso, precisamos das técnicas extremamente sutis que apresentamos a seguir.

PARTE DOIS

Temperamento semelhante, necessidades complementares

Quero um amor que seja exatamente como a antiga versão de mim (bem, quase!)

12 Somos você e eu, baby, sozinhos contra este mundo muito louco

Você conhece o velho ditado: "Os opostos se atraem". Mamãe e Papai sem dúvida lhe disseram "Os semelhantes andam juntos". Parecem contraditórios, não? No universo magicamente insano, mas ainda assim cientificamente racional, do amor romântico, não são.

Todos os estudos mostram que os apaixonados são atraídos para parceiros com semelhantes atitudes, valores, interesses e opiniões sobre a vida. Em nosso mundo cada vez mais acelerado, em que tantos estímulos nos bombardeiam a cada minuto, nossas cabeças ficam zonzas. Perguntamo-nos com frequência "Como eu deveria me sentir quanto a isso? No que devo acreditar?". Com os grãos de tantas verdades e tantas mentiras rodopiando em nossos cérebros, nós nos questionamos: "O que faz sentido?".

Finalmente, quando encontramos alguém que chegou às mesmas conclusões sobre o mundo, sentimos uma tremenda sensação de alívio. Sentimo-nos próximos dessa pessoa. O amor romantiza essa proximidade em "Somos você e eu, baby, sozinhos contra este mundo muito louco".

Quando as pessoas constroem um pequeno casulo ao redor de si mesmas e coabitam com um parceiro que tem os mesmos sentimentos em relação à vida, isso traz ordem a um mundo caótico. Eles podem passar as noites juntos em um lugar aconchegante, onde forças desconhecidas e valores ameaçadores não pode atingi-los. A semelhança faz os apaixonados se sentirem seguros.

Não é só pela segurança que buscamos a semelhança. Se as pessoas querem um amor de longa duração, sabem que se trata de uma escolha sábia. Estudos revelam que parceiros parecidos têm uma chance muito maior de permanecer juntos. Valores semelhantes mantêm as brasas do amor acesas muito depois que as primeiras chamas da paixão esfriaram.

Semelhança... e uma pitada de diferença (só uma pitada)

Semelhança é segurança. No entanto, semelhança demais, com o tempo, se torna entediante, então as pessoas também buscam diferenças. Mas aqui está o atrito: elas só procuram *certos tipos* de diferenças.

Apaixonados querem qualidades que sejam diferentes apenas o bastante para manter o relacionamento interessante, mas não diferentes o bastante para interferir no próprio estilo de vida. As pessoas escolhem parceiros que podem proporcionar novas experiências, expô-las a novas ideias, ensiná-las novas habilidades, melhorar seu estilo de vida e compensar suas deficiências.

Também procuram nos parceiros qualidades complementares. Complementaridade significa "algo que completa ou leva à perfeição". Por exemplo, muitos homens podem se atrair por mulheres comunicativas para compensar a própria timidez. Uma mulher a quem falte sofisticação mundana pode se impressionar com um homem que entenda de vinhos. Apaixonados não estão procurando uma coisa diferente em um parceiro, apenas uma coisa diferente o bastante para se encaixar na vida deles e levar ambos, enquanto casal, à "perfeição".

Às vezes se ouve falar de homens e mulheres que anseiam por parceiros com qualidades totalmente diferentes. Acontece. Por exemplo, um homem criado na rédea curta de uma família tradicional pode gostar de se aventurar com uma mulher com conhecimento do mundo. Essa mulher com conhecimento do mundo pode ansiar por uma limusine, um mordomo e uma criada pessoal. Porém, mesmo quando esses dois encontram o que *pensam* que querem, tais conexões em geral não duram muito. Raramente resultam em casamento feliz e duradouro.

Como você pode aplicar esse conhecimento, de que apaixonados buscam semelhanças com um toque de diferença para levar alguém a se apaixonar por você? Infelizmente, quando você encontra sua Presa pela primeira vez, não sabe o suficiente sobre ela. Você não tem dados suficientes para intuir que, embora sejam semelhantes, vocês são diferentes apenas o bastante para que você seja o parceiro certo para ela. Observe sua Presa cuidadosamente. Depois, comece a realçar suas semelhanças. Se tudo correr bem, você terá tempo mais tarde para avaliar quais qualidades "diferentes" poderiam complementar a vida dele ou dela.

Todos os estudos sobre atração inicial afirmam este fato: a atração por um desconhecido é uma função da proporção de semelhanças que o objeto do estudo percebe.[44] "Percebe" é a palavra-chave, aqui. Exceto

---

[44] Byrne, Donn. 1971. *The Attraction Paradigm*. New York: Academic Press. (N.A.)

por meio de uma lobotomia frontal, você não consegue alterar suas atitudes, seus valores, sua maquiagem emocional nem suas opiniões sobre a vida para *verdadeiramente* tornar-se semelhante à sua Presa. Você ainda nem tem conhecimento suficiente sobre sua nova Presa para começar sequer a despejar filosofias parecidas, mencionar convicções parecidas e fazer referência a estéticas parecidas. No entanto, você pode se armar com um conjunto de truques sutis deliciosos para levar sua Presa a *perceber* que vocês são parecidos.

Nas próximas páginas, vou armar você com técnicas verbais e não verbais para levar sua Presa a sentir que vocês dois são realmente muito parecidos. Algumas das técnicas são subliminares. Outras são explícitas. Mas todas funcionam.

13 Como estabelecer semelhança subconsciente

Como fazer sua Presa sentir instantaneamente "Olha, somos parecidos!"

Você alguma vez já conheceu alguém e sentiu, imediatamente: "Esta pessoa e eu temos muito em comum"? Carisma instantâneo, química instantânea, intimidade instantânea, apreço instantâneo.

Ao contrário, você já pode ter conhecido alguém e pensado: "Esta pessoa é de um planeta diferente!". Apatia instantânea, indiferença instantânea, frieza instantânea, desapreço instantâneo.

Toda vez que você conhece alguém, tem sentimentos que variam entre os dois extremos. Você não consegue identificar com precisão por que sentiu aquilo. Simplesmente sentiu.

Você provavelmente não teve consciência, mas a escolha de palavras da pessoa teve muito a ver com seu sentimento em relação a ela. Da mesma forma, sua escolha de palavras mostrou um bocado a seu respeito para sua Presa. Nossas palavras revelam como pensamos. Nossas palavras nos encaixam em uma classe social ou outra. Nossas palavras insinuam nossa atuação profissional nossas tendências filosóficas, nossos interesses e até as opiniões que temos da vida. Nossa escolha aparentemente arbitrária de palavras revela como percebemos o mundo.

Em certos países europeus, é mais óbvio. Pode haver cinco ou dez idiomas, ou dialetos, no âmbito da língua-mãe. Quando duas pessoas que falam o mesmo dialeto são mutuamente apresentadas fora de sua região, elas praticamente caem nos braços uma da outra, em reconhecimento às origens semelhantes.

Nós também temos dialetos. Apenas não estamos conscientes deles. Os Estados Unidos – maiores que toda a Europa Ocidental – têm milhares do que chamamos de *dialetos*. São diferentes modos de falar que dependem da nossa região, nosso trabalho, nossos interesses e nossa criação. Talvez seja por nosso país ser tão grande que nosso idioma, o inglês norte-americano, é tão prolífico em sua quantidade de palavras. Seja qual for a razão, o inglês norte-americano tem mais opções de palavras para dizer as mesmas coisas do que praticamente qualquer outra língua.

Para estabelecer uma semelhança, você pode empregar um recurso linguístico subliminar que é de uso fácil, mas de impacto poderoso. Apenas com sua escolha de palavras, você pode fazer sua Presa sentir que você é parte da família dele ou dela.

Palavras para provocar na sua Presa "aquela sensação de família"

Muitas e muitas pessoas usam as mesmas frases. Membros de uma família e amigos usam as mesmas palavras uns com os outros. Colegas de trabalho ou sócios de um clube falam de modo parecido. Todo mundo que você conhece tem uma língua própria, que subliminarmente distingue familiares, amigos e colegas de desconhecidos. As palavras podem ser todas em inglês, mas a escolha varia de região para região, mercado para mercado e até de família para família.

Talvez você não perceba, mas sua Presa tem uma forma específica de falar que a ou o vincula a um mundo especial de parentes, amigos, colegas e pontos de vista sobre a vida. Para dar à sua Presa a sensação subliminar de que você é parecido com ele ou ela, você pode *ecoar* essas palavras. A única coisa necessária é escuta atenta.

Palavras têm diferentes conotações para diferentes pessoas. Você se recorda, dos tempos de escolha, que a *denotação* de uma palavra é o que ela significa literalmente. A *conotação* são todos os significados, a atmosfera que a envolver – o *clima* da palavra. Para levar sua Presa a se sentir próxima de você, use as palavras exatas que ele ou ela usa.

Homens: suponham que tenham acabado de ser apresentados a uma atraente jovem divorciada. No início da conversa, ela fala sobre o filho, ou talvez diga "menino", "criança", "neném". Provavelmente todo mundo na família dela use a mesma palavra, então, ao conversar com ela, usem a palavra que ela usa para se referir ao pimpolho. Quando vocês ecoarem a palavra dela, ela subliminarmente sentirá proximidade: vocês já fazem parte da família.

Minha médica é uma jovem mãe. Durante uma de nossas primeiras conversas, ela mencionou seu recém-nascido. Eu conhecia "recém-nascido", mas não são palavras que uso no dia a dia. Na verdade, não me lembro de alguma vez ter usado "recém-nascido" em uma conversa. Mas perguntei a ela: "Quem cuida de seu recém-nascido enquanto você está trabalhando?", e ela sorriu para mim. Percebi o carinho e a conexão que ela sentiu por mim quando usei as palavras dela: "recém-nascido".

Mulheres: digamos que vocês estejam em uma festa, conversando com um homem. Ele está falando sobre o emprego, a profissão, o serviço ou o projeto dele. Certifiquem-se de usar a palavra dele para o trabalho dele. Por exemplo, se ele for advogado, dirá "profissão". Se vocês disserem "trabalho", ele talvez se desanime. Da mesma forma, se o bonitão com que vocês estiverem conversando trabalhar em construção civil, ele vai achá-las esnobes, se disserem "profissão".

Várias Presas até usam palavras diferentes para o lugar onde trabalham. Advogados dizem "firma", locutores dizem "estação", arquitetos dizem "escritório" e pessoas no mercado editorial dizem "editora". Ecoar é crucial quando você está falando sobre o emprego ou o principal interesse de alguém, porque usar a palavra errada pode rotular você imediatamente como "por fora", um ignorante total do mundo dele ou dela. As pessoas instintivamente se desconectam de quem tem pouca compreensão de suas vidas. Dado que suas palavras revelam quanto você sabe sobre o mundo delas, não vá inadvertidamente usar as erradas.

"Sessão" e "apresentação" se referem ambas a vínculos de trabalho. Homens: se vocês estão conversando com uma modelo, é melhor dizerem "sessão", se quiserem manter o interesse da bonita. Mulheres: se estiverem conversando com um músico pop jovem, é melhor dizerem "apresentação", ou o rapaz vai achar que vocês são muito toscas. Se usarem uma única palavra errada, terão desafinado.

Lembra-se do meu AP, o amigo platônico, Phil? Uma vez, fomos a uma festa. Ele estava parado perto de mim, e o escutei conversando com uma atriz linda. Ela estava toda animada descrevendo uma nova peça para a qual tinha sido escalada. Ouvi-a contar a Phil que estava adorando os ensaios. E me pareceu que ela estava adorando também conversar com Phil.

– Ah – o Phil falou. – E com que frequência você *treina*?

Ooops! Por ter amigos no teatro, eu sabia como aquilo ia soar. Foi a última pergunta que a bela atriz ficou para ouvir. A palavra é *ensaio*, meu amigo, não *treino*.

TÉCNICA # 25:
Ecoe

No início de um relacionamento, você não sabe o suficiente sobre sua Presa para evocar os valores dela, as atitudes dela, os interesses dela. Mas você pode insinuar que se sente tal como sua Presa se sente. Simplesmente ouça com atenção à escolha aparentemente arbitrária de palavras e as repita de volta.

É arbitrário. Naturalmente a atriz treina antes da estreia do espetáculo, mas atores de teatro nunca usam essa palavra. Dizem *ensaio*. Se Phil sabia tão pouco sobre o mundo dela, a ponto de dizer "treino", quanto poderia ser interessante para aquela atriz?

Menos de dez minutos depois, Phil atacou novamente, desta vez em uma conversa em grupo. Uma sósia da deslumbrante Suzie Chaffee estava se gabando de ter acabado de comprar um chalé incrível para esquiar nas montanhas.

– Que bárbaro – Phil disse. – E onde fica sua cabana?

O sorriso dela murchou junto com a opinião que tinha sobre Phil. Aturdida, não pude resistir à perguntar a meu amigo, mais tarde:

– Phil, por que você a insultou, ao chamar o chalé dela de cabana?

– Como assim? – perguntou Phil, genuinamente confuso. – *Cabana* é uma palavra adorável. Minha família tem uma cabana linda em Cape Cod, e *cabana* tem para mim associações maravilhosas.

Ok, Phil, mas a esquiadora gostosona obviamente não gosta dessa palavra. (Nem o próprio Phil, agora.)

Um relacionamento novo é uma flor em botão. Verbalizar uma palavra errada pode esmagar a pequena semente antes que ela tenha oportunidade de brotar.

Nós até falamos a mesma língua (corporal)

"America the Beautiful"[45] é tão mais bela por causa de nossa diversidade cultural. Felizmente, a maioria das pessoas não fica à vontade falando sobre status econômico ou social, mas temos uma riqueza e uma variedade inegáveis de origens culturais, sem paralelo em nenhum outro lugar do mundo.

Os norte-americanos não anunciam sua classe e fortuna na testa, como as joias de uma mulher hindu de alta casta, mas a origem de uma pessoa em geral se torna evidente após uns poucos minutos de conversa. Pessoas com uma criação diferente falam diferentemente e se vestem diferentemente, claro. Você sabia que elas também *se mexem* diferentemente?

Ao viajar pelo país dando palestras, eu às vezes encontro uma mulher chamada Genie Polo Sayles. Genie é uma morena dinâmica que dá um seminário escandalosamente charmoso chamado "Como se casar com um rico". (Deus abençoe nossa liberdade de expressão!)

Genie conta a seguinte história: uma vez, uma equipe de TV a acompanhou até um cassino em Las Vegas para fazer uma entrevista. O repórter a atormentou sobre como saber se uma pessoa era rica.

– Ah, você simplesmente sabe – ela rebateu, confiante.

---

[45] Canção patriótica norte-americana composta por Samuel A. Ward (melodia) e Katharine Lee Bates (letra) entre 1883 e 1895. Em português: América bela. A primeira estrofe já mostra a diversidade americana: *Ó bela és, ó pátria, sim,/De céus imensos, luz sem fim,/Campos de trigo a reluzir,/Montanhas roxas a surgir!*. (N.T.)

— Muito bem – o repórter a desafiou. – Aponte o homem mais risco do cassino.

Com argúcia e agilidade, os olhos penetrantes de Genie percorreram as mesas. Seu olhar escrutinador parou subitamente em um jovem usando jeans e uma velha camisa xadrez. Com o instinto e a precisão de um cão de caça, ela apontou uma longa unha vermelha diretamente na direção do rapaz e anunciou:

— Ele é muito rico.

O repórter, boquiaberto de descrença, a questionou:

— Como você sabe?

— Ele se *mexe* como fortuna tradicional – Genie anunciou.

Sim, Caçadores e Caçadoras, existe um mexer-se como *dinheiro antigo*, um mexer-se como *dinheiro novo* e um mexer-se como *sem dinheiro*. Para conquistar o coração de sua Presa escolhida, mexa-se de acordo com a classe dele ou dela.

Na verdade, tomei consciência de que pessoas de diferentes estratos sociais se movem de modos diferentes quando eu estava na faculdade. Minha colega de quarto era obcecada por televisão e o ruído contínuo da caixa me distraía demais. Por puro desespero, comprei para ela um conjunto de fones de ouvido, de modo a poder estudar em paz ou simplesmente saborear o silêncio. Mas a luminosidade tremulante tinha um efeito hipnótico. Com frequência, meus olhos eram atraídos para a pequena tela silenciosa. Porque não podia ouvir o som, eu me tornei agudamente consciente de como as pessoas têm modos diversos de gesticular e andar. Eu detectava diferenças até no modo como elas se sentavam.

Por exemplo, uma atriz interpretando uma mulher rica e bem-educada primeiro dobrava os joelhos, graciosamente baixava o tronco até a beira da cadeira e depois, suavemente, deslizava para trás. Ao passo que uma Maria Busca-Pé dava um mergulho engraçado e aterrissava no meio do sofá.

Para algumas pessoas, *classe* está estampado em seus Mapas do Amor. Não vamos abordar aqui se isso é certo ou errado, nem mergulhar em uma discussão sobre como os tempos estão mudando (tomara). A *Bíblia* diz "ama teu vizinho" e muitas pessoas obedecem, desde que o "vizinho" more do lado certo da rua.

Para outras pessoas, o lado errado da rua é o lado certo. Elas não têm vontade de se casar acima de seu nível e ficam muito mais à vontade com quem tem a mesma origem. Essas são as inteligentes. Pesquisas mostram que casamentos entre pessoas de origem parecida duram mais e são mais felizes do que uniões interclasses.[46]

Logo depois da faculdade, decidi dar a mim mesma férias remuneradas e conhecer o mundo. Consegui um emprego como comissária de bordo em uma companhia aérea internacional. Os passageiros nos chamavam de "aeromoças", naquela época. Pior ainda, alguns rapazes nos chamavam de "garçonetes", e nós retaliávamos rotulando-os de "muquiranas". Minha melhor amiga era outra comissária de bordo da Pan Am, uma moça atraente e fogosa chamada Sandra. Juntas, nós descobrimos que havia muitos rapazes que não eram nem um pouco sovinas.

Gostávamos em especial de trabalhar na primeira classe porque, nos longos voos internacionais, era muito tranquilo. Com frequência, sentadas nos apoios para braço ou de pé no corredor, Sandra e eu gostávamos de bater papo com nossos passageiros. Em um voo, dois homens solteiros muito elegantes estavam viajando de primeira classe para Paris. Eles perguntaram se estaríamos livres para acompanhá-los naquela noite para jantar em um restaurante parisiense muito chique.

– Nós adoraríamos! – falei.

Mas Sandra hesitou. Correu para o lavatório e gesticulou para que eu a seguisse.

---

[46] Walster, Elaine, Walster, William G., e Berscheid, Ellen. 1978. *Equity: Theory and Research*. Boston: Allyn and Bacon. (N.A.)

— Sandy, por quê? – perguntei, fechando a porta atrás de nós. – Eles parecem muito bacanas.

— Bem – ela explicou –, é que eu não me sinto à vontade perto *desse* tipo de gente.

— Qual tipo, homens? – perguntei.

— Não. Você sabe – ela disse –, assim, tão ricos.

Sandra explicou que ficava à vontade conversando com eles quando estava no avião, porque sabia qual era seu lugar, mas que estar com eles em um restaurante chique iria intimidá-la.

Fiquei confusa. Eu não tinha sido criada à base de caviar e de champanhe, mas presumia que todo mundo gostaria pelo menos de experimentar. Errado! Muitas pessoas só se sentem à vontade em relacionamentos com pessoas que compartilham sua origem social.

A propósito, aqui está o final da história de Sandra. Alguns meses depois de dispensar os dates "ricos", Sandra se demitiu da Pan Am para se casar com o cozinheiro de um restaurante simples do Queens, Nova York.

E, da última vez que conversei com ela, ela estava muito, muito feliz.

TÉCNICA # 26:
Imite as atitudes da classe dele ou dela

Caçadores e Caçadoras perseguindo presas de alta estirpe deveriam mover-se diferentemente daqueles em busca de um felino selvagem. A turma que joga polo e frequenta marinas tem uma linguagem corporal muito diferente daquela do grupo que joga boliche e toma cerveja.

Observe como ele fala, como ela se senta, como ele gesticula, como ela segura a xícara. Em seguida, *mexa--se* como se mexe a classe de sua Presa.

14 Como estabelecer semelhança consciente

As três semelhanças conscientes cruciais

Após construir uma base sólida de semelhança subconsciente com sua Presa, é hora de mostrar sua afinidade de três formas. As afinidades a seguir, ou a falta delas, vai surgir em diversos estágios de seu relacionamento.

A primeira é evidente, inequívoca e fácil de criar. São *os interesses que vocês dois têm*. De que tipos de hobbies, esportes e atividades ambos gostam? De que tipos de música vocês gostam, que filmes apreciam e quais livros leem?

A número dois se torna evidente para sua Presa aos poucos. São seus *valores de base, crenças, reações e modos de olhar para o mundo*. Essa é extremamente profunda. Extremamente importante.

A número três é sutil e evasiva. Pode levar anos para se expor, com frequência se tornando clara apenas quando é tarde demais. É também a mais insidiosa e dá aos casais os maiores problemas no longo prazo. Essa similaridade final é profundamente enraizada, com frequência cuidadosamente camuflada e raramente revelada por vontade própria. Para desenterrá-la, você precisa afiar a picareta e cavar fundo. São as *premissas tácitas sobre o que um relacionamento deve ou não deve ser*.

Vamos explorar cada tipo de semelhança. Em seguida, vou oferecer técnicas para fazer seu novo PAP sentir que vocês são almas gêmeas em todas as três categorias.

Semelhança número um: "Gostamos de fazer coisas juntos?"

Caçadoras, prestem atenção: esta é mais importante para os homens do que vocês imaginam.

Vamos mergulhar de cabeça no cavernoso hiato de gênero para explorar em profundidade mais tarde; porém, agora, vejamos um fato banal, mas verdadeiro: mulheres aprofundam relacionamentos conversando junto. Homens criam vínculos fazendo coisas junto. Uma mulher anseia por um homem que a compreenda, com quem possa falar. Ela gosta de sentir que, quando as coisas ficarem difíceis, haverá um grande ombro onde chorar, um braço forte que a console e, acima de tudo, um ouvido solidário para escutá-la. Boa comunicação verbal é importante para o homem também, mas está posicionado mais alto na lista de desejos feminina.

Um homem quer uma mulher que goste das mesmas atividades, uma com quem ele possa se divertir. Ele gosta de sentir que podem jogar tênis, ir a concertos ou jogos de basquete ou ao cinema, ou simplesmente ficar em casa de conchinha no sofá. Fazer coisas juntos é importante para as mulheres também, mas está posicionado mais alto na lista de desejos masculina. Felizmente para as Caçadoras, é fácil mostrar a um homem esse primeiro tipo de semelhança. Bem cedo no relacionamento você pode levá-lo a pensar que você gosta daquilo que o interessa com frequência já na primeira conversa.

Meu amigo Phil me contou sobre uma mulher que conheceu recentemente em uma festa. Ele gostou dela. Ela pareceu gostar dele. Ela até insinuou que gostaria de sair com ele. Enquanto conversavam, ele estava refletindo sobre chamá-la para um encontro. Como prelúdio para convidá-la a abandonar a festa e ir a um clube de jazz com ele, Phil comentou sobre o grande interesse que tem em jazz.

– Ah – ela disse –, eu ia a clubes de jazz, mas acho que esgotei todos eles na faculdade.

Tanta reflexão para isso.

Então Phil mencionou que *Casablanca*, o filme clássico, estava em exibição em uma sala de cinema de arte.

– Ah, está, sim; eu assisti – ela respondeu.

E isso foi o fim de tudo.

A mulher podia saber muito sobre jazz e filmes antigos, mas tinha uma ou duas coisinhas a aprender sobre os homens. Não corte o barato deles. Na verdade, Caçadoras, quando aprenderem quais são os interesses dele, insinuem que são paixões suas também. Muitos homens convidam uma mulher para sair apenas porque ela gosta das mesmas atividades que ele.

Tenho um amigo chamado Derek, um homem muito bonito que mora em Orlando, Flórida. O pobre Derek não sabe mais o que fazer, porque adora andar de jet-ski nos finais de semana. Ele também adora mulheres. Como o tempo livre dele é limitado, ele precisa fazer uma escolha.

Derek reclama que não consegue encontrar uma mulher que vá andar de jet-ski com ele. Você pode apostar que a primeira moça que cruzar os dedos atrás das costas e disser: "Ah, andar de jet-ski, eu sempre quis tentar isso" vai conseguir um encontro com Derek e um início de ouro na conquista do coração dele.

Se sua Presa gosta de colecionar selos, ou assistir a partidas de sambo[47], conte a ele sobre seu fervor por selos e por lutadores de sambo. Muitos homens têm paixão por uma atividade e uma paixão por mulheres, mas poucos conseguem juntá-las.

TÉCNICA # 27
(MAIS IMPORTANTE PARA CAÇADORAS):
Surfe a onda de sua Presa

Surfe a onda de sua Presa. Ou passeie na moto ou no carrinho de golfe, ou monte o cavalo dele. Conte como você adora vestir suas calças de esqui, traje de mergulho, roupa de trilha, quimono de caratê ou calça de escalada. Ou talvez simplesmente afundar no sofá e desfrutar de uma boa partida de futebol na TV com ele.

As mulheres querem saber se, depois de fazer amor, haverá algo sobre o que *conversar* com o homem. Homens querem saber se, depois de fazer amor, haverá algo a *fazer* com a mulher.

SEMELHANÇA NÚMERO DOIS: "TEMOS AS MESMAS CRENÇAS BÁSICAS?"

Caçadores, prestem atenção: esta é mais importante para as mulheres do que vocês imaginam.

Em um estudo universitário, os pesquisadores apresentaram rapazes e moças uns aos outros e pediram que eles fossem "tomar uma Coca" juntos[48]. Disseram confidencialmente a alguns casais, antes que encontrassem os parceiros, que as pessoas que conheceriam no encontro às cegas eram muito parecidas com eles em suas posições sobre o mundo. A outros casais, disseram que as pessoas eram totalmente diferentes.

---

[47] Arte marcial e esporte de combate de origem soviética, mistura elementos de luta livre e judô. (N.T.)
[48] Byrne, Donn, et al. 1970. "Continuity between the Experimental Study of Attraction and Real-Life Computer Dating." *Journal of Personality and Social Psychology* 1:157-165. (N.A.)

Nenhuma das afirmações era verdadeira. No entanto, questionados posteriormente sobre o que tinham achado uns dos outros, os casais a quem fora dito que os parceiros eram semelhantes se gostaram muito mais – mesmo que de fato fossem muito dessemelhantes. Esse estudo provou que somos predispostos a favor de parceiros que julgamos ser como nós.

Você já plantou as sementes da semelhança subconsciente por meio da técnica *Ecoe* e da *Imite as atitudes da classe dele ou dela*. Surfar a onda de sua Presa a levou a sentir que você gosta das mesmas atividades. Agora, vamos avançar para o golpe certeiro no id, as crenças profundas que ela tem sobre a vida. Se os parceiros compartilham visões sobre política, religião, dinheiro e posses, isso é um bom presságio para o relacionamento. É importante que uma nova Presa sinta que você concorda com certos valores, certas crenças, atitudes e emoções, e que você olha para o mundo por meio das mesmas lentes. No esquema geral de fazer alguém se apaixonar por você, nunca é cedo demais para começar a cavar em busca dessas preciosidades.

As mulheres são especialmente sensíveis a isso. Na verdade, homens, se vocês compartilharem apenas *uma* atitude forte, isso pode acender o relacionamento para uma mulher. Tenho uma amiga, Lucia, que se lembra do momento exato em que se apaixonou pelo futuro marido. No terceiro encontro que tiveram, ela e Dave estavam voltando para a cidade, após um domingo passado fora. Depois de uma partida tardia, o carro avançava bem rápido, pois Dave tinha uma reunião de trabalho naquela noite.

O maior amor de Lucia (antes de conhecer Dave) eram os animais. Ela trabalha em um abrigo e é ativa no movimento pelos direitos dos animais. Ela me contou que rompeu com o ex-namorado por causa de um comentário que ele fizera. Ele dissera:

– Ah, eu também gosto de animais, especialmente bisteca e costelinha de porco.

Enquanto Dave conduzia o carro pela estrada sinuosa, Lucia viu um filhote de cachorro no acostamento. O pobre cãozinho, sangrando pela cabeça, tinha obviamente sido atingido por um carro. Porém, sabendo quanto estavam atrasados e quanto a reunião era importante para Dave, Lucia fechou os olhos e hesitou em dizer algo. Ela sentiu o carro desacelerando até parar. Quando abriu os olhos, viu Dave encarando o filhote com uma expressão horrorizada. Naquele momento, Lucia soube que estava começando a se apaixonar por ele. Quando Dave sugeriu que parassem e levassem o cachorrinho a um veterinário, o assunto foi encerrado.

Estudos demonstram que não é a quantidade de atitudes semelhantes que cria uma sensação profunda de proximidade. É a intensidade de uma ou duas. Lucia não se importava que Dave não se sentisse da mesma forma quanto a diversas outras coisas. O direito dos animais, no entanto, falava-lhe direto ao coração.

Homens: não deixem um aspecto tão crucial relegado à própria sorte. Procurem um assunto que seja importante para a mulher que vocês querem que se apaixone por vocês. Abordem-no. Ouçam as opiniões dela e, depois, concordem de todo o coração. Na verdade, deem pistas de que vocês têm a respeito sentimentos até mais profundos do que ela. É um afrodisíaco para uma mulher quando vocês conseguem debater com inteligência um ou dois assuntos que para ela sejam vitais.

Nem sempre é necessário ter conversas profundas com sua Presa para mostrar que vocês sentem as coisas de modo parecido. De um modo fisicamente sutil, você pode sinalizar suas crenças semelhantes mesmo durante papos casuais.

Certas emoções fazem nossos corpos reagirem de formas diferentes. Tristeza nos encurva. Entusiasmo leva nossas mãos a se esfregar. Reflexão profunda nos leva a coçar o queixo ou deslizar o dedo pelo aro dos óculos. Timothy Perper, Ph.D. em bar de solteiros, provou que o passo final antes que dois estranhos se tornem um "casal" pelo resto da noite era a *sincronização* de movimentos que abordamos antes. Mesmo que você não saiba precisamente o que sua Presa está pensando, sincronize seus movimentos quando algo acontecer, para indicar que você se sente do mesmo jeito.

Tanto homens quanto mulheres querem parceiros que compartilhem de seus valores de vida. No entanto, quando um homem e uma mulher se conhecem, tipicamente ele está pensando mais no curto prazo ("Será que vamos nos divertir saindo? Ela vai para a cama comigo?"), ao passo que a mulher tem o longo prazo enterrado em algum lugar de seus genes. A técnica de *correagir* funciona bem para Caçadores e Caçadoras, mas os homens deveriam prestar especial atenção. Quer sua imaginação esteja criando fantasias de um único encontro ou de toda uma vida de união, certifique-se de que suas reações aos estímulos externos sejam semelhantes às de sua Presa.

TÉCNICA # 28
(MAIS IMPORTANTE PARA CAÇADORES):
Correagir

Para conquistar o coração de sua Presa, compartilhe as convicções dele ou dela e mostre que você as sente profundamente. Observe as reações de sua Presa a estímulos externos, depois exiba as mesmas emoções – choque, asco, humor, compaixão.

Imagine que você está em um clube noturno e que um bêbado desastrado caia da banqueta do bar. Observe como sua Presa reage. Ele deu risada? Ela demonstrou espanto? Ele ignorou friamente a cena? Ela correu para ajudar o bêbado a se levantar do chão?

Faça o mesmo.

Semelhança número três: "O que é o amor?"

Os casais raramente debatem o terceiro tipo de semelhança, até que seja tarde demais. Essa é a mais insidiosa porque só levanta sua cabeça feiosa quando acontece um problema.

Qual é o dragão que devora o amor? São as premissas tácitas que cada parceiro tem sobre o que um relacionamento *deveria* ser. Quanta proximidade? Quanta distância? Quanta autoconfiança? Quanto dependência? Quanta doação? Quanto sacrifício?

Algumas pessoas acreditam que um relacionamento seja intimidade e envolvimento totais. Outras creem que é simplesmente a coexistência amorosa. Alguns apaixonados concordam com o escritor francês Jean Anouilh, que disse: "O amor é, acima de tudo, a doação de si mesmo". Outros concordam com outro francês, o autor de *O pequeno príncipe*, Antoine de Saint-Exupéry, que sentia que "Amar não é olhar um para o outro, é olhar para fora, juntos, na mesma direção".

Onde é que conseguimos convicções tão variadas do que o amor deveria ser e de como os enamorados deveriam se comportar? O que você espera de um relacionamento vem de sua experiência com o amor. Do modo como seus pais se amavam ou não. Do modo como você foi amado ou amada em outras relações, e se gostava disso ou não.

A ciência chamou suas expectativas de relacionamento de NC, "nível de comparação". Pesquisadores provaram que sua felicidade amorosa será em grande medida determinada por quão alto, ou quão baixo, seu NC cai. Se, para você, um relacionamento deveria significar compromisso total e engolfamento completo, um parceiro distante vai levá-lo à loucura. Quanto mais você tentar atrair esse parceiro distante para você, mais ele ou ela vai se afastar.

Ao contrário, se para você o relacionamento ideal é uma coexistência amorosa, um parceiro que chegue perto demais vai sufocá-lo. Quanto mais você o ou a afastar, mais você irá enfraquecer a relação.

Todos os relacionamentos amorosos têm um equilíbrio delicado entre intimidade e independência. Se a balança está desequilibrada (na visão de um dos parceiros), a relação tropeça. A maioria das pessoas não tem consciência do risco que essa disparidade representa, mas tem um sexto sentido de que ela é importante. As pessoas tendem a se apaixonar por quem tem os mesmos sentimentos quanto ao que constitui o amor.

O próximo passo para fazer sua Presa se apaixonar por você é descobrir como ele ou ela visualiza um relacionamento. Então, ame-o *do modo como ele quer que você o ame*; ame-a *do modo como ela quer que você a ame*. Não do modo como você quer amar a outra pessoa.

> "O fator que, isoladamente, é o indicativo mais poderoso sobre a satisfação em um relacionamento é a diferença entre o que você acha que outras pessoas sentem por você e como você gostaria que um "outro" ideal se sentisse em relação a você." – Robert J. Sternberg, *O triângulo do amor*.[49]

No início de seu relacionamento, comece a escavar como seu PAP precisa ser amado. Caçadores, isso é um pouco mais fácil para vocês, porque as mulheres ficam mais à vontade debatendo tópicos da relação. Se vocês já forem próximos, podem perguntar abertamente:

– O que, para você, é um relacionamento ideal? Como gostaria que um homem a amasse? (Não sexualmente falando.)

Ela anseia por intimidade total e interdependência, ou prefere certa distância, ainda que amorosa? Ela quer que você pergunte e se interesse por cada movimento dela, ou precisa de mais espaço? A resposta, em todos os casos, provavelmente fica em algum ponto entre os dois

---

[49] Sternberg, Robert J. 1988. *The Triangle of Love*. Scranton, Pennsylvania: Basic Books. (N.A.)

extremos. Tente obter uma interpretação acurada sobre isso e todos os demais aspectos do relacionamento ideal para ela.

No entanto, se vocês ainda não são um casal, ou se você desconfia que ela possa ficar incomodada com a pergunta, exprima a ideia como uma questão filosófica. Pergunte a ela: "Como você definiria o amor?" ou "Qual a sua visão sobre o relacionamento ideal?".

TÉCNICA # 29 (MAIS ADEQUADA A CAÇADORES):
O que é o amor?

Caçadores, perguntem a sua Presa, quer diretamente, quer como questão filosófica, como ela define um relacionamento ideal.
Depois, ame-a não como você acha que deveria amá-la, mas como o parceiro ideal dela a amaria.

Homens: se ela parecer incomodada até com a questão filosófica, recue durante aproximadamente uma semana. Há mulheres independentes (e a quantidade só cresce) que "pensam como um homem" ou pelo menos do jeito como tradicionalmente os homens são conhecidos por pensar. Depois, usem a técnica a seguir, que eu sugiro primordialmente que as mulheres usem com vocês.

Vamos discutir a relação - Não!

Alguns terapeutas de relacionamento contemporâneos encorajam os casais a debaterem a relação abertamente e com frequência. Sugerem que os parceiros explorem seu amor por meio de jogos, exercícios e declarações. Isso pode ser revelador e benéfico. Mas *apenas* se os dois parceiros gostarem de discutir aspectos do relacionamento e apenas se ambos os parceiros tiverem as mesmas premissas básicas sobre o que um relacionamento *deveria* ser. Se os dois começarem com suposições básicas diferentes, os exercícios podem sair pela culatra.

Tenho uma amiga, Linda, que sente que um relacionamento é o compromisso mais sagrado e profundo que dois seres humanos podem assumir. Os pais dela, até hoje casados e felizes, são interdependentes. Vivem um para o outro e ambos para os filhos. Se o pai de Linda põe o pé para fora de casa para ir à mercearia, ele se certifica de que toda a família saiba aonde está indo e quando estará de volta.

Muitos anos atrás, Linda conheceu o noivo, George, em uma estação de esqui. George era diferente de qualquer homem que ela já havia conhecido. Ele era autoconfiante e independente. Tinha inclusive se matriculado em uma faculdade de Direito e era agora sócio minoritário em um escritório excelente. George tinha um orgulho muito justificado do que havia conquistado sozinho. Ele nunca havia perguntado nada a ninguém; nem respondido.

Linda se apaixonou por George muito depressa. Eles pareciam ideais um para o outro. Gostavam das mesmas atividades. Eram ambos ótimos esquiadores. Sentiam-se praticamente do mesmo jeito em relação às coisas importantes da vida. Os dois queriam filhos. Tinham as mesmas crenças sobre Deus. Concordavam sobre como gastariam o dinheiro, aonde iriam nas férias e quanto a diversos outros assuntos. Sabiamente, eles discutiram essas e outras questões antes de ficar noivos. No entanto, eles negligenciaram um assunto, e esse acabou sendo sua destruição. George, que vinha de uma família desfeita, definia o relacionamento ideal em termos muito diferentes dos usados por Linda.

Dois meses antes do casamento, recebi um telefonema choroso de minha amiga. Eles haviam rompido. Fiquei atônita.

– O que aconteceu, Linda? – perguntei.

– Bem – ela chorou –, George trabalha muito e só quer estar comigo nos finais de semana.

Ela havia convencido George de que eles deveriam se ver com mais frequência, e ele tinha concordado. Então, nos encontros durante a semana, ele mergulhava em longos períodos de silêncio.

— E outra coisa — ela gemeu. — George nunca me telefonou quando estava fora.

Ela o havia convencido a ligar, durante as frequentes viagens a trabalho, mas ele sempre fez parecer que isso era um esforço.

Temendo que a relação estivesse com problemas, Linda contou a George como se sentia. Ele protestou:

— Não, não, está tudo bem.

Ele a amava e estava ansioso pelo casamento. Ainda receosa de que George estava se afastando, ela sugeriu que os dois fossem a um terapeuta de casais.

— Um *o quê?* — George gritou. — De jeito nenhum!

Linda ficou chocada. Nunca ele tinha levantado a voz para ela. Linda optou pela ajuda ao estilo faça-você-mesmo. Comprou por correio algumas fitas cassetes sobre como fazer os relacionamentos funcionarem. Ouviu as fitas, que prometiam ajudar os relacionamentos ao encorajar as pessoas a entrar em contato com suas crianças interiores. Ela contou a George como as fitas eram maravilhosas e sugeriu que ele as ouvisse com ela.

— Como é? — ele rugiu. — Vou tirar tempo do meu trabalho, ir até sua casa, acender uma vela, sentar-se de pernas cruzadas no chão e ouvir um pirralho interno me dizer o que estou fazendo de errado em um relacionamento que eu acho; ou melhor, que eu *achava* que era ótimo? Não, muito obrigado! Linda, você passou de todos os limites.

Na semana seguinte, George sugeriu que eles adiassem o casamento. Achei isso muito triste, porque Linda e George tinham tantas outras coisas em comum. Eles poderiam ter sido felizes juntos, se ao menos se sentissem da mesma forma quanto a como um relacionamento deveria ser. Se George tivesse as mesmas premissas básicas sobre o casamento que Linda tinha, ouvir as fitas e fazer "exercícios amorosos" juntos poderia realmente tê-los aproximado. Ao contrário, se Linda tivesse sobre um relacionamento sentimentos semelhantes aos que George tinha, ela poderia ter se afastado um pouco e dado a ele mais espaço.

Em geral, os homens ficam menos à vontade explorando as questões da relação do que as mulheres e, portanto, Caçadoras, vocês deveriam agir com mais cautela. Sua Presa pode ser absolutamente travada para discutir a relação abertamente. Se vocês estiverem lidando com um homem como George, perguntar diretamente como ele sente que um relacionamento deveria ser poderia afastá-lo.

Aqui vai uma técnica mais segura para extrair a informação de que você precisa. Torne não ameaçador para ele contar a você o que espera de um relacionamento ao tirar o assunto do âmbito pessoal.

TÉCNICA # 30 (MAIS ADEQUADA A CAÇADORAS):
O que devo dizer que o amor é?

Caçadoras, vocês *precisam* descobrir quais as premissas tácitas que sua Presa tem sobre relacionamentos.

Para tornar seu questionamento não ameaçador, diga a ele que um de seus amigos ou parentes jovens (talvez uma sobrinha ou um sobrinho) lhe perguntou como um relacionamento amoroso ideal deveria ser. Como você não sabe como responder, está pedindo o conselho dele:

– O que você acha que eu deveria dizer que um relacionamento ideal é, hein?

Depois, escute. Escute *atentamente*.

Caçadoras: depois, agradeçam a ele pelo conselho. Em seguida, entalhe as palavras dele em sua psique.

Uma palavra em relação ao momento: não pergunte cedo demais em que pé está o relacionamento de vocês. Espere até que tenham atingido algum nível de intimidade, para que sua Presa não desconfie do motivo por trás da pergunta. Depois que sua Presa tiver desenvolvido sentimentos de afeto por você, ele ou ela provavelmente vai valorizar a intenção de sua pergunta.

Isso não significa que você deva esperar para *pensar* nesse tipo crucial de semelhança. Nunca é cedo demais para levantar sua antena e captar o que ele ou ela quer de um relacionamento. Ouça as entrelinhas sempre que sua Presa estiver falando sobre paixões antigas, pais, amigos ou qualquer outra relação.

Por fim, um desafio bem grande. Conforme o relacionamento progredir, você deverá fazer tudo o que puder para fazer sua Presa sentir que você o ou a ama – não do modo como você quer amar, mas do modo exato como sua Presa quer ser amada.

Você encontrará mais orientações sobre essa importante sutileza, incluindo algumas das palavras certas a usar, nas duas últimas partes de *Como fazer qualquer pessoa se apaixonar por você*.

15 Como estabelecer necessidades complementares

"Tenho justo aquilo de que você precisa, baby"

Eu me lembro de uma vez, quando era bem pequena, perguntar a minha mãe o que fazia uma mamãe e um papai quererem se casar. Ela recitou para mim a seguinte rima infantil:

Jack Sprat não podia comer gordura
E sua esposa só gostava de verdura.
Entre eles, olha que barato,
Os dois raspavam o prato.

Durante anos, pensei que os adultos sempre se apaixonavam por quem era diferente. Na superfície, eu não estava errada. Estudos mostram que, basicamente, homens e mulheres procuram alguém parecido. Conforme vimos, apaixonados procuram alguém com interesses semelhantes, valores semelhantes e modos semelhantes de ver o mundo e os relacionamentos. Essa é a parte profunda.

No entanto, sobreposta a essa semelhança há uma camada superficial de diferença. Os apaixonados procuram também qualidades complementares que os levem, enquanto casal, à completude. Algumas pessoas buscam qualidades que compensem suas deficiências. Um homem que não sabe nem cozinhar um ovo valoriza uma boa cozinheira. Uma mulher que não diferencia uma correia dentada de uma bomba de combustível valoriza um namorado que entenda o que está acontecendo sob o capô do carro. Um homem que não consiga anotar o saldo no canhoto do talão de cheques fica impressionado se a namorada sabe interpretar os gráficos da Bolsa de Valores. Sua Presa vai apreciar suas qualidades complementares.

Talvez.

Você precisa ser um detetive e descobrir exatamente de quais qualidades complementares sua Presa gosta e quais provocam indiferença nele ou nela (ou, pior ainda, deixam sua Presa com ciúme ou hostil).

Como se faz isso? Em geral, pode-se perguntar sobre os relacionamentos anteriores: "Do que você gostava no Jim?", "O que manteve você e a Sue juntos?", "Qual era a melhor qualidade do Dan?", "Quais eram os pontos fortes da Betty?".

Você vai ouvir uma variedade inacreditável de respostas. "O Jim era tão hábil, sabia consertar qualquer coisa. A Sue sempre lia o jornal e me informava sobre o que acontecia no mundo. O Dan era muito gregário, e tínhamos diversos amigos quando estávamos juntos. A Betty era uma superdescobridora de pechinchas, então nós sempre conseguíamos ótimos preços em tudo o que comprávamos".

Mantenha os ouvidos abertos e seu computador do amor recebendo informações. Logo uma imagem começa a emergir. Se você tem uma habilidade de que sua Presa precisa (e é fraca nela), você tirou a sorte grande. Se você tem uma característica que sua Presa *gostaria* de ter, bingo! Essa é a qualidade complementar de que sua Presa precisa em um relacionamento de longo prazo.

TÉCNICA # 31:
Tenho justo aquilo de que você precisa

De vez em quando, pergunte casualmente quais qualidades sua Presa admirava no parceiro ou na parceira anterior.

Em um encontro posterior, quando sua Presa tiver se esquecido da sua pergunta, comece a mencionar sutilmente seus talentos nessas áreas.

Enamorados, prestem atenção. Não revelem as qualidades complementares cedo demais. As pesquisas mostram que parceiros buscam isso mais tarde no relacionamento, *depois* que estiverem seguros quanto às semelhanças básicas[50]. Após estabelecer as semelhanças, com as cinco técnicas já apresentadas, esta põe os pregos finais nos buracos certos, para transformar você e sua Presa em um encaixe perfeito.

Vamos agora avançar para uma receita imbatível para conquistar o coração de sua escolha. Na próxima parte, vamos preparar umas especialidades deliciosas para alimentar o monstro do ego e depois torná-lo viciado no cardápio que você oferece.

---

[50] Kerckhoff, C., e Davis, K. E. 1962. "Value Consensus and Need Complementarity in Mate Selection." *American Sociological Review* 27:295-303. (N.A.)

PARTE TRÊS

Ego

Como você me ama?
Deixe-me enumerar os jeitos

16 O mundo gira ao seu redor, minha Presa

Existe uma convicção de que todo homem e toda mulher do mundo ocidental compartilham. Trata-se desta certeza: "Eu sou diferente. Eu sou único ou única. Eu sou especial. Independentemente de quanto eu pareça comum para o mundo exterior, por dentro eu sei que sou singular".

Algumas crianças sortudas cresceram em uma atmosfera de amor incondicional. Muitas, menos afortunadas, não. E então há a maioria, aquelas que cresceram *achando* que gozavam de amor incondicional e depois descobriram que havia certas limitações. E que o amor da mamãe e do papai, no fim, não era realmente incondicional.

Diversas pessoas passam o resto da vida procurando desesperadamente alguém que as ajude a reconquistar o sonho infantil do amor incondicional. Elas convencem a si mesmas: "Um dia, em algum lugar, alguém vai surgir. Essa pessoa vai reconhecer como sou especial em relação a todas as pessoas comuns. Ele ou ela vai me amar por eu ser quem sou. Não pela minha beleza física, não pelo meu dinheiro, mas por *mim*, pela minha essência".

Faça sua Presa sentir que você é esse indivíduo. Sua recompensa será que ele ou ela vai se apaixonar por você.

Você pode fazer sua Presa sentir que você é a pessoa que lhe dará amor incondicional, mas é preciso ir com calma. Elogios prematuros ou inapropriados podem esfriar sua Presa.

Massagem no ego é uma arte altamente especializada

Uma massagem habilidosa no ego não é só fazer elogios. É obter um entendimento completo da autoimagem de sua Presa e depois alimentar isso. A autoimagem ideal de sua Presa é uma informação crucial para seu planejamento do menu para nutrir o ego dele ou dela e, assim, conquistar o amor dele ou dela.

Nem todo mundo quer se sentir inteligente ou bonito. Há quem queira ser percebido como o Senhor Limpo, um *playboy*, uma Lolita, uma doce princesinha ou um gênio louco, maravilhoso e meio fora da casinha. A variedade de autoimagens é incalculável. O segredo é não elogiar ostensivamente, e sim apoiar a autoimagem de sua Presa.

Desde a primeira conversa, você deve ouvir as entrelinhas para descobrir como sua Presa enxerga a si mesma. As águas onde as pessoas veem os reflexos mais ideais de si mesmos são os olhos dos homens e mulheres por quem se apaixonam.

Alimentar a autoimagem ideal de sua Presa é crucial para o sustento da relação. Mas é também tão arriscado quanto oferecer carne crua para um leão ou uma leoa voraz. Preste atenção a elogios insinceros ou cumprimentos que errem o alvo. Um movimento ruim, e apaixonados recentes são devorados vivos.

Como fazer qualquer pessoa se apaixonar por você

Uma massagem de ego bem-executada transcorre graciosamente em quatro passos. Começa com sua Presa sentindo que, devido ao carisma dele, ele a cativou instantaneamente. Depois, quando você e sua Presa estiverem conversando, você deve fazê-lo sentir uma forte empatia fluindo de você.

O passo três é começar a verbalizar sua aprovação. Agora, conforme sua Presa vai revelando mais de si mesmo, você pode começar a conceder elogios implícitos. Com o tempo, você pode desenvolver piadas particulares e outras técnicas, que aprenderemos a aplicar para que ele se sinta especial. Por fim, quando sua Presa sentir que você percebe como ele é especial, ele está pronto para a artilharia pesada, os elogios matadores.

Cumprimentos habilidosos são um ímã poderoso. As pessoas reagem fortemente ao elogio, em especial vindo de alguém que acabaram de conhecer. Estudos com casais brigados provam que elogios de um novo admirador exercem muito mais influência do que os vindos do parceiro atual[51]. Se você está em uma relação no momento, a competição é dura. Sua Presa se torna imune a muitos de seus cumprimentos casuais e se cansa deles, se forem inapropriados. Tomados um a um, o cumprimento forte e no alvo, vindo de um novo admirador, provoca um efeito muito mais atordoante.

O mesmo estudo mostrou que insulto e sarcasmo de parceiros atuais, cônjuges e amigos são mais prejudiciais do que os proferidos por estranhos. Por terem uma capacidade maior de magoar ou ofender, parceiros atuais correm um duplo risco no jogo do amor. Essa é uma boa notícia para você, se você for o recém-chegado à cena. Use sua vantagem. Malhe o ferro enquanto ele está quente. Se sua Presa está atualmente em uma relação passando por problemas, seus elogios

---

[51] Cook, Mark, e McHenry, Robert. 1978. *Sexual Attraction*. New York: Pergamon Press. (N.A.)

podem ser um alívio para acalmar espíritos alquebrados e levar sua Presa a se voltar para você em busca de uma autoimagem renovada.

Vejamos agora o plano passo a passo para fazer sua Presa sentir que ele ou ela, finalmente, encontrou a pessoa com possibilidade de oferecer amor *incondicional*.

17 Passo um: elogio silencioso

Deixe que seu corpo faça os elogios

Um sábio certa vez disse: "Amor é o desejo irresistível de ser irresistivelmente desejado". Logo ao conhecer sua Presa, seu corpo deveria gritar:
— Eu desejo você irresistivelmente. Minha mente consciente talvez ainda não saiba disso, mas veja como meu corpo reage ao seu.

Seu primeiro elogio deveria ser não verbal. Você pode elogiar silenciosamente sua Presa ao exibir instintivamente uma linguagem corporal enaltecedora. Assim que a vir, você pode fazer um discreto olhar duplo. Olhe uma vez. Desvie. Depois, deixe que seus olhos voltem, como se tivessem vontade própria.

Enquanto conversam, mantenha um contato visual profundo, com a técnica do *olhar intenso*. Use *olhos provocantes* para fazer suas pupilas crescerem por apreço. Use *olhos que grudam* para fazer sua Presa sentir que você não consegue tirar os olhos dela, mesmo durante pausas de silêncio. Certifique-se de que seu corpo está de frente para o de sua Presa e de que você está sorrindo, inclinando-se ligeiramente para a frente e assentindo em aprovação.

Em resumo: use as técnicas de linguagem corporal que vimos anteriormente. Durante essa primeira conversa crucial com sua Presa, certifique-se de manter uma postura autoconfiante. Expulse da cabeça qualquer pensamento do tipo "Como estou me saindo?". Sua concentração deve estar totalmente em sua Presa e na descoberta de como ele ou ela é incrível. Seus modos devem expressar: "Estou bem, e *você* é incrível".

TÉCNICA # 32:

Elogio corporal

Quando conhecer sua Presa, dê a sensação subliminar de que se sente irresistivelmente atraído por ele ou ela, e faça isso por meio de uma linguagem corporal enaltecedora.

Escolha a partir da seleção anterior de técnicas oculares e corporais para expressar como ele ou ela cativou você.

18 Passo dois: empatia

"Com isso eu me identifico!"

Quando sua Presa estiver falando, seu próximo passo é indicar concordância. Faça sua Presa saber que você entende o que ele ou ela está dizendo e que você aprova. Consiga isso soltando barulhinhos ou frases de empatia, compreensão e simpatia – e, ocasionalmente, o nome de sua Presa – ao longo da conversa.

Você pode fazer sons simples como "anrrãn" ou um "humm" sussurrando. Ou pode verbalizar frases de apoio como "Entendo como você se sentiu", "Eu me identifico com isso", "Eu me solidarizo com você", "Posso imaginar" ou "Em seu lugar, eu teria feito a mesma coisa". Use o nome de sua Presa a intervalos bem calculados. Isso pontua a conversa e serve como um poderoso marcador de empatia.

Aqui está uma conversa, ligeiramente exagerada, que emprega elementos de empatia e o nome de sua Presa a intervalos bem calculados.

Digamos que você esteja falando sobre tênis com um PAP a quem acabou de ser apresentado em uma festa.

> PRESA: Não, faz anos que não jogo tênis. Adoro tênis, mas quebrei um dedo em um acidente de carro.
>
> VOCÊ: Poxa, isso é de partir o coração [empatia]. Você deve sentir muita falta do tênis [outra manifestação de empatia].
>
> PRESA: É, sinto mesmo. Eu jogava toda semana.
>
> VOCÊ: Ah, entendo como se sente [empatia]. É péssimo querer tanto fazer uma coisa e não poder. Você encontrou algo para substituir o jogo?
>
> PRESA: Na verdade, encontrei. Tenho patinado bastante e adorado, especialmente a velocidade.
>
> VOCÊ: Ah, que ótimo, John [uso do nome de sua Presa]. Eu me identifico com isso porque também adoro velocidade [mais empatia].

Obviamente, você não vai usar marcadores de empatia em quase todas as frases, como o Caçador superansioso acima fez. Com moderação, no entanto, polvilhar sua conversa com eles alisa o ego de sua Presa e faz com que ele ou ela queira lhe contar mais.

Uma palavra de alerta: não queira parecer um bajulador suplicante. Uma linguagem corporal boa é sua apólice de seguro contra isso. Certifique-se de manter a própria postura e uma posição física confiante, enquanto demonstra empatia por sua Presa.

TÉCNICA # 33:
Utilize elementos de empatia

Borrife frases empáticas ao longo da conversa com sua Presa. Em sua primeira conversa, use frases como "Entendo o que você quer dizer", "Sim, você tem razão", "Eu me identifico com isso" e a favorita de todos os tempos, "Eu entendo".

Muitos homens pensam, no início de um relacionamento, que precisam impressionar a Presa contando a ela alguma coisa maravilhosa, única, interessante ou original sobre si mesmos. Eles tentam cativá-la com uma história interessante, um fato surpreendente, uma piada hilária. Mesmo hoje em dia, a maioria dos homens sente que precisa demonstrar mais inspiração ou exibir mais conhecimento, para impulsionar seu status em um relacionamento.

Não, rapazes. No início de um relacionamento, é de longe mais efetivo mostrar empatia por ela, se seu objetivo é fazer com que ela os ame. Tradicionalmente, as mulheres não estão habituadas a ter o foco em si quando estão conversando com um recém-conhecido. Sua Presa vai achar você muito especial, se você mantiver o destaque sobre ela. (Não se preocupem, rapazes: vocês terão sua chance de brilhar. O instinto de uma mulher é direcionar os raios luminosos para vocês.)

Em uma amizade recente, o menor detalhe sobre a vida deles é mais interessante para a maioria das pessoas do que o mais fascinante aspecto da sua. Isso pode mudar conforme vocês se tornarem amigos mais íntimos, mas, por enquanto, sua Presa vai achar você muito mais interessante se você se concentrar nele ou nela.

TÉCNICA # 34:
Mantenha o holofote em sua Presa

Pense em sua conversa com a Presa como um holofote gigantesco. Toda vez que ele estiver iluminando sua Presa, ele ou ela está encantado. Se o holofote girar em sua direção ou for apontado para outra pessoa ou coisa, sua Presa vai achar a conversa (e, portanto, *você*) menos interessante.

Apaixonados compartilham detalhes íntimos

Todo mundo é o protagonista de um eletrizante romance chamado *Minha vida*. Todo mundo sente "*Eu* sou especial" e "Tudo que *eu* faço é memorável". Eis a chave: as pessoas acham irresistível quem compartilha da opinião delas.

Eu cresci lendo os romances de Nancy Drew. A heroína Nancy era uma jovem detetive cuja vida era eletrizante. Glamurosa. Romântica. Tudo que minha vida de adolescente não era. Todo livro da série começava melodramaticamente: "Nancy, os longos cabelos flutuando ao vento, correu pelos charcos sentindo que havia alguma coisa estranha na casa da avó". Uau!

Em meus devaneios, escrevia romances sobre minha vida: "Leil, o aparelho ortodôntico brilhando à luz do sol, entrou em casa sabendo, pelo cheiro, que Mamãe tinha deixado uma panela ferver no fogão". Bem, eu desligar o fogão não era uma façanha tão impressionante quanto a disparada de Nancy Drew para resolver um crime, mas era *minha* vida e, portanto, excitante para *mim*.

Todo mundo se sente do mesmo jeito. Enquanto sua Presa escova os dentes no começo do dia, é confrontada com decisões extraordinárias como o que comer no café da manhã, quais sapatos calçar naquele dia ou se haverá tempo ou não de passar fio dental.

Maridos, esposas e namorados compartilham suas minúcias. "O que quer de café da manhã, amor? Você não vai usar *esses* sapatos, vai? Você se lembrou de passar fio dental?".

Obviamente, quando você conhece uma nova Presa, não pode fingir interesse no que ela comeu no café da manhã ou se ele passou ou se esqueceu de passar fio dental. Mas você pode criar outra intimidade imediata. Simplesmente faça questão de se lembrar dos detalhes íntimos da vida dela.

Caçadores Inteligentes saciam a fome de suas Presas de serem uma estrela por meio de uma técnica que chamo de *acompanhamento*. Assim como os controladores de tráfego aéreo acompanham a aeronave em suas telas de radar, Caçadores inteligentes acompanham o tráfego verbal da Presa. Se, no começo da conversa com sua Presa, ele mencionar que comeu o cereal Rice Krispies no café da manhã, refira-se a isso mais tarde. Se, durante um papo, ela contar que usou sapatos desemparelhados para ir trabalhar um dia, encontre um modo de deixar o assunto voltar depois. Isso mostra que ela é uma estrela marcante na galáxia das pessoas que você já conheceu. Com o tempo, esses caquinhos banais se fundem para formar rochas de intimidade.

Conforme o relacionamento avança, enamorados sábios mantêm um pequeno caderno mental sobre a última preocupação da Presa, seu último entusiasmo, sua última conversa. Eles acompanham aonde sua Presa foi, o que sua Presa disse e o que ele ou ela estava fazendo, quando se falaram da última vez. Quando voltam a conversar, as *primeiras* palavras que saem de suas bocas se referem a isso. "Joe? Oi. Como foi a reunião? Alô, Linda. Sua irmã já teve o bebê? Então, Jim, você sobreviveu àquele restaurante chinês ao qual ia quando nos falamos da última vez? Diane, como está seu dente agora?".

TÉCNICA # 35:
Acompanhamento

Como um controlador de tráfego aéreo, acompanhe os menores detalhes da vida de sua Presa. Mencione-os na conversa como se fossem notícia digna de manchete.

Quando você evoca o último grande ou pequeno acontecimento da vida de alguém, isso confirma o que ele sabia o tempo todo: que é o protagonista daquele romance empolgante, *Minha vida*. Ele ou ela vai amar você por reconhecer o estrelato dele ou dela.

Deixe que sua Presa sinta que episódios *pequenos* na vida dela são preocupações *enormes* na sua.

Apaixonados têm piadas particulares

Eis mais uma forma deliciosa de ordenhar o ego de sua Presa e espremer as primeiras gotas de amor, mesmo antes de ser conveniente fazer um elogio rasgado.

Casais felizes e íntimos compartilham piadas particulares. Eles cochicham nos ouvidos um do outro frases que não significam nada para ninguém no mundo além deles próprios.

Sem nenhuma longa explicação, o dramaturgo Neil Simon consegue fazer uma plateia inteira na Broadway entender que os dois personagens no palco são ou casados ou namorados de longa data. Simon faz os atores trocarem algumas palavras que não fazem sentido para o público e depois ambos dão uma gargalhada. A plateia capta a mensagem: essas duas pessoas são íntimas. Você pode criar uma impressão parecida de intimidade com sua nova Presa. Simplesmente encontre uma piada particular, conhecida apenas por vocês dois.

Como fazer qualquer pessoa se apaixonar por você

Eis como fazer isso. Quando sua nova Presa estiver contando uma história, seja para você ou para um grupo, memorize a parte de que ele ou ela mais gosta. Depois elabore uma frase que se refira à parte favorita da Presa.

De vez em quando, eu saio com um cara inglês chamado Charles. Quando o vi pela primeira vez em uma festa, ele estava contando a um grupo de amigos sobre a viagem de escalada que fizera em companhia de vários homens. Duas horas depois da partida da expedição, Charles contou, o grupo chegou a uma montanha íngreme repleta de rochas soltas. Ele e os amigos não quiseram escalar o terreno perigoso, mas é claro que nenhum dos machos, incluindo Charles, iria admitir estar com medo.

Charles tinha por acaso uma grande garrafa térmica de chá quente na mochila. Enquanto os corajosos escaladores estavam parados ali, olhando ceticamente para o pico como mennininhos assustados, Charles fez uma sugestão. Com seu sotaque britânico terrível, ele propôs:

– Ah, vamos tomar uma xícara de chá antes.

Ótima ideia. Todo mundo correu para se sentar. Enquanto estavam agachados nas rochas, tomando o chá em pequenos goles, planejaram uma rota alternativa, mais segura.

Charles não usou tantas palavras, mas o ponto não verbal da história era que ele tinha salvado o dia e, talvez, até a vida de todos com a frase "Ah, vamos tomar uma xícara de chá antes".

Adiante na festa, Charles sugeriu que a anfitriã ligasse a TV para o fim de uma partida de rúgbi inglês sendo transmitida naquela noite. Todo mundo na festa achou a ideia *horrível*. Dei uma piscadinha para Charles e disse:

– Ah, vamos tomar uma xícara de chá antes.

Ele riu. Acho que foi a primeira vez que reparou em mim.

TÉCNICA # 36:
Piada particular

Para criar intimidade antecipadamente, ouça com atenção enquanto sua Presa estiver contando uma história. Depois, pegue uma frase que ele ou ela obviamente adore. Ponha um lembrete nessa passagem favorita e repita-a para sua Presa adiante na conversa, para fazer com que ele ou ela se sinta muito especial. Vocês agora compartilham uma piada particular, tal como namorados de longa data.

Assim como com todas as técnicas sensíveis de comunicação, você precisa tomar alguns cuidados. Cuidado número um: escolha apenas episódios em que sua Presa tenha brilhado, onde ele ou ela foi o herói do dia, não o ridículo. Algumas pessoas provocam os amigos com situações em que eles derramaram a bebida, perderam as chaves, bateram o carro ou escorregaram na casca de banana. Isso se chama *causar* e produz o efeito oposto.

Cuidado número dois: após ouvir a história da Presa, deixe passar algum tempo antes de evocar a piada particular pela primeira vez. Quanto maior intervalo, mais potente o impacto.

Não apenas criar uma piada particular com uma nova Presa produz maravilhas para fazer decolar um relacionamento: ela também apara as arestas que surgem depois. Até hoje, sempre que Charles vem com uma sugestão que não me agrada, digo simplesmente: "Ah, vamos tomar uma xícara de chá antes". Ele ri toda vez. Charles gosta tanto da minha história que esquece que estou discordando dele, e eu em geral consigo o que quero.

19 Passo três: admiração

"Ah, amor, você fez um trabalho absolutamente incrível ao fatiar esses cogumelos"

O passo três, no início da conversa, é convencer sua Presa de que você o ou a admira. Agora é o momento de incluir afirmações de reforço positivo, que expressem aprovação. Essas pequenas interjeições se chamam *crédito*. Digamos que sua conversa hipotética seja sobre trabalho.

> Presa: É, eu cansei mesmo daquele emprego, então decidi me demitir.
>
> Você: Hum, você fez um movimento corajoso [admiração].
>
> Presa: Pois é. Bem, daí, fiz uns cursos noturnos para me atualizar em contabilidade.

Você: Isso foi sábio [aprovação].

Presa: É. Foi o que pensei.

Você: E você já teve chance de usar seus novos conhecimentos?

Presa: E como. Foi como consegui o emprego na minha empresa atual.

Você: Que maravilha, John [uso do nome de sua Presa]! Deve dar uma sensação boa saber que você fez a escolha certa [empatia].

Conforme o papo for adiante, vá entremeando crédito e empatia. Lembre-se, créditos *não* são elogios rasgados. São simplesmente pequenas observações favoráveis, como: "Vejo que você trabalhou duro por essa causa. Isso é ótimo", "Parece que você lidou muito bem com a situação, parabéns", "Você disse *isso*? Não há muita gente que teria tido essa coragem" ou "Você fez mesmo isso? Uau, é impressionante".

Caçadores, dar crédito pode ser mais difícil para vocês do que para as mulheres. Homens, que são por natureza mais competitivos, às vezes sentem que fazer elogios diminui a posição deles. Pelo contrário: quanto mais popular e segura uma pessoa é, mais apta ela estará para dar reforços positivos. Elogiar o outro acentua sua própria posição.

Além disso, mulheres não enxergam elogios em termos de ranking. Para elas, o cumprimento aprofunda a intimidade. Quando você dá crédito a uma mulher, vai se destacar de outros Caçadores perante ela. É raro o homem, de fato, que expressa admiração pelas conquistas de uma mulher que tenha acabado de conhecer.

Caçadoras, vocês podem ser explicitamente esbanjadoras nos créditos que dão. O que para vocês pode soar como bajulação descarada vai soar perfeitamente lógico aos ouvidos de sua Presa.

Tenho um meio-irmão, Larry, que recentemente se casou com uma mulher mais velha encantadora. Algumas semanas após o casamento, eu os convidei para jantar. Larry é um bom *chef*, e Regina e eu decidimos que seríamos suas subchefes. Nós três corríamos de um lado a outro na cozinha. Regina estava picando cebolas, Larry estava fatiando cogumelos e eu fui colocar água para ferver. Em dado momento, estava inclinada sobre o fogão e ouvi Regina dizer, atrás de mim: "Ah, amor, você fez um trabalho absolutamente incrível ao fatiar esses cogumelos. Olha como você cortou todos de um jeito proporcional e uniforme".

Eu me virei para compartilhar um largo sorriso com Regina por conta da brincadeira dela, mas ela não estava brincando! Regina estava de verdade admirando as pequenas fatias de cogumelo dele. Larry era quem estava sorrindo – na verdade, radiante – de orgulho.

Regina, eu me dei conta naquele momento, é uma mulher muito inteligente. Ela sabia que o Larry se orgulha do trabalho cuidadoso que faz na cozinha. Tenho certeza de que o uso desavergonhado que faz dos créditos foi uma das razões pelas quais meu meio-irmão se apaixonou por ela e irá provavelmente permanecer assim para sempre.

TÉCNICA # 37:
Dê crédito

Conforme a intimidade for crescendo, acrescente comentários de aprovação às suas manifestações de empatia. Polvilhe a conversa com pequenas frases como "Mandou bem", "Nada mau" e "Isso foi inteligente".

Caçadoras, não sejam acanhadas. Os homens engolem. Caçadores, forcem-se a dar crédito. Será uma nova habilidade para vocês.

20 Passo quatro: o elogio implícito

"Você é jovem demais para se lembrar disso, mas..."

Aqui está outra forma de inflar sua Presa quando o relacionamento ainda for frágil demais para sustentar um grande elogio explícito. No trecho "incidental" de sua sentença, *insinue* que sua Presa é maravilhosa. Elogios implícitos são frases como: "Você é jovem demais para se lembrar disso, mas..." ou "Qualquer pessoa linda como você não iria...". Você está cumprimentando sua Presa, mas não diretamente.

Existe uma alternativa. Você pode acomodar o elogio implícito na oração subordinada de sua afirmação, como em: "*Sendo inteligente como é*, você não cairia em um golpe destes, mas eu caí", ou "*Qualquer uma tão bem-afamada quanto você* conseguiria facilmente resolver as coisas com ele por telefone".

Outro modo de elaborar seu elogio implícito é insinuar que sua Presa faz parte de algum grupo extraordinário. Algo como "*Gente brilhante como você* com frequência se sente assim" ou "*Qualquer pessoa em tão boa forma física quanto você* conseguiria fazer isso sem dificuldade".

Você pode fazer um uso bem liberal do elogio implícito, porque não parece que você tinha a intenção de bajular. Sua opinião elevada sobre a Presa, bem, simplesmente escapou.

TÉCNICA # 38:
O elogio implícito

Pavimente o caminho para o coração de sua Presa encaixando elogios implícitos nas partes secundárias de suas sentenças.

Você também pode insinuar a opinião elevada que tem dele ou dela ao se referir a sua Presa como membro de um grupo superior.

Reforço positivo bem no alvo: "Eu simplesmente amo o que você gosta em si"

A maioria das pessoas elogia sua Presa por algo que apreciam nele ou nela. Mas é muito mais poderoso quando você cumprimenta sua Presa por algo de que ele ou ela tem um verdadeiro orgulho.

Já no início da conversa, comece a reunir conscientemente conteúdo de reforço positivo. Elabore seu elogio com esmero, de modo que ele atinja diretamente o centro do alvo no coração de sua Presa. Isso exige um pouco de escuta atenta, com ouvidos de psiquiatra. Enquanto sua Presa estiver falando, observe o rosto dele ou dela. Esteja alerta para bochechas corando, olhos brilhando, sorrisos vibrando. Essas expressões são presentes para você, presentes reveladores do que entusiasma sua Presa a respeito de si mesmo ou mesma. Quando o rosto dele se anima, isso significa que ele está gostando do que está lhe contando. Se o rosto se torna apático quando ela expõe determinada conquista, não se dê ao trabalho de elogiar aquela uma.

Recentemente, eu estava almoçando com um contato comercial charmoso, mas bastante chauvinista, de nome Ralph. Naquela manhã, Ralph tinha dado uma palestra para um grupo de executivas. Antes da apresentação, ele receou que as feministas da plateia o comeriam vivo. Enquanto me contava a história, seus olhos começaram a brilhar. Com a maior empolgação, ele relatou a piada "discriminatória contra homens" com a qual havia iniciado para conquistar o público.

Mais tarde no mesmo almoço, ele me contou outra história. Essa segunda foi realmente impressionante. Ralph me contou como, a partir de um começo mais que humilde como estoquista, ele rapidamente chegou à presidência da empresa. Durante o relato, seu rosto estava indiferente, imóvel.

Por qual das situações você acha que Ralph gostaria mais de ser elogiado? Sim, mesmo que em termos de mundo real a segunda seja de longe muito mais meritória, conquistar a plateia feminina potencialmente hostil era a vaidade dele. Se, por acaso, você quisesse conquistar seu coração chauvinista, você diria:

– Ah, Ralph, você foi muito esperto ao abrir a palestra com essa piada.

Antes de fazer seu primeiro elogio aberto, reflita sobre a autoimagem de sua Presa. Onde está a vaidade dela? O que ele mais adoraria que você reconhecesse nele? Ela se imagina extremamente inteligente? Absolutamente linda? Uma pessoa espiritualizada? Ele se imagina um galã irresistível, um juiz perspicaz de caráter? Um cara desregrado, engraçado, descolado? Talvez ela se orgulhe do próprio senso de humor, de seu senso de justiça ou de sua criatividade. Ou, como Ralph, ele tenha orgulho de sua habilidade de conquistar feministas por meio de uma tirada esperta. Analise o que deixa sua Presa mais feliz em relação a si e então elogie isso nele ou nela.

Com frequência, uma mulher bonita prefere que você elogie a inteligência e a sagacidade dela, não a aparência. Um homem bem-sucedido, cansado de ouvir quanto é brilhante, pode ter uma reação mais calorosa se você lhe disse quanto ele é bonito. Quanto mais seu cumprimento se encaixar à autoimagem de sua Presa, mais ele ou ela vai apreciá-lo.

Caçadores e Caçadoras: ao elogiar sua Presa, considerem também o momento. Elogios por uma vitória pequena e recente têm mais impacto do que aplausos a uma façanha maior, porém, mais antiga. Elogiar a roupa nova de alguém é melhor no dia em que ele ou ela fez a compra. Nesse caso, Ralph gostou de ser elogiado pela piada discriminatória contra homens porque o fato ocorrera naquela manhã, ao passo que sua ascensão profissional meteórica ocorrera décadas antes.

TÉCNICA # 39:
O elogio certeiro

Antes de fazer o primeiro elogio explícito, pergunte a si mesmo: "Do que esta pessoa mais se orgulha?". Com base na resposta, ajuste a mira.

Leve em conta também o momento. Você aquece mais o coração de sua Presa ao aplaudir uma conquista recente do que uma antiga.

Passo cinco: armamento pesado

"Você é a pessoa mais fascinante que já conheci"

Cada vez que você faz um elogio óbvio, seu disparo seguinte perde força. Como se fossem dólares Confederados[52], sua Presa começa a desvalorizar os cumprimentos abundantes. Você pode usar empatia, fazer barulhinhos de aprovação e insinuar sua aprovação bem no início com a Presa, mas economize para o *elogio matador*.

O que é o elogio matador? Não é: "Uau, adorei sua gravata". Um elogio matador é um cumprimento explícito, direto e fulminante, que rouba o fôlego da Presa.

Nos meus seminários sobre comunicação, induzo as pessoas a fazer um elogio matador a outro participante. No começo da apresentação,

---

[52] Moeda emitida pelos Estados sulistas norte-americanos no início da Guerra Civil. Carecia de lastro e se baseava na promessa de pagar ao portador após a vitória. Quando ficou claro que os Confederados não conseguiriam a independência, a moeda sofreu sucessivas desvalorizações. (N.T.)

peço que as pessoas se apresentem umas às outras conversando por alguns minutos. Mais tarde, oriento que fechem os olhos e recordem uma qualidade de destaque sobre a pessoa com quem conversaram. Eu digo:

— Não uma coisa que vocês necessariamente *diriam* à outra pessoa, mas alguma observação positiva bem pessoal sobre ela.

Talvez, o interlocutor tivesse um sorriso maravilhosamente simpático, ou uma aparência espiritualizada.

— A qualidade pode ser física – digo a eles – ou pode se referir à personalidade.

Todo mundo tem ao menos uma qualidade.

Em seguida, anuncio:

— Muito bem, agora abram os olhos e contem a eles o que vocês estavam pensando.

— O quê? *Contar* a eles? – Eles ficam chocado. – *Contar* de verdade para a outra pessoa o pensamento privado que eu tive sobre ela?

— Sim! Contem.

Então eu recordo a eles ter dito que pensassem em um elogio que não *necessariamente* eles contariam à outra pessoa.

Eles trocam elogios matadores, e o resultado é uma delícia de observar. Depois que a primeira onda de risinhos nervosos inunda a plateia, sorrisos e rubores surgem a torto e a direito. Amizades se formam em todo lado. Todo mundo gosta de receber um elogio matador e praticamente todo mundo desenvolve afeição pela pessoa que o fez.

Que tipo de elogio matador eles acabaram de ouvir? Sentimentos bonitos, como: "Você tem um senso de humor incrível", "Que olhos castanhos penetrantes, os seus", "Pensei que você era dançarino, você se move com tanta fluidez", "Reparei em suas mãos, são como as de um pianista", "Percebo uma qualidade estética em você" ou "Adoro seus dentes!".

"O que fazer um elogio matador faz *por mim*?"

Tenho certeza de que a essa altura você já entendeu que fazer um elogio matador não é um ato completamente altruísta. Você recebe pessoalmente uma bela recompensa quando com toda a candura solta um.

Recentemente, em uma festa, eu estava papeando com um contador, um muito sem graça. (Peço desculpas aos contadores de todos os lugares, que precisam enfrentar a imagem injusta de tediosos, burocratas da inutilidade, que se vestem mal e se alimentam de números!) Enquanto eu estava tentando me afastar do chato do contador, ele olhou profundamente nos meus olhos e disse:

— Leil — ele usou meu nome —, você é a mulher mais fascinante que já conheci.

Uau! Para tudo. Intervalo. Meus joelhos enfraqueceram. (Será que senti uma onda de FEA percorrendo minhas veias?) "Quem é este homem?", pensei. De repente, o camarada se tornou muito interessante. Na verdade, acabei tendo um encontro com ele na semana seguinte, saímos para almoçar.

Eis que o sujeito era mesmo muito entediante, e o relacionamento não foi pra frente. Mas o elogio matador dele deu ao nosso encontro a melhor chance possível.

TÉCNICA # 40:
O elogio matador

Procure uma qualidade única em sua Presa, uma tão profunda que a maioria das pessoas não comentaria a respeito.

Depois, olhe sua Presa direto nos olhos, use o nome de sua Presa e a derrube com o elogio matador.

Como fazer qualquer pessoa se apaixonar por você

Assim como os mestres faixas pretas de caratê percebem seus punhos como armas letais, quem faz elogios matadores deveria perceber a língua como arma letal no abate da caça. O elogio matador é um míssil tão potente que deveria vir com manual do usuário. O manual do usuário diria que você deve disparar seu elogio matador em uma frase única, forte e afiada, olho no olho. Se for longo demais, você vai constranger sua Presa. Faça seu elogio matador quando estiverem se despedindo, pois ele deixará a Presa sem fala, capaz apenas de balbuciar: "Uau, nossa, obrigada". (Não se preocupe, ele ou ela voltará ao assunto e falará mais.)

Obviamente, não faça a sua Presa mais do que um elogio matador por mês. Do contrário, você vai parecer adulador e manipulador. E certifique-se de que todos os cumprimentos sejam sobre algo de que a pessoa tenha orgulho.

Uma vez, participei de uma pequena peça de teatro na qual interpretei oito personagens. Presunçosamente, pensei: "Mas que atriz versátil eu sou". O papel menos impactante, na minha opinião, era quando eu interpretava um manequim de vitrine. Naquela cena, outro ator fazia toda a cena, enquanto me carregava de um lado a outro pelo palco, como um cadáver enrijecido. Às vezes, um membro mais efusivo da plateia vinha ao camarim após a apresentação, pegava minha mão e dizia:

— Ah, eu adorei você naquela cena do manequim.

Como eu detestava aquilo! Vocês acreditam que desenvolvi sentimentos hostis em relação àqueles bajuladores bem-intencionados?

Certifiquem-se de que seu elogio se apoie na autoimagem da Presa. Do contrário, sai pela culatra. Por exemplo, se você diz a um ator: "É incrível como você decorou tantas falas" ou, para um dançarino: "Você ficou tão bem naquele figurino", você na realidade ofendeu as atuações deles. Seu elogio bem-intencionado cai com um baque surdo, e baques surdos não ajudam nada a acender o amor.

Armado dessas nove técnicas de massagem no ego, avance agora e capture sua Presa. Antes de usá-las, porém, você deve se fazer uma última pergunta: "Em que medida minha Presa é suscetível a elogios?". Vamos explorar isso.

22 Ajuste fino na máquina do ego

"Calma aí: *todo mundo* gosta de elogios?"

Um dólar significa menos para um milionário do que para um pobre. E um cumprimento significa menos para quem está habituado a receber cumprimentos. Se você está no encalço de uma Presa atraente ou de uma Presa muito bem-sucedida, precisa trabalhar com mais afinco e ser mais original em seus elogios. Tais pessoas estão acostumadas a ser admiradas, então desprezam o elogio prematuro.

Um estudo mostrou que, embora pessoas atraentes tendam a desprezar o elogio precoce, pessoas menos atraentes fisicamente o valorizam bastante[53]. Na verdade, elas estão famintas por seus elogios. Presa dentro de toda mulher de rosto comum há uma bela sedutora gritando para ser libertada por um comentário seu que a faça sentir-se

---

[53] Major, Brenda, et al. 1984. "Physical Attractiveness and Self Esteem: Attributions for Praise from an Other Sex Evaluator." *Personality and Social Psychology Bulletin* IO(1):43-50. (N.A.)

bonita. Preso dentro de todo homem com rosto de sapo há um belo príncipe esperando que você o beije com elogios.

TÉCNICA # 41:
Recursos escassos? Elogios abundantes

Pessoas bonitas e bem-sucedidas estão acostumadas a elogios, então os cumprimentos com frequência têm menos valor no mercado delas. Para Presas populares, busque elogios originais.

No entanto, se sua Presa não está habituada a ser aplaudida, ele ou ela tem fome de suas palavras de apreço, não importa se forem banais.

Alimente o ego de sua Presa com a dieta *apropriada* e veja o amor dele ou dela crescer.

Elogio reflexo: "O que você acabou de fazer foi fabuloso"

Aqui está uma pequena pistola que você *precisa* disparar com todo mundo, quer o rosto dela seja bonito ou comum, quer a conquista dessa pessoa seja trivial ou triunfal. Eu o chamo de *elogio reflexo*.

Há momentos cruciais em que, se você *não* fizer um elogio, vai ofender sua Presa. Se ele ou ela acaba de conquistar algo (fechar uma grande venda, fazer a mesura final depois de uma apresentação, conduzir uma negociação bem-sucedida, preparar uma refeição incrível, ter um ato de gentileza impensada), certifique-se de que as primeiras palavras a sair de sua boca se refiram àquele triunfo recém-completado. Nesse momento, é certeza de que sua Presa tem uma única pergunta rodando na cabeça: "Como eu me saí?". Se não quer perder pontos no amor, você precisa dar a sua Presa um elogio reflexo instantâneo.

Um amigo certa vez me contou como ficou desapontado com a reação da namorada a um discurso que ele fizera em uma convenção de sua área profissional. Logo após a fala, que tinha sido um grande sucesso, ele se retirou em meio aos aplausos e foi se sentar de volta ao lado da parceira. A primeira coisa que ela disse a ele foi: "Acene para Bill e Sue ali no fundo. Nós não sabíamos que eles estariam aqui". *Ploft!* Que decepção. Onde estava o mais que merecido elogio a ele?

Alguns momentos depois, ela de fato disse: "Você fez um discurso incrível, amor", mas era tarde demais. Que diferença teria feito se ela primeiro houvesse cumprimentado o parceiro pelo discurso e depois dito: "Aproveitando...".

TÉCNICA # 42:
O elogio reflexo

Após sua Presa conquistar algo, elogie *imediatamente*.
As primeiras sílabas que você pronunciar devem ser a resposta envaidecedora à pergunta: "Como eu me saí?".

Uma última cautela em relação ao elogio reflexo. Certifique-se de que seu elogio mire alto o suficiente. Na dúvida, mire ainda mais para cima. "Bom trabalho" pode soar ofensivo, se ele acha que fez um *ótimo* trabalho. "Bela apresentação" poderia ser uma verdadeira decepção, se ela achasse que havia feito uma apresentação *incrível*.

Dê risada primeiro

Para um comediante, seu rosto é apenas mais um flutuando no mar de cabeças que o encaram da plateia. Conforme ele vai chegando ao fim de cada piada, você desconfia que ele não sabe quem começa o murmúrio, ou a explosão, de risadas.

Não! Como palestrante, eu lhes garanto que cada um dos meus colegas sabe quem inaugurou o riso, exatamente quanto tempo depois de a piada chegar ao fim e exatamente com que intensidade.

Caçadoras, acontece o mesmo com a maioria dos homens, mesmo que estejam simplesmente contando uma piada para uns poucos amigos.

TÉCNICA # 43
(ESPECIALMENTE PARA CAÇADORAS):
Dê risada primeiro

Caçadoras, é com constrangimento que lhes ofereço esta técnica óbvia, mas deixá-la de fora seria um grave pecado de omissão.

Seja a primeira a rir das piadas dele e ria por mais tempo. Muitas caçadoras que riram primeiro quando a Presa delas fez uma piada foram as que riram por último quando bailaram até o altar com ele.

Apaixonados se dão apelidos carinhosos

Agora, você está pronto(a) para mais uma carinhosa armadilha para criar intimidade com sua Presa e fazer com que ele ou ela se sinta o centro do universo.

Muitos de nós, na infância, tivemos apelidos. Muitos dos atuais Roberts foram Bob no passado. Muitas Elizabeths foram um dia chamadas de Beth. Muitos Joaquins eram Quin e muitas Bias eram Beatriz.

Você teve um apelido? Eu tive. Minha mãe e todas as outras crianças me chamavam de "Leilie". Essa permaneceu sendo minha designação oficial até que eu decidi que não soava respeitável o suficiente para a jovem profissional que eu aspirava ser. De modo que, paralelamente à minha planejada mudança de personalidade, veio uma mudança de nome. Passei a insistir que todos me chamassem de Leil.

Tenho um amigo de infância, Rick, que resistiu à mudança e até hoje me chama de Leilie. Sempre que ouço ao telefone uma vez pedindo para falar com Leilie, meu coração bate forte com recordações infantis. As emoções que sinto ao ouvir *Leilie* se transferem para Rick, e tenho certeza de que Rick (eu o chamo de Ricky) me chamar de Leilie é um dos fatores para a longa duração de nossa amizade.

Experiências e nomes da infância têm um grande efeito subliminar. Como qualquer arma, no entanto, esta também pode disparar pela culatra. Se sua Presa teve uma infância infeliz, ouvir o velho apelido pode evocar lembranças horríveis. Se os pais de Walter o criticavam demais, você o chamar de Wally poderia irritá-lo. Se Elizabeth foi uma criança maltratada, um simples Beth poderia tirá-la do sério. Faça um pré-teste do apelido carinhoso em sua Presa.

No entanto, se sua Presa teve uma infância feliz, adotar um apelido aprofunda a intimidade e dispara pequenas doses de FEA nas veias dele ou dela cada vez que você o usa.

TÉCNICA # 44:
Dê status ao apelido carinhoso
Se for adequado, pergunte como sua Presa era chamada ou chamado quando criança. Se sentir que sua Presa gosta do apelido, diga:
— Adorei! Você se importa se eu te chamar assim?

Quando sua Presa elogia você

Uma vez, eu estava explorando uma livraria em busca de um livro sobre elogios. Não encontrei nenhum! Mas encontrei um volume grosso, com muitos milhares de insultos, "para todas as ocasiões", anunciava a capa. Era cheio de insultos supostamente hilários, do tipo "Ei, você é tão feio que até suas radiografias precisam ser retocadas", ou falas certeiras como "Você fica muito melhor quando eu tiro os óculos". Riso fácil garantido, sim, mas não vai fazer alguém se apaixonar por você.

Muitos de nós, mesmo que jamais sonhássemos em dizer uma frase tão vulgar, ainda insultamos inadvertidamente nossa Presa quando ele ou ela nos elogia. Norte-americanos são abomináveis para fazer elogios – e para recebê-los. É uma característica nacional. Eles simplesmente gaguejam um tímido agradecimento. Pior, dizem: "Ah, foi pura sorte".

Essa reação indiferente não contribui nem um pouco para fazer sua Presa se sentir bem por ter elogiado você. Além do mais, se você murmurar um "Não foi nada", ou atribuir seu sucesso à "sorte", você estará indiretamente ofendendo o senso de percepção de sua Presa. Ao não obter uma reação positiva, sua Presa deixará de cumprimentar você.

Sempre que sua Presa elogiar você, não simplesmente diga "Ah, valeu" nem, como sugere Amy Vanderbilt, "Obrigada". Vá um passo além de Amy. Espelhe a luz do aplauso de volta para quem o deu. Murmure rapidamente: "É muita gentileza sua" ou "Que bacana você ter notado". Os franceses fazem isso sempre. Em lugar de dizerem *merci* (obrigado), os educados murmuram "*C'est gentil*" (traduzindo informalmente, "Gentileza sua").

Se alguém joga um bumerangue, ele faz uma curva de quase 360° e volta diretamente para o lançador. Chamo a técnica de devolver o elogio de *bumerangar*. Eis alguns exemplos:

– Como vai sua família?

– Ah, estão ótimos. *Obrigada por perguntar.*
– Como foram suas férias?
– *Obrigada por se lembrar!* [Mostra que você ficou obviamente impressionado por eles terem se lembrado.] Eu me diverti muito.
– Uau, adorei seu cabelo.
– *Ah, obrigada por reparar.* Sim, encontrei uma cabeleireira nova incrível.

TÉCNICA # 45:
Bumerangar
Quando sua Presa elogiar você ou lhe perguntar sobre qualquer coisa de que você goste de falar, devolva a boa sensação.
Agradeça a ele ou a ela por reparar. Exiba uma vergonha infantil e deixe que um largo sorriso mostre para sua Presa quanto você apreciou o cumprimento.

Quando você *bumeranga*, sua Presa se sentirá bem por ter elogiado você. Animais humanos, sempre em busca de boas sensações, vão reunir mais pensamentos bons a seu respeito, para que eles mesmos se sintam bem. Quanto mais pensamentos positivos sua Presa tiver sobre você, mais lenha isso vai colocar na fogueira do amor.

23 Mantendo acesa a brasa do amor

"Adoro o jeito como você franze o nariz quando ri"

Esta técnica final de massagem no ego diz respeito ao amor de longo prazo. Ajuda *você* a se manter apaixonado ou apaixonada por sua Presa, porque mantém sua Presa fazendo as coisas que você ama. O amor é uma via de mão dupla, e é difícil manter alguém entusiasmado por você se seu afeto pela pessoa murchar.

O doutor Benjamin Spock é o famoso pediatra que, nos anos 1950, ensinou aos pais norte-americanos como lidar com suas crias. Hoje em dia, a doutrina permissiva dele está mergulhada em controvérsia, mas o bem-intencionado médico deixa o mundo com no mínimo um bom axioma. Ele disse, em essência, "Diga ao pequeno que ele é incrível, e isso vai encorajar que ele de fato seja".

Chamo a técnica de *Spockear*, em homenagem a essa filosofia infantil. *Spockear*, no nível dos adultos, é fazer a mesma coisa com seu parceiro. Divulgue o que você ama, aprecia ou admira em sua Presa, para que ele ou ela continue fazendo as coisas que você ama, aprecia ou admira.

As pessoas começam a se apaixonar por uma miríade de razões diferentes. A lógica, partindo de seu Mapa do Amor, pode parecer tão arbitrária quanto amar o jeito como ela franze o nariz ao rir ou amar o jeito como ele faz carinho em seu rosto. Você pode ter se apaixonado por ele quando, ao convidá-lo para jantar pela primeira vez, ele lavou a louça. Você pode admirar a força dela diante das crises ou respeitar o senso de honestidade dele.

Para continuar apaixonado (e assim manter sua Presa apaixonada por você), estimule aquilo que você mais adora. Diga: "Adoro o jeito como você franze o nariz quando ri". Diga: "É tão excitante quando você acaricia minha nuca". Diga: "Acredite ou não, uma das coisas que eu amo em você é o modo como se oferece para lavar a louça". Diga: "Admiro sua força diante das crises". Diga: "Respeito seu profundo senso de honestidade".

Eu me lembro de uma charge adorável da revista *New Yorker*, tão afiada que dei um grito. O desenho era de um casal obviamente pobre, gordo e exausto, sentado à mesa da cozinha. O marido estava de camiseta e não tinha se barbeado. A esposa tinha bobes na cabeça. Louça suja e fraldas pendiam de um varal improvisado que se estendia de um cano até a geladeira. Eles estavam tomando café em canecas velhas, lascadas.

A legenda era o homem sorrindo para a esposa e dizendo:
— Eu simplesmente amo o jeito como você franze o nariz quando ri.

O casal parecia genuinamente feliz, apesar da bagunça, apesar da pobreza, apesar da exaustão. Se *Spockear* fazia parte da rotina, eles provavelmente eram felizes.

TÉCNICA # 46:
Spockear

Pense nas coisas sutis, talvez até bobas, que você ama em seu parceiro. Depois, em momentos estranhos, conte a ele ou a ela que coisas são essas.

Seu parceiro não lê mentes. Mais do que apenas dizer: "Eu te amo", você precisa contar *por quê*.

Muitas pessoas deixam de contar aos pares o que *realmente* as atrai. (Sim, isso se aplica a sexo também.) Não sabendo quanto aquilo é importante, a outra pessoa deixa de franzir o nariz ao rir, acariciar sua nuca ou lavar a louça. E um pequeno bulbo se apaga, no magnífico conjunto de luzes brilhantes que constituem o amor.

Se outros bulbos começarem a se apagar um a um, o amor pode ficar no escuro. Se seu parceiro se tornar insignificante para você, vocês dois saem perdendo. Siga *Spockeando* as qualidades daqueles que você ama, para manter o amor aceso.

PARTE QUATRO

EQUIDADE

O princípio QVELN do amor
(Que Vantagem Eu Levo Nisso?)

24 Todo mundo tem um valor de mercado, baby

Durante uma discussão acalorada, um homem que um dia amei rosnou para mim:

— Todo mundo tem um valor de mercado, baby.

Eu fiquei chocada. Que grosseria! Como ele podia ver pessoas como mercadorias indiferenciadas, especialmente alguém que ele dizia amar? Que modo repulsivo de olhar para relacionamentos!

Para mim, o amor era lindo. O amor era puro. A fonte do mais intenso prazer que a humanidade conhece e incomparável a qualquer outra experiência humana. Para mim, amor era compartilhamento, confiança, entrega total de si. As palavras de Robert Burns reverberavam no meu peito desde a infância: "Amor, ó amor lírico, metade anjo, metade pássaro. E inteiro um maravilhamento e um desejo selvagem". Ouvir meu amado associar as qualidades de quem ele amava a itens negociados em Bolsa foi demais para mim. Saí enfurecida da sala e, pouco depois, do relacionamento.

Agora, muitos anos mais tarde, mais velha e, alguns poderiam defender, mais sábia, eu me questiono: "Ele estava certo?". Não no modo de se expressar, certamente. Mas em relação aos fatos? Ninguém se espanta ao ouvir "Todo mundo que conseguir o melhor arranjo possível na vida". Tampouco se chocam quando aprendem sobre a lei da oferta e da procura, nos negócios. As pessoas nem se abalam quando gurus de vendas pregam que, em todas as interações humanas, a grande pergunta é QVELN (Que Vantagem Eu Levo Nisso?).

Por que temos arrepios quando pesquisadores nos dizem que as mesmas leis naturais se aplicam ao amor?

Recentemente, a comunidade científica, não satisfeita com as teorias do amor propostas por Sigmund Freud (sexualidade sublimada) nem por Theodore Reik (preenchimento de um vazio interno), se propôs a revelar a verdade sem disfarces do amor. Conduzindo diversas pesquisas e vários experimentos em laboratório, os cientistas removeram uma camada mais profunda da psique humana. Descobriram alguns fatos feios? Confrontaram um monstro? Alguns podem dizer que sim. Outros descartariam essas respostas com uma risada e diriam: "Claro que não".

Quer você veja os achados como o abominável homem das neves quer como o arcanjo da verdade, o resultado é simplesmente este: os estudos realmente apoiam a tese de que tudo e todos têm um valor quantificável no mercado. E todo mundo quer fazer o melhor negócio possível, tanto no amor quanto na vida. Os pesquisadores batizaram suas descobertas de teoria da *equidade* (ou *troca*) do amor. É meio parecida com o velho *princípio do comércio de cavalos*.

Por que encontrar o amor é como comercializar cavalos?

A teoria da equidade do amor se baseia nos mesmos princípios comerciais sólidos de permuta e valor de mercado. Tudo tem um valor.

Tudo tem um preço. Assim como acontece com um produto, o valor de uma pessoa pode ser subjetivo. Em termos gerais, o mundo concorda sobre o que é uma boa troca e o que é uma troca ruim.

No mundo do comércio de cavalos, existem campões de primeira linha e pangarés. Em um leilão de cavalos, compradores procuram qualidades que descrevem como "andadura simétrica", "bom temperamento", "sem vícios" e até "vistoso". Será que os humanos são mesmo muito diferentes?

Todas essas qualidades do cavalo afetam seu preço de venda. Se você estiver trocando um cavalo com registro por outro sem documentos de pedigree, é bom que ele tenha algumas outras qualidades superiores para tornar a permuta mais justa.

Estudos mostram que, quanto mais qualidades você levar à mesa de negociação, melhor vai se sair no amor. Quanto mais seus pontos fortes se equilibrarem, mais apto você estará para fazer alguém se apaixonar por você. Teóricos da equidade nos dizem que, quanto mais equivalente for um relacionamento romântico, mais provável será que ele evolua para casamento[54].

Qual moeda "compra" um bom parceiro?

Os defensores do princípio da equidade listam seis elementos que são ativos no mercado quando as pessoas vão às compras por um marido ou esposa.

1. Aparência física
2. Posses ou dinheiro
3. Status ou prestígio

---

[54] Walster, Elaine, Walster, William G., e Berscheid, Ellen. 1978. *Equity: Theory and Research.* Boston: Allyn and Bacon. (N.A.)

4. Informação ou conhecimento
5. Desenvoltura social ou personalidade
6. Natureza interior

Pesquisadores nos contam que, nos relacionamentos mais felizes, os parceiros são mais ou menos iguais em cada uma das categorias acima. Se não, suas qualidades compensam uma à outra no cômputo geral.

Para exemplificar, tomemos a categoria número um, aparência física. Estudos do mundo todo (Estados Unidos, Canadá, Alemanha, Japão) mostram que homens e mulheres acabam em geral se casando com pessoas quase exatamente tão atraentes quanto eles. Um grupo de psicólogos observou jovens casais em eventos sociais e classificou a aparência deles em uma escala parecida com a agora lendária escala de 1 a 10 popularizada pelo filme "Mulher nota 10[55]". Eles descobriram que 50% dos casais estavam separados na escala por apenas 1 ponto, e que 85% estavam separados por dois pontos ou menos.

Decidi submeter esses achados a meu próprio teste informal. Durante várias semanas, aonde quer que eu fosse – ao cinema, shopping, festas, restaurantes –, observava maridos e esposas, namorados e namoradas. Em uma escala de 1 a 10, classifiquei a aparência deles. Nunca mais que dois pontos de distância! Tente você também.

Pesquisadores nos dizem que, se um casal não for equivalente na *mesma* categoria, em geral seus ativos se equilibram ao longo da lista. Por exemplo, com que frequência, andando pela rua, você cruzou com uma mulher deslumbrante, de braços dados com um homem bem mais velho, com cara de azedo? Qual foi seu primeiro pensamento? Admita que provavelmente disse, de si para si: "Caramba, ele deve ser muito rico". Você vê um homem bonito andando com o braço ao

---

[55] Silverman, I. 1971. "Physical Attractiveness and Courtship." *Sexual Behavior* Set: 22-25. (N.A.)

redor da cintura de uma mulher comum e pondera: "Caramba, ela deve ter uma personalidade ótima". Esse é o princípio da equidade, ou do comércio de cavalos, em funcionamento. Não se pode negar. Boa aparência, rios de dinheiro e alta posição social são definitivamente moedas correntes legítimas na aquisição do amor.

Lá nos anos 1930, vários educadores de Oakland, Califórnia, observaram meninas do quinto e do sexto anos brincando de cambalhotas no parquinho. Eles classificaram as menininhas de acordo com a aparência. Cerca de vinte anos depois, um sociólogo teve acesso aos resultados do antigo estudo e localizou as jovens, para descobrir com que tipo de marido haviam se casado. O pesquisador descobriu que, quanto mais bonita a menina, "melhor" tinha se saído na captura de um par. As meninas mais atraentes tinham conseguido maridos mais ricos e mais poderosos. As meninas menos atraentes não haviam se saído tão bem.

Isso significa que seu rosto é seu destino? Bem, exceto por pequenas mudanças, precisamos levar a vida sempre com a mesma cara. Felizmente, essa não é a única moeda com a qual compramos amor. Uma personalidade agradável, trato social cortês e conhecimento ou informação de que seu parceiro possa se beneficiar também lhe dão pontos.

Ao longo de todo este livro, você encontra técnicas para enfatizar as qualidades que fazem sua Presa se apaixonar por você. No caso de atributos que não podem de fato ser muito aprimorados (como sua aparência, seu dinheiro e seu prestígio), apresento técnicas para melhorar a *percepção* que ele ou ela tem a respeito. Antes de explorarmos métodos de manipular percepções, no entanto, vamos checar quanto, na realidade, você quer que seu parceiro seja bonito, rico ou poderoso, se seu objetivo for, como presumo que seja, encontrar felicidade no amor.

Aqui vai uma verdade surpreendente – e todos os estudos a comprovam. Suas chances de encontrar e manter o amor verdadeiro são ainda melhores se você não se casar com um mulherão de parar o trânsito, um sujeito podre de rico, um príncipe ou uma princesa. Por quê? *Porque benefícios equivalentes tornam as partes felizes*, especialmente no longo prazo. As pessoas são mais felizes quando seus pontos fortes se equiparam. Vamos remover algumas camadas do princípio de equidade e conferir quanto, de verdade, você quer manipular isso. Depois, se ainda quiser, vou mostrar como.

25 Como posso usar o princípio da equidade para encontrar o amor?

Você não quer de fato se casar com o Príncipe Encantado nem com a Bela Princesa

Praticamente todas as jovens norte-americanas da minha geração puxavam as cobertas sobre si, todas as noites, sonhando com o lindo príncipe que, algum dia, chegaria montado em seu cavalo branco. Ele iria se apaixonar loucamente por ela, claro, e a levaria embora, e eles seriam felizes para sempre.

O príncipe nem sempre precisava ser um príncipe bonito. Podia ser um príncipe rico, um príncipe maravilhosamente gentil ou um príncipe forte e sensível. Talvez, nós sonhávamos, nosso príncipe seria um poeta, um artista, quem sabe um famoso príncipe ator. Conforme amadurecemos, nosso sonho não mudou. Nós simplesmente expandimos a definição de *príncipe*. Ele poderia ser um médico de renome internacional, um CEO brilhante, um guru do Vale do Silício, um governador de estado. Mas, fosse qual fosse o papel em que o colocávamos, ele era um príncipe.

Caçadoras, talvez vocês acreditem, mesmo agora, que algum dia seu príncipe virá. Bem, adivinhem só: ele pode vir. Porém, quando vocês virem os resultados dos estudos sobre o **amor**, vão perceber que *não querem que ele venha!* Mulheres: se é felicidade que buscam, não queiram se casar com o lindo príncipe. Homens: vocês não querem se casar com belas princesas.

Uvas verdes? Absolutamente não. A menos que você tenha nascido em berço nobre – a menos que seja igualmente bonito, igualmente rico, igualmente bem-sucedido –, a vida com um príncipe ou princesa seria desigual. Portanto, você seria infeliz.

– Não – você pode protestar. – Se eu me casasse com alguém mais bonito, mais rico e mais bem-sucedido (que, para simplificar, vamos chamar de *melhor*), se eu me casasse com alguém melhor do que eu, ficaria felicíssimo.

Sim, os estudos nos dizem, mas não por muito tempo. A teoria da equidade do amor prova que logo você estaria infeliz. Quanto mais seu parceiro é superior a você, mais rápido ambos vão se sentir desventurados. Quando existe um desequilíbrio em um relacionamento, as duas partes sentem a desigualdade e tentam restabelecer o equilíbrio. Em outras palavras, tentam equilibrar a pontuação.

"Por que não quero me casar com alguém superior?"

É fácil entender por que, em um relacionamento sem equidade, o parceiro superior possa se sentir insatisfeito. Quando os primeiros ruborres do amor passam, ele ou ela olha ao redor sentindo que merecia muito mais. Mas e quanto ao parceiro inferior? Ele ou ela não deveria se sentir estupidamente sortudo, por ter conseguido um par tão incrível? Supostamente, sim, mas, na realidade, o parceiro inferior vai acabar preocupado, inseguro e sempre com medo de não estar à altura do outro.

Isso é verdade não apenas em casamentos. Pesquisadores entrevistaram 500 casais de namorados, na University of Wisconsin, para determinar se seus pares traziam mais, menos ou os mesmos ativos para o relacionamento.[56] Quanto mais equiparados os ativos dos parceiros, mais felizes eram os casais. Se uma das partes era muito mais rica ou mais atraente, havia um desequilíbrio, e a insatisfação se instalava.

Coisas insidiosas começam a acontecer, e o monstro da desigualdade começa a devorar o amor. Em casamentos desequilibrados, os parceiros começam a tirar vantagem do relacionamento para ajustar a pontuação. O parceiro "superior" pode começar a fazer exigências sutis, como sentir-se no direito de falar sempre que ele ou ela quiser, ou afastar-se sempre que der vontade. Uma esposa superior pode se tornar negligente com as expressões verbais de amor e afeto, ou recusar sexo. Se já estiver entregando mais do que o marido, ela pensa, subconscientemente: "Por que eu deveria me esforçar para tornar a vida sexual dele satisfatória?". Um marido superior pode até sentir que é justificável embarcar em um caso extramarital. Afinal, ele diz a si mesmo: "Eu mereço mais".

O coitado do inferior na relação está fadado a levar uma vida de insegurança sobre seu amor ou a ter de "engolir" sempre que o parceiro decida tirar vantagem do relacionamento. A felicidade por ter conquistado um parceiro tão maravilhoso logo se torna a realidade cotidiana de sempre ser o número dois. Não é divertido ser o número dois e passar a vida se esforçando.

---

[56] Walster, E., Walster, G. W., e Traupmann, S. 1977. "Equity and Premarital Sex." Manuscrito não publicado. (N.A.)

A princesa Diana e o príncipe Charles certamente deram sua contribuição para destruir o mito da alegria de se casar com um príncipe. E em Hollywood, onde o valor de mercado de uma pessoa muda todos os dias como na Nasdaq,[57] o divórcio é praticamente tão corriqueiro quanto o casamento.

Digamos que você seja uma princesa norte-americana com rios de dinheiro e boa aparência. Você se apaixona pelo encanador bonito e sensível que vem consertar umas instalações no iate do papai. Por acreditar no amor verdadeiro, você se casa com ele. Agora, obviamente, é você quem está no comando da relação, quem escolhe onde passar as férias e que tipo de carro comprar. No começo, ambos consideram justo que você tome as decisões, porque, afinal, é o dinheiro do papai que está pagando tudo.

Mas o Encanador Sensível tem seu orgulho. Com o passar do tempo, o ego dele não aguenta. Mesmo que tenha se sentido com muita sorte ao se casar com você, o caso de amor termina em amargo divórcio. Você na realidade não fez nada errado. Nem ele. Ele é um cara bacana. Você jogou limpo. É só que a *iniquidade* esmagou vocês dois. Ele acaba sendo muito mais feliz com a garçonete da cafeteria.

"O que acontece se a iniquidade surge depois de nos casarmos?"

Às vezes, os casais começam equilibrados, e a desigualdade surge *após* o casamento. Se um dos parceiros, ainda que não por culpa dele ou dela, cair, mesmo que apenas um pouco, podem surgir problemas.

Laura, uma amiga minha que é repórter de TV, ficou esfuziante ao encontrar o homem com que sonhava. Ele era gentil e inteligente e,

---

[57] Mercado de ações norte-americano. (N.T.)

por acaso, também um *top* das galáxias dos negócios internacionais. Eles se casaram, e Laura ficou feliz por abrir mão do emprego em Nova York e se mudar para a Califórnia com ele. Mais ou menos uma vez por ano, Laura me visitava em Nova York. Toda noite, Bob ligava. Ela sempre soava amorosa e atenciosa com ele ao telefone.

Dois anos atrás, devido a uma série de maus negócios, Bob perdeu praticamente todo o dinheiro. Laura ainda me visita (quando consegue comprar a passagem aérea). Bob ainda liga. Mas, infelizmente, percebo um tom diferente na voz dela. Ela agora soa ríspida e dominadora, ao conversar com ele. Laura está começando a lamentar o ótimo emprego do qual abriu mão quando se casou com Bob, e agora está buscando oportunidades em TV em Nova York. Ela diz que se mudar de volta não seria um problema. Eu não aposto nem uma moeda furada em Laura e Bob estarem juntos daqui a um ano.

Tenho outra amiga, Sally, que conheci na faculdade. Todo mundo gostava da Sally porque ela era o que costumávamos chamar de "a loira estonteante arquetípica". Sally não era absurdamente inteligente, mas era impressionantemente linda. Ela se casou com um atleta muito bem-sucedido chamado Jim. Sally foi feliz no casamento até há pouco tempo, quando ganhou bastante peso. Ela se queixa:

— Eu não entendo, Jim me trata tão diferente agora. Não está me traindo, mas anda mal-humorado. E não faz mais tanta coisa em casa. Não conversa mais comigo. Nossa vida sexual diminuiu muito, e é como se ele não se importasse mais com os meus sentimentos.

Isso não surpreenderia os defensores do princípio da equidade. Eles diriam que Jim está subconscientemente reequilibrando a balança. Pesquisadores analisando as mudanças na relação deles diriam:

— Quando Sally e Jim se casaram, ela trouxe beleza física para a relação. Ele trouxe boa índole. Esses são ativos tangíveis. Se a beleza dela se vai, assim também se vai o ativo que ele trouxe para a mesa.

Jim certamente não está chutando Sally para longe. Ele ainda a ama, é claro. Subconscientemente, Jim está apenas equiparando a pontuação ao abandonar alguns de seus hábitos agradáveis.

A desigualdade também pode ocorrer quando um dos parceiros apronta. Se alguém é flagrado tendo um caso extraconjugal, o outro pode muito bem mergulhar em um poço de silêncio gélido e ficar nessa tristeza até que a parte que traiu tenha suficientes atitudes amorosas para compensar. Isso pode levar anos.

Estudos citam exemplos dramáticos de um parceiro receber uma herança enorme ou, ao contrário, perder o emprego ou até ficar tragicamente desfigurado em um acidente. Isso destrói o equilíbrio do relacionamento.

Os participantes do estudo não eram pessoas más, sem coração, que abandonaram os parceiros. Eles simplesmente equilibraram a pontuação de uma porção de pequenos jeitos, tais como reprimir expressões de afeto, negligenciar a própria aparência física ou se tornar relutantes em fazer sacrifícios pelo bem do outro. O parceiro superior pode se recusar a fazer tarefas domésticas, assumir uma posição mais firme quanto a quais pais irão visitar nas festas de fim de ano ou sugerir férias separadas. Pequenas reações levam a grande sofrimento em relações que se tornam desiguais.

Caçadores, Caçadoras: se, depois de todos esses alertas sobre não quererem se casar com alguém superior, vocês ainda estiverem pensando: "Bem, talvez encontrar um parceiro *só um pouquinho* superior nesse inventário comum de ativos seria ok", venham comigo. Vocês não podem realmente alterar sua aparência, sua conta bancária ou sua origem para se equiparar à Presa que desejam conquistar, mas podem mudar a opinião dela a respeito de seus ativos. Vamos começar com a que é mais difícil de manipular. É a número um na lista dos ativos do amor: aparência física.

26 Qual a importância da aparência?

Qual a importância da aparência? Vou formular assim: depois da pesquisa inicial que fiz para este capítulo, a escolha foi difícil entre cirurgia plástica e suicídio. Primeiro, vamos tirar da frente as más para aqueles entre nós, homens ou mulheres, que estão abaixo de 10 quanto ao visual. *A aparência importa!*

Lembra-se de quando, no Ensino Médio, você perguntava sobre a aparência de uma pessoa que iria conhecer em um encontro às cegas, e seu melhor amigo dizia: "Ah, ela tem uma personalidade incrível" ou "Ele é muito legal"? Era o beijo da morte, certo? Sim, a aparência conta no primeiro encontro, especialmente para os homens. No entanto, aparência é *percepção*, e percepção pode ser manipulada. O que Deus nos tirou no departamento da aparência nós podemos compensar por meio de técnicas inteligentes, que têm muito mais a ver com as primeiras impressões que sua Presa tem de você (linguagem corporal, autoimagem e habilidades de comunicação) do que com a sua maquiagem.

O que consideramos uma pessoa bonita? Varia, é claro, de cultura para cultura. Em nosso país, magreza é bacana. (Não é o caso para as mulheres Sirono, da Bolívia, que se empanturram constantemente para se tornar um bom feixe gordo que seus homens possam abraçar.) Homens norte-americanos preferem beijar lábios ligeiramente curvados, como o arco de um Cupido. (Não é o caso para os Ubangis, que colocam botoques nos lábios para esticá-los para fora, como panquecas.)

Diferentes padrões de beleza predominam ao redor do mundo, mas uma coisa é constante. A mãe natureza desempenha um papel ao nos dizer quem é quente e quem não é. Mesmo nos Estados Unidos de hoje em dia, mulheres gostam de homem com traços fortes, que indiquem que ele seria um provedor bom e dedicado. Homens gostam de mulher que pareça *sexy* e que poderia gerar filhos saudáveis. Os estudos nos dizem exatamente o que está em voga.

De que tipos de aparência as mulheres gostam?

Aqui está o que um grupo de pesquisadores descobriu que as mulheres mais gostam no rosto de um homem:

> Mulheres são atraídas por homens cuja aparência realça seus sentimentos de cuidado, que parecem possuir maturidade sexual, características dominantes, que parecem sociáveis, acessíveis e de alto status social...
> Indivíduos que exibem uma combinação superior de atributos neotênicos (infantis) de olhos grandes, os atributos maduros do osso malar alto e queixo largo, o atributo

expressivo de um sorriso amplo e roupas de alto status foram vistos como mais atraentes do que outros homens.[58]

De que tipo de corpo as mulheres gostam? As norte-americanas no geral preferem homens de constituição mediana, mas maiores da cintura para cima do que dali para baixo. Os estudos nos dizem que elas preferem "Vs" a "peras".[59] No entanto, o gosto varia dependendo da classe social da mulher que está julgando a anatomia masculina. Da mesma forma, profissionais femininas bem-remuneradas acham homens musculosos simplesmente repugnantes. Elas preferem os tipos físicos morenos, magros e sensíveis.

E quanto à altura? Supõe-se que, quanto mais alto, melhor, pois nossa cultura venera a altura. Na verdade, praticamente todos os presidentes eleitos nos Estados Unidos desde 1900 eram o mais alto dos dois candidatos. O *Wall Street Journal* noticiou que os estudantes mais altos a se formar na universidade (1,87 m e acima) recebiam um salário inicial 12,4% maior que os que mediam menos de 1,82 m. Apesar disso, na arena sexual, aparentemente ser mais alto não é melhor. Mulheres de todos os tamanhos – baixas, medianas e altas – classificaram uma variedade de homens iguais em todas as características, exceto a altura. Os de altura mediana venceram.

Homens: por falar em tamanho (sim, o tamanho *daquilo*), a única fonte à qual posso recorrer é um artigo recente, em uma revista feminina popular, chamado "Maior é mesmo melhor?". O artigo usava expressões ambíguas (não fossem os maridos das leitoras pegar o artigo e ficar emocionalmente destruídos). No entanto, uma foto acompanhando o artigo deixava a questão em aberto. Duas mulheres atraentes

---

[58] Mathews, A. M. 1972. *British Journal of Social Clinical Psychology* 11:35-43. (N.A.)
[59] Lavrakas, J. 1975. "Female Preferences for Male Physiques." *Journal of Research in Personality* 9:324-334. (N.A.)

foram retratadas rolando histericamente no chão, enquanto os amigos delas levantavam um dedo mindinho.

De que tipos de aparência os homens gostam?

Ao responder às perguntas dos pesquisadores sobre a aparência das mulheres, os homens foram menos articulados. Uma resposta típica foi: "Ah, hum, bem, você sabe [grunhidos, grunhidos], é, bonita". No entanto, um grupo de pesquisadores resolutos se empenhou e chegou ao que o homem médio considera atraente.

Sim, a magreza está em alta, definitivamente. Especialmente para mulheres. Analisando anúncios classificados de solteiros, os pesquisadores descobriram que, de vinte e oito qualidades desejáveis, a magreza estava em primeiro lugar para os homens.[60] De novo, isso variou conforme a classe social e a personalidade do homem. Homens mais extrovertidos e de classe mais baixa preferiram mulheres de seios fartos e quadris largos. Homens mais introvertidos e de classe mais alta preferiram mulheres de constituição menor.

Mostraram a um grupo de homens de várias classes fotos de mulheres com os seios à mostra, em posições típicas das *pinups*, junto com fotos de mulheres atraentes vestindo mais roupas. Os resultados foram os esperados, quando os homens responderam com qual gostariam de um rala e rola. No entanto, quando questionados sobre qual preferiam como esposa, tanto homens de classe alta quanto baixa preferiram as mulheres mais vestidas. Muitos dos homens de classe alta até preferiram a mulher vestida para o rala e rola (ou uns amassos no banco de trás do Mercedes deles).

---

[60] Smith, Jane E., et al. 1990. "Single White Male Looking for Thin, Very Attractive…" *Sex Roles* 23:675-685. (N.A.)

Infelizmente, os estudos não foram muito esclarecedores quanto a traços de rosto específicos que homens apreciam. Isso acontece provavelmente porque, tal como em todos os demais aspectos de suas vidas, os homens não prestam tanta atenção a detalhes quanto as mulheres.

Houve uma época em que nossa cultura ficou obcecada por simetria. Não é mais assim. E, antigamente, os homens queriam mulheres de tons mais claros de sua própria coloração étnica. As mulheres prefeririam exatamente o oposto. Homens de pele mais escura ficavam nas primeiras colocações. No entanto, como nosso caldeirão étnico ferve depressa, o antigo padrão de beleza de cabelos loiros, olhos azuis e carinha de anjo está mudando rapidamente. Algumas das maiores belezas de hoje em dia são muito diferentes dessa ideia estereotipada. Agora, o que importa é o *look*. Felizmente, se você não nasceu com o *look*, pode consegui-lo – com um pouco de cérebro, um pouco de imaginação e um estojo de maquiagem.

A única generalização que podemos fazer em relação aos *looks* é que ambos os sexos preferem pessoas de pele clara, corpo esguio, cabelos sedosos, dentes brancos alinhados e olhos claros – em outras palavras, saudáveis.

"Como posso fazer minha Presa pensar que tenho uma aparência melhor?"

Beleza não é um conceito objetivo. Como aquele som na floresta do que precisa ser ouvido para ser um som, a beleza precisa ser contemplada por alguém para ser beleza. Beleza é percepção, um julgamento baseado em opinião. Corte de cabelo, roupa e maquiagem à parte (deixo isso para os outros livros), eis como você pode manipular a percepção de sua Presa em relação a seu *look*.

Enquanto eu estava pesquisando aparência física, um amigo me mandou um CD com a gravação de uma edição do programa de TV "20/20" sobre atratividade física, veiculado algum tempo atrás. Em uma sequência, uma loira maravilhosa (uma atriz contratada pela emissora ABC) ficava no acostamento de uma estrada, ao lado de seu carro supostamente sem combustível. Carros e caminhões que vinham passando freavam cantando pneus. Os homens arriscavam a vida e a perda de membros ao cruzar quatro pistas para ajudar a linda dama em apuros. Diversos homens brigaram para ver qual seria o sortudo que conseguiria gasolina para ela.

Na sequência seguinte, outra atriz ficava parada no acostamento. Mesmas roupas. Mesmo carro de tanque vazio. No entanto, essa mulher era menos atraente, ou pelo menos assim julgaram os produtores do programa. Os carros freavam guinchando pneus para ajudar? Os homens cruzavam quatro pistas para ajudar? Não. Os carros passavam voando. Um ou dois desaceleraram, mas, quando os motoristas analisavam a moça, tornavam a acelerar. Um carro parou, mas o motorista simplesmente indicou em que lugar ela poderia ir para conseguir pessoalmente um pouco de gasolina.

Depois, os apresentadores do programa entrevistaram as duas atrizes, sentadas lado a lado. Pausei o vídeo para examinar melhor as duas mulheres. Avaliei uma, depois a outra, depois a primeira outra vez. Pensei: "Não há tanta diferença assim entre as aparências delas!". Mas, sendo mulher, presumi que não cabia a mim julgar, então decidi obter uma opinião masculina. Mostrei a cena congelada para um amigo. Ele concordou: "Não tem tanta diferença".

O que era? Reproduzi a sequência inteira para o meu amigo. "Ah, com certeza", ele anunciou. *Agora* ele percebia. "Sim, a primeira atriz é definitivamente mais bonita."

Precisei ver uma terceira vez para revelar o mistério. A primeira atriz sorria para os carros que passavam. Inclinava a cabeça, endireitava os ombros e empinava os seios. Ela parecia ser feliz, adorar uma boa diversão e estar segura de si – portanto, bonita. A segunda atriz simplesmente se apoiou no carro com uma expressão desanimada no rosto. Ela não fazia contato visual com os passantes. Parecia derrotada e mantinha os braços cruzados em frente ao peito, ocultando assim dois bons pontos fortes. Ela parecia infeliz, frustrada, insegura – portanto, comum. Mulheres bonitas *se mexem* de um jeito diferente daquele adotado por suas irmãs mais básicas.

Isso nos leva a uma técnica para alterar a percepção da Presa em relação a sua aparência. Desenvolva uma linguagem corporal confiante e bonita. Você vai realmente parecer mais bonita quando se mover com graça e entusiasmo. Beleza é como a beleza se move.

TÉCNICA # 47 (PARA CAÇADORAS):
Mova-se como um 10

Você consegue enganar a mãe natureza? Não.
Mas consegue, *sim*, enganar um homem.
Convença-se de que você é a criatura mais linda que já agraciou a Terra. Depois, mova-se de acordo.

Homens: será que uma técnica parecida funciona para vocês? Sim. Seus movimentos físicos afetam decisivamente quanto parecem sedutores para as mulheres.

Recentemente, após um de meus seminários, um homem me pediu conselhos sobre como abordar mulheres. Ele era um camarada bem-apessoado, mas parou encurvado a minha frente, os braços pendentes como se ele não tivesse utilidade para eles. Os olhos se desviavam periodicamente dos meus, por timidez. Ele me perguntou que frases iniciais funcionam com uma mulher. Eu queria sacudir o rapaz e dizer "Olha, esquece o que sai da sua boca, corrija primeiro sua linguagem corporal". Mulheres são atraídas por homens que se mexem de um modo viril, forte e autoconfiante.

TÉCNICA # 48 (PARA CAÇADORES):
Mova-se como um gostosão

Homens, façam movimentos fortes, fluidos, confiantes. Andem com firmeza. Demonstrem que sabem aonde estão indo e por quê.

Tomem o braço da mulher ao atravessar a rua, ajude-a a entrar e sair do carro e tenha outros gestos cavalheiros que as mulheres acham tão sedutores.

Incontáveis estudos sobre como nossa aparência física afeta o sucesso no amor nos levam à técnica incomum a seguir. Ela irá definitivamente aumentar suas chances de encontrar alguém especial.

Como aumentar suas chances de arrasar

Se eu lhe dissesse que, ao agir de acordo com os resultados dos estudos, você poderia mais do que dobrar sua chance de sucesso da próxima vez que tentar abordar um PAP, você acreditaria? Pois acredite!

Em bares para solteiros em todos os lugares, Caçadores estão sendo abatidos quando tentam abordar uma mulher. Toda noite, Caçadoras voltam para casa sozinhas, sentindo-se como coelhinhos brancos conferindo o relógio biológico. Homens e mulheres que desejam se casar, em todos os Estados Unidos, reclamam que serão sempre o elenco de apoio das cerimônias de casamento, nunca os protagonistas. Por que isso acontece? A maioria dos solteiros está latindo nas tocas erradas, urrando pela Presa impossível. Esses lobos solitários poderiam igualmente estar uivando para a lua.

Como você pode melhorar suas chances? Primeiro, mire em alvos mais igualitários no departamento de aparência física. Homens: é difícil para vocês manterem os olhos longe das mulheres mais bonitas do lugar. Vocês querem um encontro com a mais atraente possível, mas vocês não estão cansados de sair com o ego ferido a cada vez que dizem "oi"? Mulheres: é mais fácil para vocês irem atrás de homens dentro de seu próprio espectro de atratividade, porque as mulheres geralmente apreciam mais as qualidades interiores.

Comece dando uma boa olhada em seu reflexo no espelho. (Vá em frente, você pode trapacear. Arrume-se e se enfeite antes.) Analise-se objetivamente. Classifique sua aparência na escala do "Mulher nota 10". (Se precisar de ajuda, peça a seu amigo mais íntimo.) Você é um quatro, um seis, um oito ou até mais? Agora, com esse número em mente, olhe para a Presa com quem você está tentando marcar pontos. Classifique essa pessoa usando a mesma escala. Se sua Presa estiver um ou dois pontos acima ou abaixo de você, vá em frente. Do contrário, esqueça. Os estudos mostram que você está perdendo tempo.

Você gosta de beijos e carinhos? Os psicólogos predisseram que casais semelhantes na atratividade seriam mais afetuosos. Eles observaram casais em festas e em pontos de encontro de solteiros. E acertaram na previsão. Fosse o casal formado por dois "lindos" ou dois "feios", eles pareciam mais felizes e roçavam os pés um do outro muito mais se tinham um nível de beleza parecido. Nada menos que 60% dos casais parecidos trocavam beijos de esquimó, 46% dos casais moderadamente parecidos se faziam carinhos e apenas 22% dos casais menos parecidos chegavam a se tocar.

Aparentemente, pássaros iguais voam juntos – pelo menos no que se refere à plumagem.

TÉCNICA # 49:
Espelho, espelho meu

Para aumentar dramaticamente suas possibilidades de sucesso com uma nova Presa, persiga apenas as que tiverem só um ou dois pontos de diferença na escala de atratividade. Essa técnica também eleva as chances de felicidade pela vida toda com seu parceiro ou parceira.

Agora é a hora de avançarmos para as duas mercadorias seguintes na escala de equidade: posses (ou dinheiro) e status (ou prestígio).

27 Caçando Presas ricas e famosas

Enquanto eu estava escrevendo este livro, costumava contar muito entusiasmada, a qualquer um que me desse ouvidos, que estava explorando o que a ciência diz que faz as pessoas se apaixonarem. Se meus ouvintes estivessem solteiros e à procura, eu lhes perguntava que tipo de parceiro gostariam de levar a se apaixonar por eles. Às vezes, depois da primeira onda de respostas previsíveis, tipo "alguém bacana, amoroso e inteligente", vinha outra onda. Algumas pessoas em busca do amor despejavam então que procuravam um par que fosse rico, poderoso, culto e até prestigiado.

É com certo constrangimento que redijo este capítulo delicado, mas o mercado é que manda. Se você apostou suas fichas em uma Presa muito acima de seu próprio status, vai precisar de armadilhas especiais. Em outras partes do livro, há técnicas para você parecer mais atraente, inteligente, socialmente hábil e gentil. Agora, vamos falar sobre como parecer mais rico, mais refinado, de classe mais alta ou de mais status, para atrair Presas parecidas.

A aparência do dinheiro

De que trajes de caça especiais você precisa para perseguir presas com pedigree? Obviamente, você vai deixar no armário a camisa havaiana e a calça de poliéster. Aves ricas têm um olhar de águia para identificar os que exibem as mesmas penas caras. A imagem de prosperidade vai de seu corte de cabelo até seus pés. Não tente disfarçadamente enfiar nenhum detalhe barato ao conjunto. Mergulhe em um corte de cabelo de cinquenta dólares, um relógio caro, joias de ouro de verdade. Dá para ver.

Um par de sapatos da Kmart se destaca como um luminoso que pisca "impostor", em meio a roupas de um milhão de dólares. É melhor exibir meias de vinte dólares desbeiçadas no tornozelo do que as novas, vagabundas, que você pegou no caixa do supermercado.

TÉCNICA # 50:
Deixe que suas roupas exibam riqueza

Homens: apostem em um paletó feito à mão. Certifiquem-se de que o alfaiate tenha experiência nos detalhes maravilhosamente enigmáticos das abas de bolso, aberturas traseiras, lapelas e pontos de acabamento.

Mulheres: vocês podem se vestir com roupas prontas de loja, mas certifiquem-se de que a peça traga visível o nome de um designer conhecido.

Ao perseguir uma Presa rica, garanta que nada que enfeita seu corpo custe menos de cem dólares, com a possível exceção de suas meias e roupa de baixo.

O som da classe

Outro determinante óbvio de classe é a linguagem. "Falar rico" não significa lançar falsidades como "Quando meu chofer me levou à loja da Elizabeth Arden hoje de manhã, no meu Bentley...". O que significa é prestar atenção às palavras que você usa. Evite a linguagem grosseira.

Usar eufemismos para certas palavras revela baixa estatura. Na Inglaterra, onde as pessoas são mais conscientes (ou no mínimo menos constrangidas) com questões de classe, a escritora Nancy Mitford escreveu um artigo de revista sobre a linguagem da classe alta e a linguagem da classe não alta, ou A (para "alta") e Não A (para a não alta, ou classe baixa).[61]

Assim que a revista chegou às bancas, provocou furor. Como disse Phillip Toynbee no jornal *The Observer*, o artigo se tornou uma espécie de "Como diferenciar seus amigos dos macacos". Mitford deu exemplos de palavras A e Não A. Por exemplo, um britânico respeitável da classe alta, ao ser apresentado, diria: "Como vai?". O outro britânico respeitável de classe alta devolveria a pergunta: "Como vai?". No entanto, um britânico de classe baixa, ou Não A, ao ser perguntado "Como vai?", cometeria a grosseria de responder à pergunta: "Vou bem, obrigado" ou, ainda pior: "Muito prazer em conhecê-lo".

Outro grande indicador do status símio é usar eufemismos. As classes baixas usavam palavras como *abastado*, ao passo que as classes altas chamam pelo que é, *rico*. A turma Não A usava o eufemístico "papel da casinha", enquanto o pessoal da classe alta dizia "papel higiênico".

Nós fazemos esse mesmo julgamento de classes alta e baixa nos Estados Unidos? Sim; infelizmente, fazemos. De certa forma, aqui é pior, pois não admitimos.

---

[61] *Encounter*, 1956. (N.A.)

Ao perseguir uma Presa de pedigree, simplesmente exclua os eufemismos. Chame espada de espada. É *banheiro*, não *quartinho dos meninos*. É *pênis* e *vagina*, não *peru* e *pepeca*. Quando norte-americanos A falam de suas "preciosidades", estão se referindo às joias da família guardadas no cofre. Se uma palavra for crua demais, recorra ao francês. *Bunda* está por baixo. *Derrière* está em alta.

TÉCNICA # 51:
Deixe que sua língua exiba riqueza
Para capturar uma Presa de pedigree, você não precisa reunir e memorizar palavras da classe alta, mas elimine os eufemismos. (Não se esqueça de usar a técnica do *Eco*. Isso vai salvar você de cometer muitas gafes sociais.)

Ao socializar-se com gente elegante, preste atenção à própria voz. Mantenha-a baixa, mantenha-a harmoniosa e mantenha-a *clara*. Uma vez, decidi dar um mais que necessário aprimoramento a minha voz e consultei uma amiga que é atriz, Barbara, que tinha um belo modo de falar. A voz de Barbara soava elegante. Na verdade, ela ganhava a vida fazendo narração de comerciais de carros caros e joias.

Eu sabia que Barbara havia investido vários milhares de dólares em treinos vocais, então perguntei a ela o que tinha aprendido. Valeu a pena?

– Sim – ela respondeu. – Mas poderia ter sido resumido em uma frase.

Em uma voz da qual pingavam rubis, Barbara me disse para pronunciar todas as sílabas de cada palavra.

TÉCNICA # 52:
O som da classe
O segredo para uma língua bem-educada é, simplesmente, pronunciar todas as sílabas e concluir todas as palavras que saírem de sua boca.

Sobre o que fala o pessoal *A*?

Se você pretende prospectar bastante entre os ricos, aprenda a língua que falam. Ouça atentamente para captar o rumo da conversa. Logo você vai sentir que alguns assuntos estão em alta, outros estão em baixa. Por exemplo, artes estão em alta. Quanto alguma coisa custa está em baixa. (Afinal, os ricos podem ter o que quiserem, quando quiserem, e às favas com o preço.) Eventos atuais estão em alta. Opiniões políticas fortes estão em baixa. Homenagens estão em alta. Provocações estão em baixa. Passatempos estão em alta. Profissões estão em baixa.

Em raras ocasiões, sou convidada (como pessoa símbolo da classe trabalhadora, tenho certeza) para festas lotadas de gente cuja maior batalha é livrar-se de instituições de caridade pedindo doações. Na maioria das festas, gosto de conversar sobre meu trabalho, mas, nessas reuniões, aprendi a não exibir um sorriso amigável e perguntar: "O que você faz?". Muitos cães de pedigree não *fazem* nada – pelo menos, não em troca de pagamento.

No caso de uma Presa de prestígio? Bem, você deveria simplesmente *saber* o que eles fazem. É um insulto perguntar.

TÉCNICA # 53:
Não pergunte: "O que você faz?"

Desenvolve um ouvido aguçado para temas apropriados de conversa. Presas com pedigree e outros tipos de prestígio têm pés muito sensíveis. Você não quer sair por aí pisando neles.

    Acima de tudo, evite a pergunta favorita de todas as festas, "E o que você faz?". Isso rotula você *totalmente* como pessoa da classe trabalhadora.

Use palavras de status com Presas de status

Pessoas de origem mais rica têm roupas mais ricas, casas mais ricas, carros mais ricos e vocabulários mais ricos. Elas não necessariamente possuem carros grandes, mas tendem a evitar os pequenos e comuns. Acontece o mesmo com as palavras. Elas não usam as mais raras com frequência, mas evitam as corriqueiras, que produzem pouco impacto.

Para ter boa fama entre os bem-nascidos e bem-sucedidos, use a técnica que chamo de *seu tesauro particular*. Pense em algumas palavras que você sempre usa, por exemplo, as desgastadas "bonito" e "legal". É muito comum que se diga "Você está bonito" ou "Que ideia legal".

Pegue um tesauro (um dicionário de sinônimos) na biblioteca. Procure "bonito" e "legal". Você vai encontrar dúzias de sinônimos mais ricos. Tal como faz ao experimentar roupas, escolha três ou quatro que pareçam combinar com sua personalidade. Daí, Caçadores, da próxima vez que quiserem elogiar sua Pressa elegante e dizerem que ela está bonita, diga "Ah, Sue, você está encantadora" ou "arrebatadora", ou então "Sue, que *impactante* você está" ou "Ah, nossa, como você está *elegante*".

Caçadoras, vocês gostariam de cumprimentar sua Presa de alta categoria e dizer que ele fez algo "legal"? Digam, em lugar disso, "Ah, George, isso foi tão *inteligente* de sua parte" ou *talentoso* ou *engenhoso*. "George, isso foi tão astucioso de sua parte."

Aos grandes, faça grandes elogios. Cultive seu tesauro particular, não de palavras pomposas, mas de palavras de que você goste, palavras elegantes, que combinem com você. Use-as algumas vezes com a família e amigos. Logo, assim como ao estrear um par de sapatos, você estará à vontade conversando com sua Presa bem articulada.

TÉCNICA # 54:
Seu tesauro particular

Para insinuar uma origem rica, escolha palavras do tesauro. Como faria com um belo colar, ponha-as em si, deixe que, como pérolas, deslizem de seus lábios, enquanto estiver conversando com sua Presa de prestígio.

28 Aumente sua aposta em outros ativos

Conhecimento, desenvoltura social e beleza interior são ativos tangíveis

Até aqui, falamos sobre aumentar seu valor de mercado por meio da manipulação da impressão que sua Presa tem de sua aparência física, de suas posses ou dinheiro e de seu status ou prestígio. Esses são apenas os três primeiros ativos que os cientistas do princípio da equidade afirmam que influenciam o amor. São importantes, mas de forma nenhuma os mais importantes. Na verdade, muitas pessoas preferem, de longe, as três qualidades a seguir. Elas são informação ou conhecimento, desenvoltura social ou personalidade e natureza interior.

Falemos sobre informação, ou conhecimento. A busca por conhecimento é um compromisso eterno, um que vai trazer profunda alegria para sua vida. Inteligência conquistada por meio do conhecimento pode também ser um ativo poderoso em fazer alguém se apaixonar por você.

Muitas mulheres, eu mesma incluída, acham muito atraente o homem do tipo professoral, que fuma cachimbo e usa casacos de lã xadrez com retalhos de couro nos cotovelos. Eu uma vez perdi a cabeça por um homem que outras mulheres poderiam chamar de pobre, recluso e banal porque ele era um gênio da computação. O conhecimento dele me impressionou profundamente, e eu quis aprender com ele. Caçadores, especialmente no mundo de hoje, as mulheres têm uma tendência a se apaixonar por homens que podem ajudá-las profissionalmente. Seu conhecimento é um afrodisíaco para mulheres inteligentes e ambiciosas.

Desenvoltura social, ou personalidade, é o quinto ativo que lhe dá um valor mais alto no mercado do amor. Ao longo de todo este livro, são oferecidas técnicas que ajudam a lidar com esses dois aspectos. Siga todas elas.

O ativo final da lista, mas nem por isso o menos importante, é sua natureza interior. Talvez, seja o mais importante de todos – certamente é o mais profundo. Para fazer alguém se apaixonar por você, empenhe-se em ter sempre pensamentos amorosos sobre eles e os outros. Doe altruisticamente para outras pessoas quando não houver recompensa à vista. Seja sexualmente leal, financeiramente responsável e pessoalmente flexível. A lista de qualidades de natureza interior é longa. Você provavelmente nunca pensou nelas nesses termos, mas elas são todas ativos comercializáveis que você leva para um relacionamento. Tudo que você aprende, cada experiência que absorve, cada boa qualidade que desenvolve, é um benefício tangível para fazer alguém se apaixonar por você.

TÉCNICA # 55:
Aumente sua aposta no intangível

Para aumentar seu valor de mercado, nunca pare de aprender, nunca pare de desenvolver suas habilidades pessoais e sociais e se esforce sempre para desenvolver qualidades interiores melhores. Elas valem balas de ouro para acertar o coração de sua Presa.

29 Ajude-os a se convencerem de que amam você

Deixe sua Presa lhe fazer favores

Amar alguém, e ser amado por essa pessoa, é um padrão intrincado de recompensa e castigo. Ficamos felizes quando a pessoa que amamos nos dá presentes ou faz favores para nós, e sentimos alegria igual fazendo o mesmo por quem amamos. Porém, de acordo com o princípio da equidade do amor, enterrado em algum lugar do nosso subconsciente está o *placar*. Quem está fazendo mais por quem, e como isso se equilibra?

Não é preciso ser olho por olho em ações iguais. Um olho pode ser a alegria que sentimos ao fazer o outro olho. Por exemplo, Caçadoras, se vocês amam um homem, *gostam* de verdade de levá-lo ao trabalho quando o carro dele quebra. O apreço dele é sua recompensa. Caçadores, vocês *gostam* de dar flores a ela. O sorriso dela é sua recompensa. Somos obrigados a levá-lo ao trabalho ou a dar flores a ela? Não. Fazemos isso porque *queremos*.

E por que queremos? A resposta é óbvia. Fazemos isso porque o amamos, porque a amamos. Ou pelo menos é o que dizemos a nós próprios.

Isso nos leva a um aspecto intrigante do jogo do amor. Você pode usar isso para levar as pessoas a se convencer de que estão apaixonadas por você. Estudiosos chamam de *teoria da consistência cognitiva*. A consistência cognitiva diz que os indivíduos tentam manter suas cognições psicologicamente consistentes e que, quando surgem inconsistências, eles tentam restaurar a consistência. Em outras palavras, as pessoas se esforçam para manter suas ações em harmonia com suas convicções. Sempre que fazem alguma coisa, elas querem sentir que estão fazendo aquilo por uma boa razão, porque querem fazer.

Com frequência, indivíduos que se oferecem por uma causa nobre valorizam mais a tarefa se não recebem pagamento. Estudos mostraram que, quanto mais duro uma pessoa trabalha por um grupo voluntário, mais ela valoriza os esforços da instituição. Quando uma compensação financeira é oferecida, as pessoas em sua maioria veem a tarefa mais como um trabalho que elas *tinham* de fazer.

Pessoas observam suas próprias ações e instintivamente ajustam sua filosofia e seus sentimentos para fazer combinar. Elas dizem a si mesmas: "Caramba, estou trabalhando tanto por este grupo. Eu certamente acredito nos propósitos dele". Dessa forma, as pessoas alcançam consistência cognitiva. Se elas continuassem a trabalhar bastante e não acreditassem no propósito, precisariam admitir para si que são burras ou estão infelizes, e ninguém quer fazer isso. Acontece o mesmo no amor.

> Se você se vir fazendo por alguém coisas que, em si mesmas, não compensam, você provavelmente chegará à conclusão de que deve gostar da pessoa, pois não estaria

fazendo essas coisas por si mesmas... Assim, você atinge consistência cognitiva.⁶²

As pessoas não observam apenas o outro. Elas observam a si mesmas. Uma grande parte de nossa autopercepção e do que acreditamos sentir vem da observação de nossas próprias ações.⁶³ Portanto, se fazemos algo por outra pessoa, e a coisa em si não oferece recompensa, nosso diálogo interior nos diz que isso significa que realmente a amamos.

Se você acorda cedo para levar sua Presa a algum lugar ou se vê comprando presentes para ela, você deve estar fazendo isso por estar apaixonado. Por que outra razão você sairia de casa ou gastaria seu dinheiro, tão arduamente conquistado? Isso se traduz na seguinte técnica, para reforçar a percepção de sua Presa sobre ele ou ela estar apaixonado por você.

TÉCNICA # 56:
Deixe que ele ou ela faça favores a você
Deixe que sua Presa lhe faça pequenos favores e lhe dê presentes. Agradeça a ele ou ela, mas não se mostre *excessivamente* agradecido. Aja como se fosse perfeitamente lógico que sua Presa esteja se ocupando de você.

Para restaurar a *consistência cognitiva*, sua Presa vai se convencer de que ele ou ela realmente ama você.

Uma palavra de alerta: não exagere. O exagero poderia romper um equilíbrio delicado. Se sua Presa sentir que ela está fazendo demais, o relacionamento poderá adernar e afundar.

---
⁶² Bem, D. J. 1972. "Self Perception Theory." *Advances in Experimental Social Psychology* 6:1-62. (N.A.)
⁶³ *Ibid*. (N.A.)

Ei! Que tal "Ó amor lírico, metade anjo, metade pássaro"?

Você pode estar se perguntando:
– Onde entram a pureza, a beleza e o amor do tipo altruísta? E, quanto aos casais que juram amor eterno, até que a morte os separe, estão falando realmente sério?

Nós podemos, claro, alcançar esse belo amor – com o tempo. Na verdade, o amor lírico sobre o qual Robert Burns escreveu e as descobertas fundamentalmente práticas e egocêntricas que os cientistas fizeram sobre o amor não são totalmente incompatíveis. Muitos casais permanecem juntos, permanecem felizes e permanecem apaixonados pela vida toda, mas, se você olhar acima das cabeças deles, verá o grande placar no céu. Existe provavelmente um equilíbrio entre o que cada parceiro traz para o relacionamento.

Com frequência há valores subjetivos que as pessoas de fora não conseguem ver. Em qualquer dado momento isolado, a relação pode parecer desigual para os estranhos. Quando os parceiros se comprometem com um relacionamento de vida toda, não é mais olho por olho em termos diários, semanais nem mensais. O placar até *pode* ficar desigual por um período. Por exemplo, uma esposa pode sustentar o marido enquanto ele estuda medicina. Ela ocupa a posição superior por alguns anos, e ele está obtendo o arranjo melhor. Depois, quando ele se forma, espera-se que ou financie a formação dela, ou que sustente a família em grande estilo, para equilibrar o placar.

E quanto aos relacionamentos que parecem muito unilaterais por bastante tempo, tais como um marido ou uma esposa amorosos, que altruisticamente cuida de um parceiro adoentado nos anos posteriores? Bem, os anos passados juntos se tornam de fato um dos ativos trazidos ao relacionamento. Você pode não pensar nesses termos, mas o parceiro cuidador está retribuindo ao cônjuge amado pelos anos de felicidade recebidos no relacionamento.

Uma vez que duas pessoas que se amam assumiram um compromisso, o barco pode permanecer à tona mesmo que aderne em uma direção. Mas precisa se inclinar na direção oposta antes que eles atinjam o equilíbrio final e possam esperar ter uma navegação suave. As pessoas podem aceitar favores do parceiro por um período, mas as verdadeiramente sábias retribuem, para manter o equilíbrio de ativos no relacionamento.

Por que dei tanta ênfase à abordagem dessa filosofia? Sobre esse fundamento sólido como rocha, a equidade, nós construímos muitas das técnicas para fazer alguém se apaixonar por você. De fato, todas as técnicas deste livro são projetadas para reforçar seu valor em relacionamentos amorosos, para levar seu Parceiro Amoroso Potencial a se apaixonar mais e mais depressa.

PARTE CINCO

REPARADORES PRECOCES DE GÊNERO

Existe amor depois do Éden?

30 "Espero que ele ou ela não seja um ou uma babaca como todo mundo"

Você assistiu ao filme de 1977 *Noivo neurótico, noiva nervosa*? Quando Diane Keaton sai com Woody Allen pela primeira vez, pequenos balões saem da cabeça dela, onde se lê: "Espero que ele não seja um babaca como todo mundo". Durante os primeiros momentos após vocês se conhecerem, sua Presa está na mesma torcida a seu respeito.

O início do amor é uma florzinha frágil. Suas pétalas minúsculas são esmagadas com frequência quando um dos parceiros, sem perceber, dá um pequeno fora no primeiro encontro e desanima a outra parte. Uma piada besta, um arroto de Coca, uma ofensa sem intenção, tudo pode abortar o voo e deixar um novo relacionamento em chamas na pista de decolagem. Adiante na relação amorosa, a mesma gafe pode não resultar em nada além de uma zona de turbulência ligeiramente desconfortável.

As trapalhadas que vamos explorar aqui são específicas de gênero e muitas se tornaram recentemente inaceitáveis. Com a crescente igualdade de homens e mulheres, atitudes antes consideradas certas agora levam o sexo oposto à irritação. Em outra era, outra sociedade, outra economia, um homem podia tranquilamente passar todas as noites de sexta-feira com os amigos ou acender um charuto à mesa. Esperava-se que a esposa sorrisse simpaticamente, enquanto se sufocava com a fumaça. Houve uma época em que se esperava que ela não tivesse aspirações além das domésticas e que se interessasse apenas por "assuntos de mulher". Os homens se sentiam muito virtuosos quando se retiravam para sua toca para discutir temas realmente importantes, tais como qual charuto tinha o melhor sabor.

Os tempos mudaram. O que antes era um resignado "Bem, homens são assim mesmo" ou "Isso não é tipicamente feminino?" agora é razão para que sua Presa parta em busca de campos mais verdejantes. Hoje, Caçadoras exigem um homem sensível, que compartilhe seus sentimentos. E Caçadores esperam uma supermulher, que seja uma companhia incrível, gere filhos incríveis, demonstre uma compaixão incrível e proporcione orgasmos incríveis.

Essa nova raça de homem sensível e supermulher existe? A questão é acadêmica, porque não é com a realidade e sim com as *percepções* de sua Presa que estamos lidando. Esta parte oferece técnicas para convencer sua Presa de que você é de fato esse indivíduo extraordinário. Você é um homem sensível. Você é uma supermulher.

Caçadores, quando usarem algumas das palavras e ideias que vou sugerir, sua Presa dirá a si mesma: "Finalmente, um homem sensível, que me entende e com quem posso conversar". Caçadoras, quando sua Presa ouvir alguns dos sentimentos e palavras saindo de seus lábios femininos, ele dirá: "Finalmente, uma mulher sensata, que me entende e com a qual me identifico. Esta mulher é especial de verdade. Acho que estou apaixonado".

Esta parte é especialmente valiosa para a captura do coração daquela Presa absolutamente assustadiça, que, por ter medo de relacionamentos, com frequência foge ao primeiro sinal de comportamento estereotipado de gênero. Falaremos sobre as trapalhadas fatais mais comuns, específicos de cada gênero, que costumam aparecer nos primeiros encontros e destroem o amor nascente. Vou mostrar como evitar essas armadilhas ou, pelo menos, não ser expulso do jogo por causa de uma falta boba.

"Quero um homem com quem possa conversar, uma mulher que pense como um homem"

Identificamos o hiato de gênero muito precocemente, em creches e jardins da infância em todos os Estados Unidos. No centro da sala, menininhos estão trocando socos com menininhos. Enquanto isso, ao redor, menininhas estão compartilhando brinquedos e mantendo conversas profundas com outras menininhas.

Infelizmente, a mesma disparidade separa grupos de casados de classe média bem ao meio. Os homens ficam no centro do palco discutindo esporte ou política, e as mulheres, sentadas ao redor da sala, conversam solidariamente uma com a outra. Por que a divisão? Simplesmente porque homens gostam de falar sobre certos assuntos, e mulheres preferem outros. Além disso, os homens têm modos de conversar muito diferentes dos femininos.

Como podemos traduzir esse racha em uma técnica que capture sua Presa? Aprenda a cativar o sexo oposto com sua conversa. Descubra os tópicos que interessam a ele ou a ela.

Caçadores, para ajudar uma mulher a se apaixonar por vocês, tenham a aparência de um homem, trabalhem como um homem, andem como um homem, falem com voz profunda como um homem – mas *sejam sensíveis* como uma mulher. Caçadoras, para ajudar o homem a se apaixonar por vocês, tenham a aparência de uma mulher, sorriam como uma mulher, tenham cheiro de mulher, falem suavemente como uma mulher – mas *pensem* como um homem. Debatam com inteligência assuntos que interessam a ele.

Homens, não tenham medo de soar efeminados ao discutir as sutilezas em que as mulheres se sobressaem, tais como *insights* sobre pessoas e sentimentos. Ser um proseador fascinante com uma mulher decididamente não o afasta de sua masculinidade. Apenas o torna alguém encantador e multidimensional com quem conversar. Mulheres, não se preocupem com que debater temas que os meninos apreciam vá fazê-la soar como um deles. Ouvir assuntos e sentimentos caros ao coração masculino vindos de seus lábios femininos suavemente curvos torna você uma mulher fascinante. Ele vai achar você diferente das demais moças com quem saiu – um elogio e tanto, vindo de um homem.

Como homens e mulheres diferem em estilos de comunicação poderia, pobres de nós, preencher volumes e volumes. Recomendo enfaticamente que você leia um livro dedicado às diferenças de gênero para ter uma compreensão mais profunda dos homens, das mulheres e do motivo pelo qual se comunicam de modos tão diferentes. Alguns excelentes foram escritos por John Gray e Deborah Tannen, entre outros.

Deus nos revelou um fato puro e duro, lá no Jardim do Éden. Simplesmente, Ele criou os homens e as mulheres diferentes. (É de se perguntar se, em toda a Sua sabedoria, Ele percebeu exatamente quão diferentes Suas criaturas acabariam sendo!)

John F. Kennedy disse: "Se não podemos agora acabar com nossas diferenças, ao menos podemos ajudar a tornar o mundo seguro para a diversidade". Vamos alterar duas palavras desse sábio conselho.

Caçadores, Caçadoras, se não podemos agora acabar com nossas diferenças, ao menos podemos ajudar a tornar o mundo seguro para *o amor*. As seguintes técnicas são um bom começo.

31 O que são "Conversa de homem" e "Conversa de mulher"? (Isso existe?)

Deixando de lado décadas de negação, homens e mulheres gostam, sim, de falar sobre assuntos diferentes. Todos os comentários sobre gênero são generalizações, claro, mas, em geral, mulheres são mais focadas em pessoas e homens são mais focados em coisas. Homens gostam de conversar sobre carros, equipamentos eletrônicos, ferramentas – sobre como uma coisa é produzida, como funciona, como eles podem consertá-la, qual efeito ela produz e como eles podem controlar essas coisas. Homens mais intelectualizados expandem *coisas* para incluir ideias e conceitos. Mas eles ainda discutem como esses conceitos funcionam, como eles podem consertá-los, como afetam o mundo e quanto poder trazem em si! Homens trocam fatos e opiniões como se estivessem trocando figurinhas. Eles gostam de jogar "Quem pode tomar as figurinhas de quem?". Não é aconselhável que as mulheres imitem esse aspecto competitivo da conversa masculina, porém, Caçadoras, atualizar-se sobre esporte, política, carros e computadores aumenta sua chance de se comunicar bem com os homens. Se vocês aprenderem a segurar as pontas diante de homens falando sobre serras sabres e furadeiras elétricas, serão mulheres realmente fascinantes.

Quando eu estava no ensino médio, a literatura sobre diferenças de gênero se limitava a estudos obscuros, mas minha mãe de alguma forma suspeitava da cavernosa disparidade conversacional. Os meninos falavam sobre carros e as meninas falavam sobre meninos. Isso deixava a nós, garotas, em desvantagem conversacional durante os encontros. Depois de uma noite desastrosamente silenciosa com um menino (nós os chamávamos de *meninos*, na época, não de *caras*), chorei no colo de minha mãe. Contei a ela que eu não tinha conseguido pensar em nada sobre o que falar e que havia congelado de timidez. Minha mãe afagou meu cabelo, enxugou minhas lágrimas e disse que no dia seguinte teria para mim uma surpresa que talvez ajudasse. Acreditei em mamãe e esperei por um milagre. Mesmo que precisasse trazer a Pedra de Blarney[64] de avião da Irlanda, para que eu a beijasse e obtivesse o dom da conversação, ela daria um jeito por mim.

TÉCNICA # 57 (PARA CAÇADORAS):
Atualize-se sobre assuntos masculinos

Faça um cruzeiro conversacional pelo hiato de gênero.
Caçadoras, familiarizem-se com conceitos, política, objetos, carros de luxo, esportes e outros assuntos masculinos.
   Mostrem a ele que são inteligentes, mas lembrem-se: não inteligentes *demais*.

---

[64] Bloco de rocha calcária instalada em 1446 no Castelo de Blarney e que, segundo a lenda, dá a quem o beija facilidade para conversar, motivo pelo qual também é conhecido como Pedra da Eloquência. (N.T.)

Como fazer qualquer pessoa se apaixonar por você

E dar um jeito ela deu. Melhor que a Pedra de Blarney, ela me comprou um livro sobre carros, com todos os modelos então atuais. Eu me tornei uma espécie de especialista nas diferenças entre Chevys, Fords e Buicks. Conseguia conversar até sobre o que ficava abaixo do capô. Foi tão bom que eu mantinha minha participação na conversa mesmo quando o assunto mudava (e inevitavelmente mudava) para carburadores, alternadores, eixos de comando e escapamentos. O livro que Mamãe me deu deixou minha autoconfiança com meninos tinindo. Caçadoras, vocês podem não achar que falar sobre carros, fatos, esportes, negócios e política é tão interessante quanto sobre psicologia, filosofia, relacionamentos, reações e tendências, mas sua Presa vai achá-las mulheres mais intrigantes se conseguirem se manter firmes enquanto discutirem prodígios e números com ele.

Em um dos meus seminários, um homem me contou que a razão pela qual convidou a atual namorada para sair foi que, quando se conheceram, tiveram uma conversa encantadora sobre se seria melhor, em uma caixa de ferramentas básicas, ter uma junta deslizante ou um alicate de bico redondo. Acrescentou, óbvio, que *ele* tinha vencido a disputa. Caçadoras, vocês precisam querer ser inteligentes em assuntos masculinos. Mas não mais inteligentes que sua Presa. Isso soa como um conselho batido, regurgitado dos anos 1950? Sem dúvida, mas ainda é válido. Aprendi isso do jeito difícil, muito tempo atrás.

Na noite do meu baile de formatura, meu date chegou a minha casa. Ele prendeu uma flor no busto acolchoado do vestido. Tomei seu braço e andamos até o carro dele. O motor não pegava. Graças ao livro da mamãe, suspeitei do problema. Abri o capô e fiz uma análise silenciosa.

Depois, corri para o meio da rua e parei um táxi. Não para nos levar ao baile, mas para pegar emprestado o cabo de chupeta do motorista. Cambaleando no meu primeiro par de sapatos de salto, prendi os cabos à bateria arriada do carro do menino e consegui que o motor funcionasse. Eu sabia que ele ficaria impressionado.

Ele nunca mais me telefonou.

Recentemente, contei essa história a um amigo e, em um momento de verdadeira candura, ele manifestou solidariedade por meu pobre date humilhado. Equidade ocasional à parte, certas coisas nunca vão mudar.

TÉCNICA # 58 (PARA CAÇADORES):
Atualize-se sobre "assuntos femininos"

Caçadores, tornem sua conversa mais orientada ao aspecto psicológico. Falem com sua Presa em termos de pessoas, sentimentos, filosofia, racionalidade e intuição.

Sejam mais parceiros e menos competitivos em suas opiniões.

Caçadores, aqui está uma sugestão parecida para vocês. Em geral, mulheres têm excelente intuição para outras pessoas, os problemas e as respostas delas frente a várias situações. Elas conversam com frequência sobre saúde, artes, desenvolvimento pessoal e, às vezes, temas espirituais. Quando falam sobre o próprio trabalho, mulheres são mais aptas a explorar como indivíduos funcionam juntos e o que constitui um ambiente de trabalho tranquilo e solidário, não quem está por cima e quem está por baixo. Aprenda a sondar sentimentos com atenção.

Homens: peguem um exemplar de uma revista sobre psicologia que tenha leitoras inteligentes. É um modo excelente de se atualizarem sobre os assuntos que interessam às mulheres.

Essas são generalizações, claro. Sempre existe o homem que gosta de debater os aspectos mais profundos dos relacionamentos humanos e a mulher que gosta de um bom debate político. Você vai encontrar essas aves raras, mas será difícil pegá-las. O homem sensível estará na companhia de belas mulheres, e a mulher inteligente já estará saindo com alguns pesos-pesados.

32 "Como você *se sente* em relação a isso?"

Desde que eram menininhas, as mulheres demonstraram uma intuição assustadora para captar tons de voz e expressões faciais sutis. O sexo frágil é estranhamente especialista em saber como alguém está se sentindo. Um homem, ao contrário, não consegue interpretar uma expressão triste até que sua gravata fique encharcada das lágrimas da parceira.

Talvez seja por isso que mulheres falam sobre sentimentos e homens (por serem nem um pouco bons nisso) raramente trazem o assunto à tona. Mulheres, quando conversam com amigos, sempre perguntam como eles se sentem em respeito a determinada situação. (Da última vez que alguns homens usaram a palavra *sentir*, foi quando disseram aos velhos colegas do ensino médio que eles precisavam saber como uma mulher se sente.

Caçador, você vai realmente se destacar como um homem raro se, enquanto uma mulher estiver falando, você a interromper com a questão básica "Como você se *sente* em relação a isso?". Você pode fazer a pergunta sobre praticamente qualquer coisa. Digamos que ela esteja falando sobre sua casa ou algo que a irmã fez, o pai disse ou um amigo perguntou. Talvez ela esteja lhe contando sobre o trabalho, o que o chefe disse ou o que um colega fez. Não importa o que esteja abordando, ela tem sentimentos em relação ao tema e, ao contrário de você, ela está mais em contato com eles. Ela consegue articular melhor esses sentimentos.

Aqui está uma técnica infalível para fazer uma mulher perceber você como um homem verdadeiramente sensível.

TÉCNICA # 59 (PARA CAÇADORES):
"Como você *se sente* em relação a isso?"
Caçadores, *seja o que for* que ela esteja dizendo, perguntem simplesmente: "Como você *se sente* em relação a isso?". Vá em frente, obrigue-se.

Depois que conseguir levantar o queixo e torná-lo funcional de novo, ela vai responder entusiasticamente.

Caçadoras, vocês podem perguntar a um homem como ele se sente sobre determinada situação? Sim, porém, muito cedo no relacionamento, ele provavelmente vai considerar isso uma pergunta feminina irrelevante. Ele poderá lhe oferecer uma resposta de uma ou duas palavras que você, claro, vai interpretar como abrupta. Daí em diante, as coisas podem ir ladeira abaixo. Os homens simplesmente não costumam pensar primeiro sobre os próprios sentimentos, assim como vocês não ficam igualmente à vontade pensando em termos competitivos.

Suponha que, conversando com um homem, você lhe conte que, em vez de uma de suas colegas, foi você quem recebeu uma promoção. O homem de repente pergunta. "Mandou bem. Como você desbancou a outra?". A pergunta a pegaria de surpresa. Seu diálogo interno provavelmente diria "Bem, eu não a *desbanquei*. Simplesmente recebi a promoção porque mereci". Você responderia a ele com educação, claro, mas a natureza masculina competitiva da pergunta não o tornaria agradável a seus olhos.

Mulheres tendem a ser menos competitivas. Gostam de vencer, mas nenhuma sensação especial de vitória vem da derrota do perdedor. A pergunta dele, "Como você desbancou a outra?", não é uma questão com a qual as mulheres se conectem prontamente. Da mesma forma, "Como você se *sente* sobre" determinada situação não é uma questão com a qual um homem pode prontamente se identificar. A menos que você esteja conversando com um dos raros homens que gostam de explorar os próprios sentimentos, jogue pelo seguro. Guarde suas perguntas sobre sentimentos para adiante na relação – bem adiante.

TÉCNICA # 60 (PARA CAÇADORAS):
Não aborde "sentimentos" cedo demais no relacionamento

Caçadoras, até que a relação esteja em águas seguras ou vocês detectem que sua Presa é do tipo sensível, não mergulhem de cabeça perguntando a um homem como ele se sente em relação a certa situação. Vocês podem virar o barco antes que ele zarpe.

33 "Com licença, você poderia me dizer onde fica..."

Nenhuma exploração das admiráveis diferenças entre *Homo sapiens h* e *Homo sapiens m* estaria completa sem abordarmos a hesitação do primeiro (o homem) em perguntar como chegar a certo lugar. Tenho certeza de que uma das razões pelas quais a Nasa decidiu ter astronautas mulheres foi para que houvesse alguém que pedisse informação quando eles chegassem aos planetas.

Mesmo quando um homem dirigindo está absolutamente perdido, ele parece constitucionalmente incapaz de botar a cabeça para fora da janela e perguntar: "Com licença, você poderia me dizer onde fica...?". Que Deus ajude a mulher que, por cima da cabeça humilhada dele, gritar para um desconhecido: "Olha só, a gente se perdeu. Acho que ele não viu a saída". Um homem traduz essa afirmação como: "O burraldino egocêntrico aqui nos meteu numa enrascada e agora esse abestalhado incompetente e impotente não consegue nos tirar". Caçadoras, se vocês estão procurando o caminho para o coração dele, deixem que ele encontre o caminho para onde quer que vocês dois estejam indo.

Caçadores, o oposto se aplica a vocês. Quando usarem a técnica a seguir, sua Presa saberá que está em companhia de um homem realmente raro.

TÉCNICA # 61 (PARA CAÇADORAS):
Fiquem perdidas!

Caçadoras, se sua Presa se perder, mordam a língua até sair sangue, se for preciso, mas não sugiram que ele pergunte como chegar.

Nunca chamem para si a iniciativa de pedir informação a um estranho, enquanto ele fica sentado a seu lado se sentindo estúpido.

Nunca.

TÉCNICA # 62 (PARA CAÇADORES):
Simplesmente perguntem!

Caçadores, se vocês se perderem, façam à mulher um favor. Prendam o ego no porta-luvas, junto com os mapas. Simplesmente baixem o vidro e perguntem.

Isso não vai matar vocês.

34 "Por favor, poupe-me dos detalhes"

Na infância, nós mulheres éramos capazes de tecer grandes teias de fantasias de contos de fadas sobre a vida de nossas bonecas, enquanto os meninos não conseguiam improvisar uma desculpa quando flagrados com as mãos enfiadas no pote de doces. Hoje, o fluxo de consciência de menininhas de todas as idades, dos nove aos noventa, ainda continua forte.

Isso se tornou claro para mim mais uma vez no último outono. Eu estava andando de bicicleta por uma trilha tortuosa em Cape Cod, Massachusetts, com meu amigo Phil. Paramos para calcular onde estávamos, no mapa. Bem nessa hora, um casal extremamente atraente, pedalando no sentido contrário, se aproximou de nós. Estavam ambos bronzeados, em forma, esbanjando saúde. Acenei para eles e perguntei como chegar a Oceanview Drive. A mulher começou:

— Ah, esta trilha é linda. Fiquem nela por uns quatrocentos metros, talvez quinhentos. Pelo caminho vocês vão ver muitas árvores bonitas, algumas pendendo sobre a trilha. As cores estão justamente começando a mudar. A trilha faz umas curvas aqui e ali, mas é tranquila até o fim. Dali a pouco, à esquerda, vocês vão ver uma casa grande, branca...

O namorado dela de repente a interrompeu:

— É isso, sigam pela trilha e virem à esquerda no fim – ele disse. – Vocês chegarão a Oceanview.

Quando Phil e eu montamos nas bicicletas de novo, pude ouvir o casal discutindo ao longe. Ela estava muito provavelmente dizendo a ele como tinha sido rude de sua parte tê-la interrompido, e ele provavelmente a estava acusando de ser desnecessária e faladora demais.

Enquanto avançávamos pela bela trilha, comecei a me perguntar o que poderia ter acontecido se eu estivesse pedalando sozinha naquele dia e encontrasse um homem atraente, também sozinho. Como a comunicação entre nós poderia ter sido diferente, se ele não estivesse com a namorada? Eu teria pedido instruções ao desconhecido atraente exatamente como fiz. Mas então, eu me dei conta, se ele tivesse me dado uma resposta curta, só o que eu poderia ter feito seria agradecer e me afastar.

Como eu teria gostado mais se o desconhecido atraente me contasse sobre a trilha bonita à minha frente, como ela faz curvas, e depois me desse detalhes sobre a mudança de cores das folhas, tal como fez a namorada. Isso teria aberto a porta para mais conversas com o bonitão.

Quando saí de meu devaneio, pedi a opinião de Phil. Se ele estivesse pedalando sozinho e encontrasse uma mulher bonita pedalando sem o namorado. Se ele tivesse pedido informação a ela, o que teria gostado de ouvir em resposta?

— Eu não teria pedido informação.

— Ok, ok, isso eu sei – eu disse. – Mas suponha que você *precisasse* encontrar o caminho e fosse reduzido a essa humilhação?

— Bem — ele disse —, ela teria me aborrecido com todo aquele blá-bláblá. No mundo ideal, ela teria simplesmente me dito para seguir a trilha.

— Como o namorado dela fez? — perguntei.

— Sim.

Eu fui implacável. Insisti.

— Bem, suponha que ela quisesse se juntar a você e manter a conversa rolando. O que ela deveria ter feito?

— Caramba, Leil, eu não sei! — Mas Phil sabia, pela minha expressão, que eu estava determinada a descobrir. — Bem, talvez, se ela tivesse incluído algum pequeno elogio velado, a maré poderia mudar. Isso teria transformado o encontro de impessoal para, você sabe muito bem, pessoal.

— O que você quer dizer com "elogio velado"?

— Ora... — Phil ponderou — ela poderia dizer algo como "É um caminho longo, mas você parece estar à altura dele".

— Ah, vá!

— Não, é sério — Phil disse.

TÉCNICA # 63 (PARA CAÇADORAS):
Atenha-se aos fatos, minha senhora

Caçadoras, ao perseguir e conversar com uma Presa masculina, mantenham suas explicações curtas. Abreviem os detalhes.

Se quiserem estender o diálogo e trocar para um modo mais pessoal, tentem um pequeno elogio velado.

Caçadores, não tentem isso. Sair da objetividade e mudar de repente para um modo mais pessoal pode parecer às mulheres atirado demais. Em vez disso, encompridem a conversa fornecendo mais detalhes.

Então, depois de estarem conversando por cinco ou dez minutos, é perfeitamente lógico sugerir uma atividade conjunta, como tomar um café.

TÉCNICA # 64 (PARA CAÇADORES):
Pinte um belo quadro

Caçadores, em vez de se preocuparem em marcar vários pontos com uma frase impactante, ao conhecer uma mulher, simplesmente acrescentem detalhes a seja lá o que for que ela esteja dizendo. Elaborem e compartilhem pormenores interessantes. Se ela gostar de seu *look*, vai adorar ouvir sobre a aparência, o som ou o jeito em geral de alguma coisa. Pinte um belo quadro para que ela desfrute.

35 "Conte-me (não me conte) a respeito"

Há mais algumas cordas para fixar na memória, na ponte instável que se estende sobre o perigoso hiato da comunicação. Uma delas é descobrir como manter o nó do amor bem apertado quando seu parceiro está aborrecido.

Caçadores, para vocês é mais fácil, pois precisam aprender uma única frase. Homens, quando ela parecer obcecada, brava, preocupada ou irritada, usem a frase mágica. Estão prontos? Aqui está: "Você quer *falar* a respeito?".

Homens, quando provações e tribulações soterram um amigo, vocês estão acostumados a se fechar em copas ou a dar um soco no ombro dele e dizer: "Ah, vai dar tudo certo. Não esquenta com isso". No entanto, se derem a sua Presa feminina esse nível de consolo, uma bandeira vai se levantar no cérebro dela, alertando: "Homem insensível. Este bruto não quer que eu o aborreça com meus problemas".

Faça-a saber que você está com ela. Mesmo que ela diga "Não, não quero falar disso", insista. Diga: "Ora, vamos, eu sei que você vai se sentir melhor se falar a respeito. Eu gostaria de verdade que você dividisse seus sentimentos comigo". É aí que o dique vai se romper. Esteja preparado para ficar encharcado do que seja lá o que for que a esteja aborrecendo, mas nada tema. Só o que você precisa fazer é manter a boca fechada e escutar.

Escute como uma mulher escuta, não como um homem. Para muitos homens, escutar significa remover os tampões das orelhas apenas pelo suficiente para reunir informações suficientes e então oferecer uma solução. Mulheres se escutam umas às outras sabendo que elas precisam tirar de dentro de seus sistemas qualquer coisa que as esteja incomodando. Deixe sua Presa falar. Quando a torrente de desabafo dela começar a se reduzir a um fiozinho, você pode sondar e talvez oferecer sugestões delicadas, para mostrar que está preocupado com o problema dela. Mas não sinta que precisa resolver o problema dela. Não sinta que isso é responsabilidade sua. Não sinta como se ela estivesse culpando você. Simplesmente escute.

TÉCNICA # 65 (PARA CAÇADORES):
Conte-me a respeito

Caçadores, quando sua Presa estiver aborrecida, implore que ela lhe conte tudo a respeito. Depois, escute – do jeito como uma mulher escuta. Isso torna você um homem mais amoroso aos olhos de sua Presa.

Caçadoras, quando seu parceiro estiver irritado, perturbado ou aborrecido, vocês têm ainda menos frases a aprender do que um homem. Na verdade, não digam frase nenhuma. Simplesmente fechem a boca. Respeitem o silêncio dele como os amigos dele respeitariam. Os homens não estão acostumados a compartilhar o que sentem, então, se vocês insistirem em conversar a respeito, estarão pedindo a ele que gire o quadril em um flamenco exótico, que ele nunca aprendeu a dançar.

Aliás, Caçadoras, aqui está um benefício extra por respeitar o silêncio dele: vocês não ficam associadas ao estresse. Quando a tempestade tiver passado, vocês serão um refúgio para a tempestade interna que ele vivenciou, não parte dela.

Você pode fazê-lo saber que o apoia, que se solidariza e está certamente disponível para ele... em uma frase ou menos. Diga: "Mas é claro que você está bravo e, *se quiser conversar a respeito*, estou aqui". Ponto. Depois, vá cuidar da própria vida. Não se ofenda se ele preferir não dividir com você. Pelos critérios dele, ele está demonstrando respeito por você ao não sobrecarregar você com os problemas dele.

TÉCNICA # 66 (PARA CAÇADORAS):
Quando ele estiver bravo, fique calada

Caçadoras, se seu parceiro estiver irritado com alguma coisa que nada tem a ver com você, não o arranque da toca à força. Não o faça sentir-se culpado por não lhe contar.

Deixe claro que você está lá se ele quiser compartilhar, mas dê a ele liberdade para ficar entocado até estar pronto para sair por conta própria.

36 "Qual o melhor caminho para ir do Ponto A ao Ponto B?"

"Uma linha reta", ele afirma; "Uma curva suave?", ela pergunta

Outro hábito gentil do sexo gentil que, infelizmente, deixa os homens enfurecidos é que ela insinua que quer alguma coisa ou transforma a insinuação em uma hesitante pergunta gentil.

Em certo domingo do outono passado, fui passear com um casal que havia começado a sair junto pouco tempo antes. Susan e Jake estavam nos bancos da frente do carro, e eu no de trás, e seguíamos para o norte do Estado, para ver a mudança de cor das folhas.

Quando fazia mais ou menos uma hora que estávamos na estrada, Sue se virou para Jake, que estava dirigindo, e perguntou:

– Você gostaria de parar para tomar um café?

– Não – Jake respondeu.

Um tanto ofendida, Susan se virou e olhou para mim. Demos de ombros uma para a outra.

Dali a pouco, ela tentou de novo.

— Nossa, Jake, você acha que pode ter uma área de descanso logo mais?

— Não tenho certeza — ele respondeu.

Oito quilômetros depois, Jake passou em alta velocidade por um lugar com uma placa enorme de "Café fresco quente". Susan se virou para mim com os olhos arregalados e aquela expressão de "Você acredita numa grosseria dessas?". Recostou e cruzou os braços. Percebi que ela estava aborrecida.

Pobre Susan. Finalmente, resolvi que deveria me manifestar.

— É, Jake... Acho que Susan queria parar para tomar café.

— Ué, mas por que ela não disse? — Jake perguntou genuinamente confuso.

— Mas eu disse! — Susan resmungou.

— Nossa, Sue, eu não ouvi. — Percebi que Jake estava começando a achar que a nova namorada tinha um humor um tanto instável. — Vamos parar na próxima lanchonete.

Jake estava sendo insensível? Não, em absoluto. Ele estava apenas interpretando as perguntas de Susan literalmente. Ele queria café? Não. Achava que haveria um restaurante dali a pouco? Ele não tinha certeza.

Susan estava reagindo com exagero? Não, em absoluto. Se Jake estivesse ignorando os desejos dela, como ela achou que estava, ela teria todo o direito de ficar brava. Mas ele não estava. Ele estava só pensando como homem.

Susans e Jakes por todos os Estados Unidos estão mergulhando de cabeça nos hiatos conversacionais em seus primeiros encontros. Muitos voltam à superfície afagando os ferimentos e prometendo nunca mais sair com o outro.

Quando turistas inteligentes vão a Paris, aprendem um pouco de francês, para evitarem ser repelidos pelos parisienses. Quando Caçadores e Caçadoras inteligentes vão a um encontro, aprendem algumas frases do sexo oposto, para evitarem ser inadvertidamente repelidos por suas Presas.

TÉCNICA # 67 (PARA CAÇADORAS):
Não insinue – fale abertamente

Caçadoras, percebam que sua Presa vai interpretar suas perguntas literalmente. Quando vocês quiserem algo, digam "Eu quero" ou "Eu gostaria de". Quando quiserem dizer *eu*, evitem frases como "*Você* gostaria de…" ou "*Você* acha que deveríamos…?".

Homens: para vocês, vale o oposto. Por exemplo, em uma longa viagem de carro com sua Presa, vocês estão morrendo de fome. Em vez de simplesmente dizerem: "Estou faminto" e fazerem uma curva fechada na primeira lanchonete que aparecer, perguntem se ela gostaria de comer alguma coisa. Ela provavelmente vai responder: "Você gostaria?". Depois de responder "sim", perguntem que tipo de comida ela acha que seria boa. Permitam que ela responda. *Daí* vocês podem fazer uma curva fechada e parar no primeiro lugar que aparecer.

TÉCNICA # 68 (PARA CAÇADORES):
Ponham umas curvas suaves na conversa

Caçadores, em vez de dizerem a ela o que vocês dois vão fazer, peçam a opinião dela primeiro. Além disso, quando sua Presa lhes fizer uma pergunta, não a interpretem literalmente. Leiam nas entrelinhas para saber o que ela está indicando. Quando ela perguntar: "Você gostaria de…?", provavelmente significa que *ela* gostaria de.

37 Pode me dar uma mãozinha com isto?

O que é bom para um pode ser horrível para outro. Muitos anos atrás, aprendi isso do jeito difícil. Um amigo meu, George, estava lá em casa me ajudando com a reforma. Naquele sábado à tarde, ele estava na cozinha instalando alguns novos frisos. Enquanto isso, eu, na sala de estar, lutava para religar uma antiga luminária.

Espiei na direção da cozinha e o vi sentado no chão, abatido, de pernas cruzadas. O pobre George estava obviamente confuso, ao tentar montar dois frisos de canto. Ele parecia um menino frustrado, que tivesse acabado de descobrir que suas pecinhas de Lego não se encaixavam. Entrei alegremente na cozinha e falei:

— Ei, George, tenho uma caixa de esquadria no porão. Vai ser muito mais fácil se você usar. Vou lá buscar.

Fiquei surpresa que George não tivesse sido muito receptivo a minha sugestão. Ele recusou dizendo não, ele daria conta à própria maneira, mas muito obrigado, mesmo assim. Voltei para a luminária.

Àquela altura, comecei a ter dificuldade para descascar os fios. Estava meio irritada que Geroge não se oferecesse para me ajudar.

Em seguida, notei que ele estava instalando o friso antes de pintar. Mais uma vez, oferecendo meu melhor sorriso, entrei na cozinha e disse:

— Sabe, tenho um pouco de tinta no porão. Talvez seja boa ideia pintar o friso primeiro. Daí você não vai precisar se preocupar em não manchar o piso da cozinha.

Ora, George é um camarada de bom temperamento, mas ele perdeu a paciência.

— Leil — ele disse, de um jeito cortante —, você não confia em mim para fazer o serviço a meu modo?

— Bem, claro que sim — gaguejei. — Só estava tentando ajudar.

— Então — ele disse, a voz subindo alguns decibéis —, você será de enorme ajuda se simplesmente ficar fora da cozinha e continuar fazendo seja lá o que for que estiver fazendo.

— Seja lá o que for que eu estiver fazendo! — gritei de volta. — Estou ali lutando com aquela maldita luminária. Você entende tudo de fiação elétrica. Eu não. E você fica aí sentado sem nem perceber que estou tendo dificuldade, deixando que eu me vire sozinha com aqueles fios. Muito obrigada! — E saí da cozinha pisando duro.

Tenso.

Bem, naquela noite, a situação tinha se acalmado o suficiente para conversarmos sobre o pequeno entrevero. Trouxe o assunto à tona contando a George que a luminária estava consertada. (Não graças a ele, resisti a acrescentar.) Mas eu tinha tido muita dificuldade. Depois, eu me arrisquei a perguntar por que ele não havia me ajudado, sendo tão óbvio que eu estava em apuros. George disse:

— Claro que não me ofereci para te ajudar, Leil, eu *confio* em você. Quis mostrar que confiava em que você conseguiria sozinha.

Como um recado sagrado que chegasse das alturas, eu captei! Claro, George queria saber se eu confiava nele para fazer a instalação do friso. É difícil acreditar que Presas masculinas evoluídas e inteligentes podem ser primitivas a ponto de empenhar o ego na realização de tarefas tão pequenas de habilidades motoras, mas é o que fazem. Da mesma forma, eu querer que George me ajudasse era meu desejo feminino de que ele mostrasse que se importava com o que eu estava fazendo.

Isso está agora gravado no meu cérebro. Homens querem ser *confiáveis*. Mulheres querem se sentir *cuidadas*.

Caçadoras, até serem notificadas do contrário de forma explícita, considerem que sua Presa é um homem típico, que quer que vocês confiem nele para fazer tudo direitinho. O próximo conselho pode soar como um aviso lunático e antifeminista, mas, lamento informar, funciona: nunca deem um conselho a um homem que as esteja ajudando. *Nunca*. Mesmo que ele esteja tentando consertar sua torneira pingando com fita adesiva, e vocês conhecerem sete maneiras melhores de fazer isso, segurem a língua.

TÉCNICA # 69 (PARA CAÇADORAS):
Feche o bico e deixe que ele estrague tudo sozinho

Caçadoras, quando sua Presa estiver fazendo algo por vocês, mesmo que esteja metendo os pés pelas mãos em um nível inacreditável, fechem o bico. A menos que seja uma questão de vida ou morte, forcem um sorriso de apreço.

Corram até onde ele não possa ouvi-las, caso precisem gritar: "Buuuuuuurro, faz assim!"

Caçadoras, vocês têm minha promessa solene de que desse jeito serão mais felizes e manterão sua relação intacta. (Sempre se pode chamar um encanador, em segredo, no dia seguinte.) Sua Presa nunca vai lhes dizer que o afeto secou porque vocês duvidaram da experiência dele com encanamentos. Muitos relacionamentos foram pelo ralo por bem menos.

Caçadores, vocês também podem extrair uma moral da tristemente verdadeira história acima. A mensagem da história para vocês, no entanto, é o oposto da que é para as Caçadoras.

TÉCNICA # 70 (PARA CAÇADORES):
Abra o bico e estenda a mão para ajudar

Caçadores, quando virem uma mulher com dificuldade para fazer algo, vão até lá e perguntem se ela gostaria de sua ajuda. Ao contrário de seus amigos homens, ela não vai achar que vocês não confiam nela para fazer a tarefa sozinha: vai interpretar sua ajuda como considerativa com ela e os problemas dela.

A propósito, Caçadoras, é melhor que se sentem, se esperam que sua Presa lhes ofereça ajuda. Se ele for um homem típico, como George, poderá hesitar em oferecer ajuda porque acredita que vocês ficariam ofendidas por tal oferta. Cabe a vocês solicitar o auxílio dele.

Palavrinhas para conquistar o coração de sua Presa

Caçadoras, quando pedirem a sua Presa para lhes dar uma mãozinha, cuidado com as palavras. As sutilezas que se infiltram no fumegante hiato de comunicação são infindáveis. Por exemplo, Caçadoras, suponham que vocês estejam na praia com sua Presa. Vocês tiram os óculos de sol da sacola de praia e, ups, o pequeno parafuso que une a haste ao aro cai. Você olha para seu namorado de raciocínio mecânico e diz, docemente, "Você consegue consertar isso pra mim?".

TÉCNICA # 71 (PARA CAÇADORAS):
Use *pode*, não *consegue*

Caçadoras, essa é uma questão realmente sutil, mas usem *pode* em lugar de *consegue*, ao pedir que sua Presa lhes faça um favor. Quando ele ouve *consegue*, o animal competitivo escuta um desafio à experiência dele, não um pedido por seus valiosos serviços.

Se ele pegar os óculos de suas mãos e disser rudemente: "É claro que consigo", vocês podem achar que ele está sendo um tanto bruto. Mas ele não ouviu o pedido conforme era sua intenção. O cérebro masculino escuta *consegue* literalmente como: "Você é *capaz* de consertar isso para mim?". Trata-se de um desafio velado. É perguntar a ele se ele é capaz de ajudar vocês.

Digam: "Você pode me dar uma mão com isso?". É uma diferença sutil, mas *pode* pressupõe que obviamente ele é capaz, e ainda lhe oferece a oportunidade de ser galante.

Caçadores, aqui vão duas palavrinhas para conquistar o coração dela e convencer sua Presa de que vocês são um homem verdadeiramente raro. Peçam que ela que se sente, antes de dizer, pois a mulher está tão desacostumada a ouvir essas duas palavras vindas de um homem que pode muito bem cair. (E provavelmente vai... bem em seus braços.)

Se alguma coisa correr mal em seu relacionamento, ou se vocês fizerem alguma besteira, digam simplesmente – e aqui vai –: *Sinto muito*.

Mulheres dizem essas palavras com frequência; na verdade, até demais. Homens nunca as dizem.

TÉCNICA # 72 (PARA CAÇADORES):
Sinto muito

Caçadores, quando cometerem um erro, simplesmente tenham a coragem de dizer "Sinto muito". Quando virem como sua Presa os acolherá, vocês não vão lamentar ter dito isso.

39 Há águas traiçoeiras adiante, na disparidade de gênero?

Caçadores, Caçadoras, nós olhamos apenas para a ponta do iceberg das diferenças de gênero. Após décadas de negação, os cientistas estão finalmente apontando seus instrumentos para essa maravilha ancestral. Quanto mais fundo eles sondam, mais descobrem que a geleira se estende por muitos metros abaixo de nossa consciência.

Como o capitão descuidado que bate o navio contra o iceberg, não afunde seu relacionamento em uma dessas diferenças de gênero cortantes. Uma nova relação é um barco frágil, com a cola ainda fresca entre as tábuas, que podem se soltar ao menor impacto. Toda vez que um novo parceiro atingir uma calota polar de sua personalidade, ele ou ela receia as diferenças glaciais que existem abaixo. Conduza seu novo parceiro com habilidade para evitar os perigos que abordamos. Ao menos espere até que a cola da relação seque e que vocês entrem em mares mais tranquilos.

PARTE SEIS

Receita para sexo

Como ligar a eletricidade sexual

40 As zonas erógenas mais quentes de sua Presa

Anos atrás, sempre que punha suas mãozinhas pré-adolescentes nervosas em um romance sensual, você virava as páginas furtivamente, para encontrar as partes eróticas? Se sim, você está em boa companhia. Você, eu e cem milhões de outros pré-púberes curiosos leram as mesmas passagens.

Bem, diga às crianças que estiverem rondando sua estante de livros:
– Aqui está. Aqui está a parte erótica de *Como fazer qualquer pessoa se apaixonar por você*.

Esta é a parte onde elas vão ler sobre acariciar, massagear e penetrar a zona erógena mais quente de um homem e de uma mulher. Elas vão aprender sobre todas as pregas e dobras do órgão mais erótico do corpo humano. Vão descobrir como os adultos *realmente* excitam uns aos outros.

No entanto, é melhor você alertar a criançada atrevida de que estão fadadas à decepção, porque faremos relativamente poucas menções aos genitais nesta parte. Para fazer alguém se apaixonar por você, muito mais importante do que saber como acariciar o pênis dele ou fazer círculos com o dedo médio ao redor do clitóris dela é alisar e massagear sua Presa na zona mais erógena de todas: o cérebro. Quando você tiver dominado a arte de manejar esse órgão, terá uma chave mágica para fazer com que ele ou ela se apaixone por você.

Deixe-me dizer logo de partida que os métodos poderosos que sugiro aqui não vão conduzir você a uma longa vida de satisfação sexual própria com o parceiro. As técnicas aqui apresentadas são para proporcionar *a seu parceiro* a euforia sexual extrema, e assim fazer com que ele ou ela se apaixone por você. Essa, afinal, é a promessa deste livro.

41 Não há duas sexualidades iguais, assim como não há dois flocos de neve iguais

Nós temos gostos variados para comida, cinema, livros, passatempos e locais onde passar as férias. De fato, exaltamos nossas escolhas singulares na culinária e nas preferências culturais. Apesar disso, quase todo mundo hesita em dizer ao parceiro do que, precisamente, gosta na cama.

Todo mês, as revistas imprimem amplas generalizações sobre o que "todo" homem quer ou ao que "toda" mulher reage. Mas nem toda mulher anseia que o homem entrelace uma rosa nos pelos pubianos. Nem todo homem acha irresistível encontrar a mulher nua e envolta em filme PVC, escondida atrás da porta do quarto. Nossa sexualidade é tão individual quanto nossa impressão digital.

Conselhos genéricos sobre como ser bom ou boa amante podem funcionar para o arquétipo masculino ou feminino dos provérbios. Mas sua Presa não é um homem ou uma mulher genérico. Você está na cama com um indivíduo único e, para fazer essa pessoa se apaixonar sexualmente por você, você precisa arrancar os lençóis e desnudar os desejos especiais dele ou dela.

O Caçador que perceber o que realmente quer a moça acanhada, encolhida dentro de sua Presa bonita e sofisticada, vai vencer qualquer competidor. A Caçadora que, a exemplo de Mata Hari,[65] extrair os mais profundos segredos sexuais do namorado lindo e civilizado terá encontrado a chave para o coração dele.

Isso soa como se estivéssemos enveredando pelos becos escuros do sexo? Não, absolutamente. Estamos falando aqui do que é corriqueiro. Estamos falando, se não do que acontece atrás das portas trancadas dos quartos de nossos vizinhos, ao menos do que eles *gostariam* que estivesse acontecendo. Isso nos deixa tantas possibilidades quantas são as pessoas do mundo, homens e mulheres.

Alguns preferem vigor, alguns preferem suavidade. Alguns preferem ruidoso, alguns preferem refinado. Alguns preferem crueza, alguns preferem consideração. A variedade de desejos que se encaixam dentro da mais consumada normalidade é espantosa. Imagens de astros e estrelas de cinema, os melhores amigos de nosso amante, casais, trisais (ou mais), dominatrix entram normalmente nas fantasias normais de gente normal.

Tomei conhecimento disso bastante por acaso, nos anos 1970, quando fundei The Project. The Project era uma organização sem fins

---

[65] Pseudônimo de Margaretha Gertruida Zelle (1876 – 1917), dançarina holandesa acusada de espionagem. (N.T.)

lucrativos com sede em Nova York, criada com o objetivo de coletar dados sobre os desejos sexuais das pessoas. Durante dez anos, meus colegas e eu examinamos dados de homens e mulheres de todas as origens sociais. Devido ao método único de reunir e disseminar informação (não por meio de questionários, mas convidando os participantes a nos mandar cartas detalhadas e depois apresentando as descobertas por meio de psicodrama), muitas pessoas que normalmente não responderiam a pesquisas participaram de The Project.

Realizamos apresentações para organizações como a American Society of Sex Educators, Counsellors and Therapists [Associação americana de educadores, conselheiros e terapeutas sexuais] e a Society for the Scientific Study of Sex [Sociedade para o estudo científico do sexo]. Grandes veículos de imprensa como as revistas *Time*, *Psychology Today*, o jornal *London Times* e as principais emissoras de televisão elogiaram nosso trabalho. Como essa publicidade inesperada enfatizava os altos princípios e a confidencialidade de The Project, mais e mais pessoas se sentiram à vontade para nos revelar seus desejos mais profundos. Milhares de cartas chegaram a The Project, cada uma detalhando atitudes sexuais e características das partes físicas que os remetentes gostariam de encontrar em um parceiro ideal.

Como os desejos sexuais de homens e mulheres diferem?

Como os desejos sexuais de homens e mulheres se tornaram diferentes? Em ampla medida, quando se chegou às fantasias sexuais de ambos e, ainda mais amplamente, quando se chegou ao papel que eles queriam que os parceiros desempenhassem em suas fantasias.

Essencialmente, as fantasias masculinas eram mais extremas e diversificadas do que as das mulheres. Os desejos deles eram mais relacionados a atos e atitudes específicos. As fantasias deles eram menos vinculadas à personalidade e às emoções da parceira. Com frequência, as fantasias masculinas envolviam controle, um parceiro sobre o outro. Um de nossos achados mais intrigantes foi que os homens conseguem, mais do que as mulheres, suspender a realidade durante o ato sexual e ter orgasmo com a encenação. (Caçadoras, essa peculiaridade entrará em cena quando compartilharmos técnicas específicas para fazer um homem se apaixonar por vocês.)

As fantasias sexuais femininas, ao contrário das masculinas, eram mais elaboradas. Com frequência as mulheres estavam ligadas a um parceiro (não necessariamente aquele com quem estavam na cama) e enfatizavam o relacionamento entre as pessoas na fantasia. Os sonhos eróticos da mulher envolviam os sentimentos do parceiro e as respostas físicas e emocionais dela ao que estava acontecendo. Ao contrário das fantasias masculinas, o clima e o ambiente do encontro desempenhavam um papel maior nas femininas. Ao contrário dos homens, as mulheres tinham menos desejo de compartilhar suas fantasias com o parceiro. (Caçadores, prestem atenção: amor e emoções excitantes entram nas fantasias femininas muito mais frequentemente do que nas masculinas.)

Por que as fantasias de homens e mulheres são tão diferentes?

Por que as mulheres associam amor e sexo muito mais do que os homens? Antropólogos explicam isso em termos genéticos. A fêmea precisa manter a família unida, de modo que as crias possam se desenvolver bem alimentadas e protegidas.

Sexólogos explicam isso em termos empíricos. Assim como a personalidade, nossa persona e nossos desejos sexuais se formam na infância, especialmente no período de formação, entre os cinco e os oito anos. Durante esse intervalo, as meninas experienciam mais afeto do que os meninos. Mães, pais, tias, tios, até os amigos dos pais, todos abraçam e beijam menininhas. Elas se sentam no colo do papai e o abraçam muito mais do que os menininhos. É natural que uma garota tenha suas primeiras sensações eróticas enquanto é abraçada.

Meninos pequenos não são tão abraçados nem beijados. Eles experienciam o afeto de outra maneira, talvez com um tapinha nas costas, ou um jovial soco no ombro, acompanhado de "E aí, rapaz?". Isso expressa amor para meninos pequenos. Meninos pequenos até aprendem a repelir o afeto e beijos em público.

Recentemente, eu estava caminhando em frente a uma escola primária pública por volta das oito horas da manhã. Uma mãe se aproximou com duas crianças de sete ou oito anos. Segurava a mão da filha, enquanto o filho andava adiante delas. Chegando ao portão, a mãe se curvou, deu um beijo e um grande abraço na filha. A menina jogou os braços ao redor do pescoço dela, disse: "Tchau, mamãe, a gente se vê mais tarde" e entrou pulando na escola.

A mãe então se curvou sobre o filho para fazer o mesmo. O menino se enrijeceu e pôs a mão para proteger o rosto:

— Mãe, *pelamor*, não me beija na frente de todo mundo.

A mãe riu e disse:

— Tá bem, garotão. Em guarda.

Eles encenaram uma luta de boxe de brincadeira por alguns segundos, antes que o menino fosse saltitando atrás da irmã, para dentro da escola.

Meninas pequenas, quando brincam juntas, tocam-se muito. Trançam os cabelos umas das outras ou põem os braços ao redor da amiga quando estão com medo. Meninos amigos são mais propensos a lutar ou "atirar" uns nos outros em brincadeiras de cowboys e índios ou polícia e ladrão. É de admirar, portanto, que as meninas cresçam associando amor a beijos e abraços, e que meninos cresçam associando amor a brincadeiras um tanto brutas e jogos de poder?

Mais algumas diferenças

A diferença mais impressionante entre homens e mulheres, no entanto, conforme exemplificado pelas cartas que The Project recebeu, não está nas fantasias sexuais em si de cada um, mas no que homens e mulheres querem *fazer* com elas.

É curioso observar que os desejos fantasiosos de homens e mulheres estavam em total contraste com os estereótipos da vida real. Nas questões do dia a dia, uma mulher geralmente gosta de compartilhar informação sensível e um homem prefere guardar seus pensamentos para si mesmo. No entanto, no sexo, muitos homens querem dividir suas fantasias sexuais com a mulher. Alguns têm, inclusive, um forte desejo de encenar essas fantasias com ela.

Como usar as diferenças para fazer sua Presa se apaixonar por você

Caçadoras: homens associam muito fortemente sexo e ego, muito mais do que mulheres. Os pensamentos masculinos concretos ("O que está havendo neste relacionamento? Para onde está indo? Como me sinto em relação a minha parceira? Como ela se sente em relação a mim?") interferem no desejo – que se traduz por *potência*. Portanto, muitos homens aprenderam a suspender a realidade durante o ato sexual. Se o que está de fato acontecendo na cama não basta para que mantenham a ereção, eles deixam que a imaginação faça o trabalho. Homens têm um desempenho melhor quando se esquecem das complexidades do relacionamento com você e entregam a imaginação e os corpos deles 100% ao sexo *cru*. Como um homem tem mais potência com uma mulher que divide as atitudes e as fantasias sexuais dele, ele é mais propenso a se apaixonar por ela.

Caçadoras: aqui está o plano. Primeiro, precisamos explorar o sexo cru. Depois, eu lhes forneço uma técnica para desenterrar as fantasias mais íntimas de sua Presa. Por fim, exploramos modos de manipular essas fantasias, para fazê-lo se apaixonar por vocês.

Agora, Caçadores: em relação à técnica, mulheres os amam mais quando vocês lhes dão sexo com um *tchan* a mais, mas elas hesitam em verbalizar isso por receio de ferir o ego de vocês. Em relação às fantasias, elas ficam mais satisfeitas desfrutando delas na privacidade das próprias mentes. Além disso, quando se trata de escolher um parceiro para a vida, a mulher é mais suscetível a se apaixonar por (e se excitar com) um homem que preencha também as fantasias dela em relação ao relacionamento. Os dois, técnica e relacionamento, juntos, multiplicam a sensualidade fogosa.

Caçadores, aí vai o plano. Nesta parte, vocês encontrarão muitas instruções no departamento do "como fazer" e técnicas para desenterrar as fantasias de relacionamento de sua Presa. Misturem as duas para oferecer a sua mulher a sensualidade fogosa pela qual ela anseia.

Apesar de a sexualidade de cada um ser tão individual quanto uma impressão digital, estas são *diferenças de gênero* básicas quanto a como homens e mulheres olham para o sexo. Antes de apontarmos o telescópio para as necessidades sexuais exclusivas de sua Presa, vamos observar o universo das semelhanças.

O próximo capítulo inclui algumas generalizações, é verdade, mas precisamos de uma fundamentação sólida quanto às diferenças de gênero sexuais básicas, antes de podermos colocar o pé na exploração do terreno único dos desejos particulares de nossa Presa.

42 Entre os lençóis, esqueça a Regra de Ouro

A Regra de Ouro nos diz: "Façam aos outros o que querem que eles façam a vocês". Bom conselho para usar com os colegas de trabalho, das nove às dezessete horas, e com seus amigos, das dezessete às nove horas. Mas, depois de colocar o cachorro para dentro de casa e o gato para fora, desligar as luzes e entrar na cama com o namorado ou a namorada, *esqueça!*

A Regra de Ouro causa grandes problemas no sexo. Com demasiada frequência, um homem faz sexo com uma mulher do jeito como ele gosta (às vezes muito bruto, muito rápido, muito sem romantismo) e uma mulher faz amor com um homem do jeito como ela gosta (às vezes muito devagar, muito romântico, muito emocional). Quando você estiver sob os lençóis com o sexo oposto, jogue fora a Regra de Ouro como se fosse um lenço de papel usado. Para encantar sexualmente e conquistar a Presa, uma mulher deve fazer sexo com um homem do jeito como o *homem* quer. Um homem deve fazer amor com uma mulher do jeito como a *mulher* quer.

Todos já lemos que homens gostam de sexo ardente e *sexy* e mulheres gostam de sexo com mais paixão e amor. Por que, então, no minuto em que as luzes se apagam, nós instintivamente caímos de volta na Regra de Ouro? Por que insistimos em fazer no outro o que mais queremos que seja feito em nós, em vez de darmos à nossa Presa o que ele ou ela quer?

Obviamente, ter lido manuais de sexo e livros populares que esclarecem, enfatizam e sublinham nossas diferenças não ajudou. Os homens continuam esfriando as mulheres com suas abordagens explícitas, sem romantismo. E as mulheres continuam irritando ou entediando os homens com suas delicadas necessidades G.

Aqui está a ajuda.

Homens excitados, mulheres apaixonadas

Caçadores, da última vez que vocês sussurraram o refrão preferido dos homens, "Foi bom pra você também, baby?", ela provavelmente murmurou "Humm, foi ótimo". Mas estava sendo sincera? Ela poderia estar pensando: "Ah, super, por todos os cinco minutos que durou", ou pior, "Que presunçoso". Talvez ela tenha desejado em segredo que você fosse mais barulhento ou mais silencioso, que a pressionasse com mais força ou menos, fosse mais bruto ou mais delicado, falasse mais ou menos. Talvez ela tenha torcido para que você a tocasse no ponto onde é *realmente* bom, não no ponto onde você *pensa* que ela acha bom.

Ela provavelmente não lhes disse. Não a culpem. Ela sabe que vocês põem muito ego no sexo, e não quis feri-los. Além do mais, se ela for como a maioria das mulheres, havia uma fantasia se desenrolando na cabeça dela, para aumentar o próprio prazer, enquanto você continuava alegremente a penetrá-la. Vocês talvez fossem o astro do filme fantasioso secreto dela. Por outro lado, talvez não. Mas, mesmo que ela os pusesse no papel do protagonista, na imaginação ela provavelmente os fazia pensar, dizer e fazer uma coisa diferente da que vocês estavam pensando, dizendo e fazendo.

Por muitas gerações, as mulheres foram reticentes à ideia de fantasias sexuais. Então, de repente, nos anos 1970 e 1980, o assunto esquentou e se tornou caloroso, quando a escritora Nancy Friday publicou diversos livros ferventes de fantasias femininas. No início dos anos 1990, estava bem estabelecido que as mulheres fantasiavam. Sexólogos e vídeos de educação sexual bem aceitos até endossavam a fantasia e falavam sobre os diferentes desejos que homens e mulheres tinham na cama. Eles nos diziam claramente que ambos os sexos gostam de sexo ardente e amoroso, mas os homens geralmente gostam mais de ardente do que amoroso, enquanto as mulheres gostam de sexo ardente *e* amoroso.

Foram escritos livros, que detalhavam como fazer amor com uma mulher e explicavam quanto a Senhorita Vênus era diferente do Senhor Marte, quando eles faziam suas visitas terrestres embaixo dos lençóis. Os homens os leram? Sim. Os homens os acataram? Não – ao menos não se você ouvisse os mesmos testemunhos que eu. As mulheres que aconselhei, e com quem gastei horas entrevistando, faziam a mesma pergunta:

– Por que um homem não consegue fazer amor de um jeito que realmente me satisfaça?

Muitas dessas mulheres estão cansadas de fingir o Grande Orgasmo.

Conforme nos aproximamos do segundo milênio, os homens exploraram a superfície da Lua, mas o terreno do corpo de uma mulher ainda os deixa perplexos. A maioria dos homens não sabe satisfazer sexualmente uma mulher por completo. Apesar disso, eles *querem* ser bons na cama. Eles *querem* dar prazer às parceiras. Satisfazer suas mulheres é uma questão de orgulho para os homens. Caçadores do amor, ser um bom amante é um fator importante para fazer uma mulher se apaixonar por vocês.

O que um homem deve fazer?

43 Caçadores, façam amor com a mulher como a mulher quer

Permitam que eu faça um prefácio a isto afirmando que não tenho ilusões de que mais alguns parágrafos detalhando o que as mulheres querem na cama vão mudar os hábitos masculinos em favor delas. Nem mesmo os diagramas explícitos dos manuais de sexo ensinaram aos homens como massagear gentilmente o ponto quente dela. A evidência esmagadora de que as mulheres anseiam por carícia, romance, paixão, sensibilidade e força na cama não mudou os hábitos frequentemente "coelhescos" do homem americano.

Os relatos foram recebidos. O clamor foi lançado. Os homens precisam de mais ajuda. Medidas mais drásticas são necessárias. Se, após ler atentamente livros como *Como fazer amor com uma mulher* e *Como satisfazer uma mulher todas as vezes* o americano médio continua mantendo a penetração por doze minutos ou menos, ele precisa de mais ajuda. Aqui está.

A aula de 1 hora que vai mudar sua vida

Uma imagem vale mil palavras. Uma imagem em movimento vale mil imagens imóveis. Homens, façam as contas. A experiência de uma hora que estou prestes a sugerir vai valer um milhão de palavras para vocês.

O cérebro humano pode se esquecer rapidamente do que lê, mas uma imagem em movimento, um vídeo, leva muito mais tempo para sair de nosso banco de memória. Se o filme for quente o bastante, as imagens podem ficar gravadas em seu cérebro para sempre. Homens: se querem se tornar amantes melhores, vocês têm uma vantagem exclusiva sobre seus avós, pais e até irmãos mais velhos. Há uma nova linhagem de mulheres lá fora, e elas estão produzindo as próprias imagens em movimento.

Se os livros não os educaram, pornografia feminina vai socar isso em vocês. O pornô feminino mostra ao mundo o que é o quê no erotismo das mulheres. Ao contrário da pornografia masculina, os filmes feitos por mulheres mostrarão a vocês como uma mulher gosta de ser beijada e como gosta de ser acariciada, como gosta que falem com ela e façam amor com ela.

Como esses filmes são? Vocês podem chamar a maioria de pornô suave romântico, mas eles não são suaves por censura. Não há leis opressivas, puritanismo nervoso, repressão interna. As diretoras não escondem nada. Pornografia suave romântica é como as mulheres gostam do sexo nos filmes e com você.

Alguns dos filmes são bons. Alguns são medíocres. Alguns são simplesmente idiotas. Mas todos contêm elementos com os quais as mulheres conseguem se identificar. Filmes femininos de sexo, ao contrário dos masculinos, são mais complicados. Em lugar de sexo cru, há uma sensualidade ardente. Os filmes mostram conexão emocional entre os parceiros e afeto. Planos fechados nos rostos refletem os sentimentos dos parceiros. (Anotem, homens: durante o sexo, vocês podem excitar uma mulher com suas expressões faciais.) Significativamente, vocês podem ver onde tocar uma mulher e como ela gosta de ser acariciada. O que vão ver é bem diferente da informação equivocada que obtêm a partir da pornografia masculina.

Recentemente, revendo um pouco de pornografia masculina para este livro, tive de dar risada. Um astro pornô, obviamente orgulhoso do prazer que pensava estar dando à parceira, estava triturando vigorosamente o pobre clitóris da moça contra o corpo dela, usando a articulação do dedo médio. Felizmente para ela, ele estava cerca de meio centímetro fora do alvo, pois do contrário a dor dela teria sido excruciante. Homens: os benefícios de assistir à pornografia feminina não se limitam à geografia. Vocês vão captar outras dicas práticas, como formas delicadas de colocar o preservativo.

Informem-se sobre o trabalho de diretoras como Candida Royalle, Gloria Leonard e Deborah Shames, para mencionar apenas umas poucas cineastas proeminentes. Eis uma prévia da diversão. Nos filmes de Candida Royalle, vocês vão dominar as técnicas de tocar a acariciar uma mulher. Nos de Gloria Leonard, vão descobrir que humor e sexo se misturam. Nos filmes de Deborah Shames, vão aprender a criar a atmosfera correta para fazer sua Presa se apaixonar por vocês.

A partir de todos esses filmes de mulheres, vocês vão aprender que humor, romance, tensão crescente e mãos fortes e vagarosas são o que funciona com mulheres. Aprenderão como sua Presa realmente gosta que vocês façam com ela entre os lençóis – ou na mesa de jantar ou no elevador ou na praia.

Em uma cena, por exemplo, vocês verão uma mulher saindo de um banho de espuma com uma expressão contrariada, porque ela precisa comparecer a um baile de gala de caridade. Ela abre a gaveta de lingerie e tira um corpete branco de renda. Bem quando está amarrando a fita de cetim, braços protetores a enlaçam por trás. Ela sente um beijo carinhoso na nuca. Mãos firmes desfazem delicadamente o lacinho cor-de-rosa, o corpete cai no chão e, com o dedo mínimo forte e sensível, o desconhecido silencioso traça amorosamente linhas ao redor do mamilo dela.

Neste ponto, homens, vocês podem se sentir tentados a adiantar para a "parte boa". Não façam isso, porque o começo do filme, que estabelece o local, o argumento e o desenvolvimento da personagem, muito disso *é* a parte boa para as mulheres.

Muitas mulheres associam fortemente sexo e amor, e apenas se excitam completamente quando sentem profunda afeição ou consideração pelo parceiro. Isso também fica claro em muitos dos filmes de sexo feitos por mulheres. Meus amigos às vezes reclamam:

– Por que as mulheres não podem esquecer essa coisa do romance durante o sexo e ir direto ao que realmente importa?

Bem, rapazes, para elas, o que realmente importa *é* o amor ou, no mínimo, um relacionamento. Amar você a deixa mais excitada. Você amá-la a deixa ainda mais excitada.

Todos os estudos provam que as mulheres realmente gostam mais de romance. Em um estudo típico, um psicólogo da Universidade do Estado da Louisiana leu para homens e mulheres a mesma história erótica. Depois, os participantes foram entrevistados. Os homens recordaram a parte da ação quente, em que a mulher "arranhava as costas do parceiro e envolvia as costas dele com as pernas", ao passo que as mulheres recordavam como as partes quentes da história as cenas em que "eles se encararam profundamente, olhos nos olhos".

Em pornografia masculina, todo mundo tem seios grandes, todo mundo está com tesão, todo mundo goza. Em pornografia feminina, todo mundo é amoroso, todo mundo é sensível e todo mundo está apaixonado. Ao assistir a filmes dirigidos por mulheres, vocês vão finalmente entender. Verão com os próprios olhos como fazer amor com uma mulher do jeito como *ela* gosta.

Caçadores, se a palavra escrita falhou, isto é, se simplesmente ler *faça durar* não cumpriu o objetivo, tentem pornografia feminina. Ver o desenvolvimento cinematográfico estendido até o sexo talvez resolva. Isso vai desacelerar suas preliminares e aumentar sua técnica.

TÉCNICA # 73 (PARA CAÇADORES):
Aprenda sobre sensualidade ardente com um pornô feminino

Caçadores, há uma nova espécie de mulheres por aí e ela está informando ao mundo o que para ela é *sexy*, e o que não é, entre os lençóis.

Para enlouquecer sua Presa na cama, descartem seus filmes explícitos masculinos. Vocês não aprenderão nada com eles, só informações falsas que já possuem. Vejam alguns filmes feitos por mulheres.

Então, façam anotações abundantes.

Outro curso intensivo de sensualidade ardente para homens

Homens: se vocês não têm streaming, nem tudo está perdido. Outro curso intensivo ilustrado sobre como excitar uma mulher pode ser encontrado não em manuais sobre sexo, não em livros do tipo "como fazer", mas em romances eróticos ao estilo feminino.

Vocês sabiam que vinte e cinco milhões de leitores compram regularmente romances românticos? Os mais famosos são publicados pela Harlequin. Se pensam que só mulheres meio estúpidas se excitam com as fantasias ao estilo da Harlequin, estão enganados. A maioria das leitoras de romances são formadas e têm um salário médio de 40 mil dólares americanos ao ano. A cada mês, 150 títulos saem das gráficas repletos de gostosões como o desconhecido forte e calado, o magnata que altera suas prioridades quando conhece o amor de sua vida e até um marido "dono de casa".

Caçadores: visitem a livraria do bairro. Sussurrem ao atendente algo sobre, ānh, estarem comprando aquilo para sua, hum, cof-cof, irmã. Depois, acomodem-se por cerca de uma hora para uma leitura muito instrutiva.

Aqui vai uma amostra do que vão encontrar em um romance romântico da Harlequin.[66] A heroína é Emma, uma autora badalada que precisa ficar em uma casa de praia isolada para colaborar em um roteiro com "Sam Cooper, talentoso e *sexy* como o pecado". Depois de muito evitar Sam, Emma decide fazer sexo com ele, mas sem envolvimento emocional. Emma está pronta, mas Sam diz:

— *Eu não sou uma besta-fera. Não ajo por comando... Vamos... vamos conversar.*

Emma diz:

— *Olha. A coisa mais inteligente que você já disse foi: "É só sexo. Vamos tirar isso de dentro de nós e seguir em frente".*

---

[66] McCarthy-Anderson, Debra, e Bruce-Thomas, Carol. 1995. *Obsession*. Ontário, Canadá: Harlequin Books. (N.A.)

Agora, o que está dizendo?

— Estou dizendo para irmos devagar. Vamos deixar que a natureza siga seu curso...

— Por quê? — A voz dela se retesa.

— É... é mais romântico.

Ela bufa, brava.

— Quem está falando de romance?

— Eu estou. Quer dizer, isto não é só sexo.

— Então é o quê? Você falou que era só uma atração física e que passaria se dormíssemos juntos. Então vamos simplesmente dormir juntos.

— Não é só atração física. Não para mim. — A voz dele se suaviza em um tom mais grave e cheio de significados. — Tenho sentimentos por você. Acho que estou me apaixonando.

Caçadores, vocês percebem que o lindo, viril e *sexy* Sam está verbalizando os sentimentos que as mulheres tradicionalmente sentem? Ele quer *conversar*, ele quer mais *romantismo* e ele acha que está *se apaixonando*.

Emma, com medo das próprias emoções, tenta fugir.

Desesperada, ela se virou e saiu marchando para o deque pela porta de correr aberta. Uma cortina cinza-escuro de chuva a atingiu, encharcando-a instantaneamente quando ela pulou na direção da grade, pretendendo se balançar e cair na água rasa, onde as ondas batiam e espumavam no cascalho, um metro abaixo.

Mãos fortes a seguraram pela cintura, baixaram-na e a giraram.

— Pelo amor de Deus, você entendeu tudo errado! — ele gritou, acima do rugido do vento e das ondas, a chuva escorrendo pelas faces dela.

Ela tentou se desvencilhar.

— Solte-me! — ela chorou... — Você não me quer, você deixou isso muito claro. — Ela não sabia se estava fazendo sentido nem se importava, enquanto se agitava loucamente nos braços dele.

— Isso demonstra que não quero você? — Sam a puxou para si, prendendo-a contra o próprio corpo forte para impedi-la de se mexer, e depois sua boca estava na dela, beijando-a com força e ansiosamente.

— Você é uma mulher louca — ele gemeu. — Você me deixa louco. Não sei mais o que eu quero. Não sei o que estou fazendo. Não me reconheço mais. — Ele pontuava cada palavra ofegante com beijos insanos, febris. — Tem uma única coisa que sei com certeza. Se eu não possuir você, se não fizer amor com você agora mesmo, eu vou morrer.

Caçadores, leiam nas entrelinhas e encontrem todos os elementos. Por exemplo, mesmo nesses poucos parágrafos há o drama do encontro, o cenário costeiro exótico e a emoção intensa de ambos os parceiros. Acima de tudo, há Sam: Sam, o homem carinhoso que precisa dela, que a ama. Sam, o forte, o gentil, o apaixonado. Mas a paixão de Sam não era pelo sexo, era por *ela*.

Agora, em relação ao sexo propriamente dito. Quando deixamos Emma e Sam, eles estavam lutando sob a chuva forte ao som das ondas que arrebentavam contra a casa de praia. Eles ainda estão lá, mas agora Sam "arrancou as roupas dela, deixando ambos nus na chuva torrencial, seus suspiros e gemidos varridos pela grossa cortina de chuva".

No auge, ela levantou a cabeça. A luz da cabine doura a pele molhada dele, esculpe o rosto em ângulos poderosos e sombras escuras. Olhou fixamente para o azul extraordinário dos olhos flamejantes dele, viu os cílios espessos e escuros, grudados devido à chuva. E então ela foi dominada, engolfada. Sua cabeça caiu para trás enquanto a soltura tremia por meio dela, onda após onda rolando sobre ela, arrancando de sua garganta gritos e gemidos mudos. A boca quente dele estava no pescoço dela e ele gozou violentamente, os braços se tensionando convulsivamente, enquanto ele se esvaziava dentro dela durante uma gloriosa eternidade.

De repente, tudo silenciou. Havia apenas o barulho insistente das ondas e a chuva batendo no deque, na água abaixo e espirrando em seus corpos.

Devagar, Emma levantou a cabeça e viu os olhos fechados dele, a expressão entre a dor e o êxtase, enquanto ele murmurava baixinho "Minha menina querida", deslizando as mãos pelas costas dela, envolvendo-a em um calor que era mais do que físico. "Quero abraçar você para sempre."

Homens: vocês repararam? Durante o sexo, os sentimentos de Sam, as expressões de Sam, os gritos de Sam (até os cílios de Sam) entraram na consciência de Emma por meio da chuva torrencial. Depois de "uma gloriosa eternidade", houve "um calor que era mais do que físico" e a promessa: "Quero abraçar você para sempre".

TÉCNICA # 74 (PARA CAÇADORES):
Leia um romance da Harlequin

Sim, Caçadores, estou falando a sério. Vocês podem rir, zombar, revirar os olhos ou se dobrar no chão e gargalhar até se engasgarem, mas vinte e cinco milhões de mulheres não podem estar fingindo que gostam dessas coisas.

Tentem. Vocês podem até não gostar. No entanto, vão *amar* a reação dela quando tentarem algumas das técnicas que Raphael, Beau, Felipe, Rigg, Sky, Dunstan, Tuck, Kael, Cagney e outros Caçadores exóticos da Harlequin usam para capturar suas Presas.

Coisa muito excitante para uma mulher.

Brega? Talvez. Mas certamente não mais irreal ou fantasioso do que as mulheres animalescas excitadas que dão piruetas nos filmes pornôs masculinos, implorando aos homens a permissão para fazer sexo com eles.

Caçadores: memorizem algumas das frases e estudem a coreografia dos movimentos. Talvez vocês pensem que sua Presa é o tipo de mulher que não seria flagrada com um romance da Harlequin na bolsa, porém, independentemente de quanto ela seja sofisticada ou emancipada, frases de romance fazem maravilhas. Ouvir "Eu preciso de você, quero você, amo você" acima do rugido do vento e das ondas toca uma corda primitiva, anterior ao liberalismo, no coração de praticamente todas as mulheres.

44 Caçadoras, façam sexo com o homem como o homem quer

Caçadoras, mudança de atitude é questão de jogo limpo. Se esperamos que o novo homem ponha mais romance no sexo, é apenas justo que a nova mulher ponha mais sexo no romance.

Qualquer mulher que já tenha se apaixonado sabe uma coisa: o amor torna o sexo bom mais quente. Qualquer homem que já tenha se apaixonado sabe outra: sexo bom torna o amor mais quente. Apesar disso, séculos após essa descoberta, homens e mulheres continuam se encarando no travesseiro oposto, desejando em segredo que o parceiro entendesse as coisas.

Eu afirmei isso. Autores melhores do que eu anunciaram isso. Você não consegue nem passar pelo caixa do supermercado sem que alguma revista feminina a bombardeie com mensagens sobre como atrair um homem: seja mais fogosa! Seja mais *sexy*! Seja mais ousada! Divirta-se mais na cama! Brinque! Se você tem intenções sérias de conquistar o coração de sua Presa, sim, você precisa ser mais fogosa, mais *sexy* e mais ousada, divertir-se mais na cama e brincar.

Lembre-se de quando você era menina, rolando na caixa de areia com outras crianças e dando risadinhas, saracoteando, conversando e construindo castelos de areia. Você usava a imaginação para se divertir. Meninas pequenas na euforia do momento, jogando areia para cima e gritando "Uííí!", não estão mantendo um diálogo interior. Não estão se questionando: "Meu parceiro de brincadeiras gosta mesmo de mim? Ele está só me usando para construir castelos de areia? Eu deveria fingir que estou me divertindo mais? Ele está demonstrando afeto suficiente? Por que ele também não grita "Uííí"? Será que não está se divertindo? Oh-oh... ele vai continuar brincando comigo na caixa de areia quando voltarmos para a cidade?".

Crianças, perdidas em um país das maravilhas de prazer sensual, deixam que a imaginação corra solta. Elas desligam as preocupações e ligam a fantasia. Bem, a cama é a caixa de areia dos adultos, um lugar para dar risadinhas, saracotear, conversar e construir castelos de fantasia. É o lugar para deixar sua imaginação voar longe. A cama é o lugar para desligar suas preocupações e ligar suas fantasias.

Uma das mais surpreendentes diferenças de gênero é que, durante o sexo, muitos homens mantêm esse atributo infantil. Como Alice perdida no País das Maravilhas, o homem consegue se perder em um mundo de fantasia. Ele é mais capaz de suspender a realidade e sintonizar a imaginação erótica – não por ter uma imaginação maior, mas porque as preocupações interferem no prazer e na potência dele.

Caçadoras, isso não significa que os homens não anseiem por afeto e amor, mas, quando a porta do quarto é fechada e as luzes se apagam, ele quer se perder na sensualidade total, isto é, puramente fazer sexo. "Cada vez mais curiosíssimo", como diria Alice, é o fato de que, após diversas sessões incríveis de puro sexo, quando não se falou de amor, os pensamentos de um homem são mais propensos a se voltar para o amor.

Como Caçadoras podem expressar puro sexo? De novo, talvez a avalanche de livros e artigos caindo sobre nossas cabeças não tenha tirado do lugar um só fio de nosso cabelo. E, de novo, uma imagem em movimento vale um milhão de palavras.

Vamos ao *videotape*

Os *videotapes* em questão se chamam fitas pornôs. São imundas, são nojentas e são um curso intensivo inestimável de sexo cru. Toda mulher inteligente deveria suspender o julgamento, ligar a ironia e posicionar firmemente o traseiro no sofá para assistir a apenas um.

Como se consegue uma fita pornô? Você se arrisca na salinha dos fundos de praticamente qualquer videolocadora dos Estados Unidos. (Se precisar, use um casaco longo masculino e cubra o rosto com um chapéu de abas largas.) Você vai encontrar uma ampla seleção de títulos para incrementar sua educação.

Obviamente, você precisa ter cuidado na escolha. Filmes pornôs vêm em centenas de sabores, normais e excêntricos, com todas as combinações possíveis de homens e mulheres. (Às vezes, até cachorros, cavalos e cabras fazem participações.) Para propósitos educacionais, pegue um "normal". Esteja avisada, porém, de que o sexo mais suave e "normal" pode incluir duas ou mais mulheres com um homem ou dois homens e três mulheres. Não se preocupe com isso. A experiência edificante virá do clima de sexo cru.

Você vai captar dicas quentes a partir das atrizes que gemem, suspiram, riem, fazem beicinho e agitam a língua no ar.

Um benefício extra de filmes pornográficos masculinos é pegar dicas de moda. Você vai ver a última moda em *baby dolls*, cintas-ligas, *négligés*, calcinhas com fendas frontais, sutiãs sem cobertura nos mamilos, espartilhos, calcinhas fio-dental e um ou outro *collant* de couro ou uniforme de empregada doméstica francesa. Não estou sugerindo que você saia correndo e compre essas peças de alta-costura. Mas, se sua Presa algum dia a surpreender com um presentinho *sexy* de aniversário, reconhecer o que é vai poupá-la de um resmungo capaz de estressar a relação, "Mas que diabo é isto?".

Que outros conteúdos educativos estão incluídos nas fitas? Coreografia. Você vai definitivamente descobrir algumas novas posições sexuais. Na média, em cada fita pornô, atores e atrizes adotam entre cinco e vinte e cinco posições diferentes.

Do ponto de vista do enredo, você pode perguntar, como são os filmes pornográficos. Bem, não grande coisa. Depois de colocar a fita no videocassete, você vai achar que pulou o começo, porque, em menos de trinta segundos, a ação pesada já está a todo vapor. Você não perdeu nada. Há bem pouca construção da história, mal e mal algum argumento, nenhum desenvolvimento de personagem e pouca valorização das personalidades. Mais ou menos o jeito como alguns homens gostam do sexo? (Isso é injusto.)

Obviamente, Caçadoras, não estou sugerindo que, ao fazer amor com sua Presa, vocês imitem as expressões lascivas nem as contorções corporais das estrelas dos filmes pornôs. Mas simplesmente terem visto uma fita pornô já lhes dá uma visão mais masculina do sexo cru. Quanto mais sintonizada com a sexualidade masculina uma mulher está, mais *sexy* ela parece a ele.

Como fazer qualquer pessoa se apaixonar por você

Comparação entre pornografia feminina e pornografia masculina

Astros pornôs femininos Homens fortes e sensíveis. Respeitosos, mas ainda assim impetuosamente apaixonados.	**Estrelas pornôs masculinas** Mulheres fogosas. Mulheres ainda mais fogosas. As mais fogosas das mulheres. (O único lugar em que os diretores querem profundidade, em uma mulher, é entre os seios.)
Roteiro pornô feminino Conversa sensível. Sentenças mais completas do que na pornografia masculina, incluindo frases como "Você é linda", "Eu desejo" e "Eu amo" e "Sonhei com uma mulher como você durante toda a minha vida".	**Roteiro pornô masculino** "Ah, isso." "Soca mais forte." "Não para." "Assiiiiim!" (Nunca mais que três ou cinco palavras consecutivas.)
Enredo pornô feminino Ser seduzida por um lindo desconhecido. Fazer amor correndo o risco de ser flagrada. Muitas variações da fantasia de "ser possuída". (Não a chamam de *estupro*.)	**Enredo pornô masculino** Varia entre fraco e nenhum. Normalmente, Dick vê Jane. Dick transa com Jane em cinco a vinte e cinco posições. (Caçadoras, para se divertirem mais, ponham a reprodução da fita em modo acelerado e observem Dick e Jane fazendo sexo à velocidade da luz.)
Lugares pornôs femininos Castelos antigos, belas praias, ilhas exóticas. Camas caras com estrutura de metal ou camas de época, com quatro mastros.	**Lugares pornôs masculinos** Quartos bregas. Qualquer cama, qualquer sofá, qualquer piso.
Sabor pornô feminino Baunilha não diluída.	**Sabor pornô masculino** Todos os sabores disponíveis. E depois mais alguns, dos quais ninguém nunca ouviu falar.
Final pornô feminino Imagem se desvanece lentamente no último beijo, após uma experiência mutuamente satisfatória. Música suave enquanto sobem os créditos.	**Final pornô masculino** O astro goza. (Precisa acabar neste ponto porque o ator perde o "talento".) O filme pisca e a tela fica preta.

TÉCNICA # 75 (PARA CAÇADORAS):
Estude "sexo cru" com filmes pornôs masculinos

Caçadoras, vocês podem rir (podem também ficar enojadas e vomitar), mas estudem os filmes pornôs masculinos para pegar dicas de sexo cru. Homens gastam milhões de dólares todos os anos para ver mulheres excitadas desejando ardentemente o corpo masculino nesses filmes.

Vocês não precisam exagerar e agir como se tivessem um orgasmo quando sua Presa apenas as beijar, mas, para fazê-lo se apaixonar por vocês, um pouco de luxúria não fará mal.

Materiais "vulgares" adicionais para seu currículo de sexo cru

Caçadoras, vocês podem conseguir uma boa experiência transversal de gênero pegando um punhado de revistas masculinas como *Penthouse*, *Playboy* e *Gallery* das estantes das lojas. Procurem a seção de cartas, de longe a parte mais instrutiva para as mulheres.

Nas fantasias masculinas, em vez de 90% de desenvolvimento e 10% de sexo, vocês vão encontrar 10% de desenvolvimento e 90% de sexo. Em vez de ler sobre olhos, perfil ou pele bronzeada mencionados na fantasia da Harlequin, os homens fazem referência constante à parte anatômica favorita deles, embelezada por adjetivos como *grande*, *enorme*, *imenso*, *gigantesco* e *colossal*.

Em lugar das parceiras sensíveis e disponíveis da Harlequin se apaixonando, as protagonistas das fantasias masculinas são geralmente mulheres indisponíveis, que não dão a menor importância a relacionamentos: a enfermeira safada, a dona de casa com tesão, a babá fogosa, a lésbica lasciva, a escaladora sem calcinha. Na verdade, ao folhear revistas masculinas de uma pilha na altura da minha coxa, simplesmente não encontrei as três palavrinhas mágicas "Eu te amo", ou frases carinhosas como "Minha menina querida". Em substituição a elas havia homenagens tais como "Você é uma puta duma gostosa" e "Ah, sua putinha insaciável!".

Está mais do que claro que, amor e sexo não estão interligados nas fantasias masculinas.

TÉCNICA # 76 (PARA CAÇADORAS):
Leia as publicações deles

Caçadoras, leiam algumas revistas masculinas. Vocês vão achar as cartas picantes de leitores ardentes especialmente interessantes.

Se o que as cartas descrevem não é exatamente verdadeiro, é a melhor prova do pensamento fantasioso masculino jamais publicada.

45 Teste: quem ama mais, homens ou mulheres?

Caçadores, vocês perceberam (assim eu espero) que as generalizações (muitas), os exageros (leves) e o humor (fraco) no capítulo anterior foram apenas para realçar uma posição. Para que não pensem que eu estava atacando os homens, permitam que eu faça agora uma oferta de paz.

Os homens têm a má fama de ser menos românticos que as mulheres. Naturalmente, se você fizer uma pesquisa com homens e mulheres em um lugar público e perguntar "Quem é mais romântico?", a maioria responderá "as mulheres"[67]. À primeira vista, é uma evidência bastante forte de que as mulheres são as românticas. E de fato são, quando se trata de dizer "Eu te amo", de lembrar o Dia dos Namorados e saber que "são as pequenas coisas que contam" (como um anel de noivado).

---

[67] 1992. Resultados de pesquisas de opinião pública. *The American Enterprise*, Jan-Fev 3(1):107. (N.A.)

Mas, quando se trata da definição verdadeiramente profunda e importante do romantismo, vocês, homens, é que são os grandes vencedores.

Em algum momento da vida, cavalheiros, a mulher de seus sonhos provavelmente vai dizer, em tom acusatório (reagindo a um de seus comentários "insensíveis" cotidianos), que "vocês homens são todos iguais! Vocês não são nada românticos!". Meu presente para vocês está a seguir. Algum dia ele será prática para a autodefesa. Eu o embrulhei com capricho na forma de um teste que vocês podem aplicar a ela quando ela os acusar de não ser românticos.

Quem é realmente capaz de amar mais, homens ou mulheres?

Perguntas	Homens	Mulheres
Quem se apaixona mais rápido?	( )	( )
Quem é mais idealista em relação ao amor?	( )	( )
Quem geralmente toma a iniciativa de romper?	( )	( )
Quem sofre mais com um rompimento?	( )	( )
Quem ama mais o parceiro?	( )	( )

QUEM SE APAIXONA MAIS RÁPIDO? HOMENS!

Em um estudo, foi perguntado a setecentos jovens namorados: "Quando você percebeu que estava amando?". Os homens se apaixonaram mais depressa. Antes do quarto encontro, 20% dos homens estavam caidinhos, ao passo que só 15% das mulheres perceberam que o Cupido as havia flechado; 43% das mulheres ainda não sabiam que estavam apaixonadas no vigésimo encontro, em comparação a apenas 30% dos homens[68]. Mulheres são mais cautelosas para se envolver.

---

[68] Kanin. E. J., Davidson, K. D., e Scheck, S. R. 1970. "A Research Note on Male-Female Differentials in the Experience of Heterosexual Love." *The Journal of Sex Research* 6:64-72. (N.A.)

Quem é mais idealista em relação ao amor? Homens!

Outro estudo descobriu que os homens tinham uma visão muito mais idealizada e menos prática do amor.[69] Homens não estavam nem de longe tão preocupados com a posição social da mulher nem com quanto dinheiro ela possuía.

Mais homens sentiam que, desde que as duas pessoas se amassem verdadeiramente, não teriam dificuldade em manter o casamento.

Quem geralmente toma a iniciativa de romper? Mulheres!

Um grupo de cientistas de Harvard acompanhou com total vigilância a relação de 231 casais de Boston. Entre os que se separaram, a iniciativa do rompimento foi geralmente das mulheres. Os homens queriam ficar juntos até a última instância.[70]

Quem sofre mais com um rompimento? Homens!

Os homens se sentiam mais sozinhos, mais deprimidos, não amados e menos livres depois de uma separação. Os homens relataram que acharam extremamente difícil aceitar que já não eram mais amados e que ela havia realmente ido embora.

O que mais os perturbava era sentir que não havia nada que pudessem fazer a respeito. Eram atormentados pelo remorso de que, se ao menos tivessem dito a coisa certa... feito a coisa certa...

Na verdade, três vezes mais homens do que mulheres cometem suicídio após uma relação de amor desastrosa.

---

[69] Hobart, C. W. 1958. "The Incidence of Romanticism During Courtship." *Social Forces* 36:364. (N.A.)

[70] Rubin, Zick, et al. 1976. Em *Journal of Social Issues* 32:1, conforme reportado em *A New Look at Love*. (N.A.)

Quem ama mais o parceiro? Homens!

Homens amam suas parceiras mais do que amam outras pessoas em suas vidas. Diversos pesquisadores da Yale University entrevistaram homens e mulheres de 18 a 70 anos e perguntaram: "De quem você gosta mais e quem você ama mais em sua vida?[71]". As opções eram namorado ou cônjuge, melhor amigo, pais e irmãos.

Os homens, vejam só, amavam *e* gostavam das parceiras mais do que de amigos, enquanto, com as mulheres, a classificação era quase igual. Muitas mulheres gostavam das melhores amigas mais do que gostavam dos namorados!

Homens: da próxima vez que sua parceira reclamar: "Vocês homens não são nada românticos", mostrem essas estatísticas para ela e digam: "Ah, é? Quem disse? Hein, hein, *hein*?". (Pensando melhor, digam apenas: "Sabe, querida, você tem sua razão. Desculpe. Tentarei ser mais romântico. Eu te amo".)

---

[71] Sternberg, R. J., e Grajek, S. 1984. "The Nature of Love." *Journal of Personality and Social Psychology* 47(3):12-29. (N.A.)

46 Os desejos sexuais de sua Presa são tão individuais quanto uma digital

Caçadores, Caçadoras, permitam que eu acrescente um discreto aviso de alerta sobre minha recomendação de assistir a filmes pornôs. Vocês podem ficar com a ideia de que todo homem quer uma mulher devassa serpenteando por seu corpo todo, e que toda mulher quer ser arrebatada e seduzida por um desconhecido gostosão nas praias do Taiti. Não é verdade. Assim como em tantos aspectos da vida, bem quando pensam que encontraram a solução, vocês encontram a exceção. Quando se trata de sexo, a exceção é mais comum do que a regra. *Não existem duas pessoas sexualmente iguais.*

Aprendi isso do jeito difícil da primeira vez que me apaixonei, antes ainda que as pesquisas de The Project confirmassem a tremenda diversidade dos desejos sexuais. Alguns anos atrás, eu estava visitando uma galeria de arte em Chicago. Christopher também estava por acaso visitando a Cidade Ventosa naquele dia, preparando uma exposição de sua própria arte. Eu o vi pela primeira vez do lado oposto do salão, pendurando na parede uma interessante tela abstrata. Senti-me imediatamente atraída por ele. Tudo nele se encaixava com meu Mapa do Amor. Ele era artista, sensível e brilhante, e tinha um bumbum lindo, lindo.

Nós nos apresentamos, nós nos demos bem e felizmente ele também era de Nova York. Começamos a sair na Big Apple. Logo eu me apaixonei por Christopher. É claro que eu queria fazer tudo o que pudesse para levá-lo a retribuir o sentimento. Meu relacionamento com Christopher era quase ideal. Gostávamos das mesmas atividades. Gostávamos dos mesmos amigos. Ambos amávamos ir ao teatro, esquiar e pedalar. Às vezes, ficávamos acordados a noite inteira, conversando. Eu sentia que Christopher era *o certo*. Com o passar do tempo, embarcamos em um maravilhoso caso de amor.

Christopher nunca disse "Eu te amo", porém, como todas as outras coisas na relação eram ideais, presumi que nosso problema deveria ser o sexo. Christopher nunca se perdia nos espasmos da paixão. Ele não enlouquecia na cama da forma como eu tinha lido que um homem enlouquecia quando a mulher sabia realmente como excitá-lo.

Nosso contexto sexual era sempre o mesmo. Depois do jantar, normalmente no apartamento dele, conversávamos. Em dado momento da conversa, Christopher exibia no rosto um sorriso lindo, punha a mão em meu ombro, deslizava-a por meu braço até minha mão e ficava de pé. Às vezes, dava uma piscadela e dizia: "Vem, garotinha". E então me conduzia, um tanto hesitante, até o quarto. Ele se comportava como se precisasse agir gentil e cautelosamente com a sedução. (Como se eu fosse dizer "não"?)

O modo de Christopher de fazer amor era terno e amoroso, mas também previsível e carente de paixão. Eu achava que isso mudaria se eu soubesse como seduzi-lo. Decidi que precisava apimentar as coisas para fazê-lo apaixonar-se por mim, mas não sabia exatamente como.

Certa tarde, após refletir sobre esse dilema, meu olhar pousou casualmente em um anúncio, no jornal *Village Voice*, de um curso de três horas chamado "Como fazer *strip-tease* para seu homem". Prometia "apimentar sua relação e levar seu homem à loucura". Exatamente o que o médico do amor receitou, pensei.

Vesti minha *lingerie* mais *sexy* e tomei o trem A rumo ao apartamento da *stripper*, no sexto andar de um prédio sem elevador, em um subúrbio brega. Naquela noite, no apê de um dormitório, quatro outras mulheres e eu aprendemos como tirar a saia girando-a, como deixá-la cair provocadoramente no chão e depois pisar sedutoramente para fora dela. Recebemos lições passo a passo sobre como fazer o sutiã escorregar provocantemente, exibir primeiro o seio esquerdo e depois o direito, e jogar o sutiã removido para o lado oposto da sala, enquanto rebolávamos. Ela ensinou às mais ágeis entre nós como abrir *spacati* e girar as pernas no ar.

No fim da aula, nossa professora começou o discurso comercial de bastidor. As compras opcionais eram uma fita cassete com música para *stripper* e um conjunto de *tops* com borlas. As borlas giravam espantosamente bem nas alunas mais bem-dotadas; infelizmente, meus seios não eram suficientes para arrancar delas um giro digno. Mesmo assim, comprei os dois produtos e, com os contorcionismos da *stripper* profissional dançando na cabeça, tomei o trem direto para o apartamento de Christopher.

Mal pude esperar pelo sorrisinho lindo dele, pois seria a minha deixa. Como não poderia deixar de ser, às 21h45 os cantos da boca dele se curvaram. "Vem, garotinha", ele disse, tomando minha mão, e fomos para o quarto. Mas aquela noite seria diferente. Naquela noite, eu tinha uma surpresa para Christopher.

No momento em que entramos no quarto dele, empurrei meu surpreso namorado para uma cadeira, enfiei a fita cassete no aparelho de som e comecei de imediato os passos da apresentação. Um pouco de trabalho de pés especial ao redor da cômoda dele. Um, dois, três. Va-va-vum. Tralalá, um seio. Quatro, cinco, seis. Va-va-vum. Tralalá, o outro seio. Daí meu sutiã saiu voando, um bojo após o outro, por meio do quarto, e fez uma aterrissagem perfeita em duas etapas exatamente no colo dele.

Mas minha *coach* havia negligenciado uma habilidade crítica: é crucial manter contato visual constante com sua plateia, para você saber como está se saindo. Enquanto eu me contorcia no carpete de Christopher, rodopiando as pernas perigosamente perto de sua luminária favorita, deixei de observar seu rosto. Se eu tivesse olhado, teria visto uma expressão horrorizada.

Christopher calmamente se levantou, saiu do quarto e do apartamento. Em lágrimas, recolhi a saia, o sutiã, a fita cassete e meu *top* de borlas não usado, e fui para casa correndo pelo caminho todo. O que tinha dado errado?

Não tive notícias de Christopher por uma semana. Por fim, telefonei e perguntei: "Podemos conversar?". Encontramo-nos para jantar e, ora, como conversamos. Ele foi muito franco. A ideia de Christopher sobre sexo era seduzir uma mulher, não *ser* seduzido. Além disso, o que mais o excitava, ele me contou, não era que a mulher fosse atirada e sedutora, mas que resistisse. Christopher, enfim, queria se sentir o sedutor viril. E não, como ele disse, "um cara solitário e reprimido, que paga para ver mulheres baratas sair dançando".

Uau! Que abridor de olhos aquilo foi para mim. Resolvi naquele instante nunca mais fazer suposições sobre os desejos sexuais de um homem. Cada homem é diferente. (Assim como cada mulher, e falaremos a respeito adiante.) Na superfície, pode parecer que todos os homens querem a mesma coisa, porém, conforme aprendi, há muitas receitas para preparar esta uma coisa.

Sexo é como filé

Você alguma vez já salivou por um grande filé suculento? Digamos que hoje você esteja faminto por um realmente enorme. Como amante de filé *gourmet*, você sabe que existem sessenta e oito variações de tonalidade entre o malpassado e o bem-passado, mas nesta noite você quer a perfeição. Você vai ao melhor restaurante de carnes da cidade. Você é bem específico, ao fazer o pedido.

Você diz ao garçom:

– Gostaria de um filé mignon, por favor.

Você descreve laboriosamente como gostaria que seu filé fosse chamuscado por fora, razoavelmente malpassado, mas de modo nenhum cru no centro. Você diz a ele:

– Certifique-se de que esteja rosado por inteiro e quente, não frio, no meio.

O garçom escuta com toda a paciência até você terminar. Então ele se vira para a cozinha e grita:

– Manda um filé pra mesa seis!

É assim que muitos de nós somos, em relação a sexo. Mesmo quando nosso Parceiro Amoroso Potencial dá a dica de algo que o excita, nós mergulhamos na cama com a delicadeza de um elefante em uma loja de cristais. Sua Presa pode gostar do sexo. Você também pode achar que é maravilhoso. Mas para ele, sem que você compreenda as sessenta e oito tonalidades diferentes, a experiência não é *gourmet*. Não contribui nada para o objetivo de fazê-lo apaixonar-se por você. A parte triste é que ele nunca vai lhe contar por que perdeu o interesse.

Se você cavar fundo o suficiente, independentemente de onde estiver, nesta terra, encontrará água. Cave fundo o suficiente na sexualidade de qualquer homem, e você encontrará um fio único, um feixe especial. Escondida nesse emaranhado está a chave para o coração dele.

O desejo sexual número um

Existe uma única fantasia sexual que todos os homens e todas as mulheres compartilham. É encontrar alguém sensacional na cama. Pergunta: o que é sensacional? Resposta: alguém que preencha todos os nossos desejos sexuais, alguém que goste de proporcionar algo exatamente da forma como gostamos de receber algo e alguém que saiba proporcionar algo exatamente da forma como gostamos de receber algo. *Sem que tenhamos de dar instruções passo a passo.*

Muitos amantes hesitam em mapear para os parceiros orientações detalhadas sobre suas necessidades sexuais. Eles acreditam sinceramente que "quando a pessoa certa aparecer, ele ou ela 'simplesmente vai saber' o que eu quero".

Tive um amigo chamado Chip. Certa noite de Natal, ele e eu estávamos rindo das experiências de infância e de como acreditávamos em Papai Noel. De repente, o rosto de Chip caiu, e ele disse:

— Papai Noel nunca me trouxe os presentes que eu queria.

— Nem mesmo depois que você descobriu que Papai Noel era na verdade sua *mãe*? – perguntei.

— Não.

— Bem – perguntei –, por que você não deu dicas para a sua mãe?

— Porque — Chip explicou —, se ela *realmente* me amasse, iria saber o que eu queria.

A maioria de nós é assim com sexo. Podemos não acreditar nisso conscientemente, mas a maioria das pessoas se agarra com toda a tenacidade ao sonho segundo o qual um dia, do nada, o parceiro certo vai entrar em nossa vida. E seremos felizes para sempre.

Se esses mesmos esperançosos jogassem um quebra-cabeças de mil peças pela escada abaixo, não esperariam que as peças saltassem da caixa, se encontrassem e se encaixassem. Apesar disso, mergulham em um relacionamento sexual supondo que todas as peças vão se encaixar. As chances de que os desejos sexuais deles e das Presas deles se encaixem como uma luva são de uma em um milhão.

No começo de um novo relacionamento, enquanto todas as pecinhas ainda estão rodopiando no ar, o sexo é excitante. A novidade, a descoberta e a conquista sustentam a noite. É só após semanas, meses ou anos de relacionamento, quando as peças começam a cair nos degraus em ângulos estranhos, que a decepção sexual vem à tona.

"Por que ele ou ela perdeu o interesse?"

Caçadoras, ele para de telefonar. Caçadores, ela de repente tem várias coisas para fazer no sábado à noite. Por quê? O que deu errado? Por que sua Presa perdeu o interesse? Claro que existem tantas respostas para essa pergunta quanto existem homens e mulheres no mundo, mas podemos fazer algumas generalizações bastante razoáveis.

Uma pesquisa que realizamos em The Project perguntou a homens e mulheres solteiros e divorciados por que o relacionamento anterior tinha acabado. Sempre que o respondente era o parceiro que havia tomado a iniciativa do rompimento, perguntávamos também: "Por quê? O que deu errado na relação?". As mulheres queriam se separar, normalmente, devido a decepções generalizadas com o parceiro: a personalidade dele, os hábitos ou estilo de vida, ou o modo como ele a tratava. No entanto, quando eram os homens que tomavam a iniciativa da separação, o sexo aparecia bem alto na lista dos motivos.

A pergunta seguinte da pesquisa era: "Você contou a seu parceiro a razão para querer terminar o relacionamento?". A esmagadora maioria das respostas era: "Não a razão *verdadeira*". Os homens diziam: "Eu não podia dizer que o sexo com ela não era, bem, você sabe…".

Uma mulher em geral quer sair com um homem porque ele é interessante, atraente, gostoso e alguém com quem ela *poderia* querer um relacionamento. Um homem geralmente convida uma mulher para sair porque quer ir para a cama com ela. (Há exceções, é claro.)

Nós acusamos os homens de fugirem de relacionamentos. Isso não é verdade. É só que, se um homem vai se comprometer com uma mulher pela vida toda, ele quer que o sexo com ela seja tão perfeito para ele quanto o restante dela é. O problema é agravado porque as necessidades sexuais dos homens são mais diversas, mais imediatas, mais urgentes e, portanto, é mais difícil para eles encontrarem uma parceira que se encaixe perfeitamente. Isso é um dilema. Com frequência, um homem conhece uma mulher que parece ideal para ele, mas sexualmente ela fica abaixo de uma experiência ótima. A maioria dos homens, mesmo hoje em dia, pensam que casamento deveria significar fidelidade.

"Esta mulher me basta, sexualmente, pelo resto da minha vida?"

Roger foi um homem típico que entrevistei em The Project. Ele queria que o sexo fosse maravilhoso com a mulher com quem se casasse, porém, como tantos homens, a mulher idealizada com quem ele queria fazer sexo no quarto tinha uma personalidade diferente da mulher amorosa que ele queria ter na sala de estar.

Como não poderia deixar de ser, Roger vinha de uma família sulista abastada e proeminente. Ele tinha altos padrões para roupas, comida, vinho e mulheres. Todas com quem saía eram elegantes, confiantes, de boa reputação e impecáveis na etiqueta social. Ele declarou que queria se casar com uma mulher de quem se orgulhasse em construir uma vida conjunta, ao apresentá-la aos amigos e à família.

– Uma – ele gracejou – que eu possa apresentar para minha mãe.

Quando conheci Roger, ele estava noivo de uma linda mulher chamada Diane, que era tudo o que a família dele poderia desejar para Roger e tudo que Roger havia sonhado em encontrar em uma mulher, exceto que faltava a ela uma coisa: sexo. Não havia nada de sexualmente errado com Diane. Ela era amorosa, disponível e acolhedora. O problema era que, nas mais profundas fantasias sexuais ocultas de Roger, ele sonhava em ir para a cama com, em suas palavras, uma mulher fogosa, insaciável pelo corpo dele. E Diane era "dama" demais na cama, ele reclamou.

Quando estavam fazendo amor, a imaginação de Roger precisava fazer o trabalho. Durante o sexo, ele imaginava que Diane dizia palavras sujas. Ele ansiava por ouvi-la gritar, no calor da paixão, "Roger, me f***! Me f***!". Obviamente, Diane não era o tipo de mulher que demonstra entusiasmo dessa forma, e aí estava o problema. Roger estava tendo dificuldade para manter a ereção com Diane.

Perguntei se ele alguma vez havia contado a Diane sobre suas fantasias.

– Não, é claro que não. Ela ficaria chocada – Roger respondeu. – Na verdade – acrescentou –, eu nunca tinha contado a ninguém... até agora.

Como fazer qualquer pessoa se apaixonar por você

Roger sentia vergonha da própria fantasia, assim como muitos homens. Por quê?

A maior parte dos meninos cresce ouvindo: "Não, não toque a si mesmo aí. Isso é sujo. Não olhe para sua irmã enquanto ela estiver se vestindo. Isso não é legal. Não, não toque a mamãe nesse lugar".

Os meninos entram na puberdade temendo que as mulheres lhes deem bronca, que os rejeitem, caso revelem qualquer urgência sexual flagrante – como querer ouvir uma mulher gritar obscenidades. Eles não se atrevem a pedir que sua mulher favorita encene sua fantasia, por causa do que ela poderia pensar. Eles temem perdê-la para um homem que não tenha pensamentos tão bizarros.

Uma geração de homens adultos agora circulando por nossas ruas cresceu apavorada com histórias em quadrinhos de terror: não devido aos monstros, vampiros, demônios e zumbis dentro dos gibis, mas com os anúncios de Charles Atlas[72] nas contracapas! No anúncio mais apavorante, o fracote covarde (o leitor, em seu pior pesadelo) está alegremente tomando sol na praia com a namorada sexy. Chega então o Senhor Musculoso, que chuta areia no rosto dele e sai andando. Com um olhar de admiração, a *ex*-namorada do pobre fracote se levanta e vai atrás do desconhecido fortão (ou seja, o homem que age direito). Tais anúncios induziram ataques de pânico em milhões de homens norte-americanos.

Porque ego e sexo são massa cinzenta praticamente inseparável no cérebro masculino, se um homem quer qualquer coisa além do mais básico papai-e-mamãe, ele se sente como o fracote covarde que vai perder a namorada. Mesmo que anseie apenas por um pouco de tempero picante no sexo convencional de vez em quando, ele sente

---

[72] Fisiculturista norte-americano (1892-1972) cujas campanhas publicitárias se tornaram lendárias. (N.T.)

como se o Senhor Hétero-Tradicional fosse aparecer, chutar areia em seu rosto e roubar sua parceira.

Roger se sentia sexualmente inadequado por querer que Diane fizesse "coisas sujas" na cama.

— Ela iria embora enojada, se soubesse — ele me disse.

— Mas será que iria *mesmo*? — perguntei a ele.

Sugeri a Roger que contasse a Diane sobre suas fantasias, que dissesse a ela que o excitava ouvir uma mulher dizer obscenidades na cama.

— Quem sabe — sugeri — ela até gosta.

Em nossa consulta seguinte, perguntei a Roger.

— E aí?

Roger não havia contado. Admitiu que ainda tinha medo da reação dela.

Seis meses mais tarde, Roger rompeu com Diane. Ele disse que, embora a amasse e respeitasse, a paixão tinha se esgotado. Ele não queria passar o resto da vida em um casamento sem paixão. Sexo, para Roger como para a maior parte dos homens, era simplesmente importante demais.

Achei isso muito triste, porque, se Diane tivesse conseguido acomodar as fantasias de Roger, duas pessoas em todo o resto muito compatíveis poderiam ter tido uma boa vida juntos. Se ele ao menos tivesse contado a ela que fantasiava ter uma mulher fogosa e nem um pouco fina entre os lençóis, Diane poderia ter sido capaz de entrar na brincadeira sexual dele. Ela poderia dizer as palavras que ele queria ouvir, e para Roger isso teria bastado. Lembre-se, os homens são capazes de ter um orgasmo com base em encenação ou fingimento muito mais do que as mulheres.

Caçadoras, vocês precisam descobrir o que *realmente* excita sua Presa e como usar isso para fazê-lo apaixonar-se por você.

47 Caçadoras, tornem-se detetives sexuais

Como descobrir o que realmente excita um homem na cama? A maioria das Caçadoras simplesmente improvisa com o que costumávamos chamar de *medidor de pênis*. Elas tentam isso, tentam aquilo e então observam a reação dele. Algumas mulheres conduzem suas pesquisas simplesmente perguntando na cara dura, no meio da ação: "Você gosta assim, gatinho?", "Está bom deste jeito?". Caçadoras empreendedoras perguntam: "Você gostaria de mais alguma coisa?".

Isso é bom. Mas não bom o suficiente. Para ligar a eletricidade sexual, você precisa vestir seu chapéu de caça de Sherlock Holmes, pegar sua lupa e penetrar furtivamente em todas as curvas e volteios da psique sexual de sua Presa. Você precisa se tornar uma detetive sexual.

Você não precisa interrogá-lo abertamente para obter informação. Homens são como faróis. Eles emitem sinais contínuos sobre o que os excita. Apesar disso, muitas Caçadoras conduzem seu barco do amor diretamente para as pedras, como se remadoras surdas, mudas e cegas estivessem no comando.

O primeiro passo é desenvolver uma antena especial, sintonizada no canal certo: o que revela os sinais sexuais de sua Presa. Ouça atentamente à conversa cotidiana dele. Mantenha sua antena sintonizada quando ele falar sobre a infância, relacionamentos anteriores, gostos e desgostos. Ouça nas entrelinhas para saber como ele agiu e o que sentiu. Capte as dicas. Mais importante ainda, desenvolva um ouvido para qualquer referência sexual.

Mantenha a antena sintonizada especialmente na cama. Por exemplo, Caçadoras, no auge da paixão, seu parceiro grita "Ah, amor!", "Ah, minha linda!", "Ah, minha ama e mestra!" ou "Sua puta linda!"? Essas frases são chaves para as fantasias sexuais dele.

Com alguns homens, você não precisa bancar a detetive. Eles revelam suas fantasias abertamente. Ao fazer isso, eles estão jogando para você a chave-mestra para o coração deles, torcendo para que você pegue. A maioria das Caçadoras simplesmente deixa que escape por entre os dedos. Como você se sai quando levanta uma antena para captar o comprimento de onda sexual dele? Como você sabe qual das sessenta e oito mil tonalidades de sexo ele está insinuando?

Os desejos sexuais de todo mundo estão enterrados profundamente em suas psiques. Exatamente o que excita sua Presa remonta à infância dele. Se sua Presa quer que você seja uma sereia sexy (como Roger precisava) ou uma coisinha inocente (como Christopher preferia) foi programado na psique dele enquanto ele ainda andava de triciclo.

Nossas experiências infantis deixam uma marca indelével não apenas em nossas personalidades e temperamentos, mas também em nossos desejos sexuais. Como os patinhos que foram estampados pelo doutor Lorenz e saíram bamboleando atrás dele pelo laboratório, qualquer incidente altamente emocional pode ficar gravado em nosso Mapa do Amor pessoal. Podemos nos lembrar do incidente. Podemos não nos lembrar. Mas a experiência deixa sua estampagem sexual.

Roger recordava a origem de seus desejos. Ele se lembrava de passear com o pai quando era criança, pela Eighth Avenue, em Nova York, um dos pontos favoritos das prostitutas. Enquanto passavam, uma dama da noite gritou para o pai dele:

– Ei, garotão, quer f****? Vem, vem me f****!

O pai de Roger deu um pulo, rapidamente pôs as mãos sobre as pequenas orelhas do filho e o tirou dali rapidamente de táxi. Roger arrisca que a reação intensa do pai às palavras *me f***** seja o que registrou a experiência em seu banco de memórias psicossexuais.

No café da manhã no dia seguinte, Roger perguntou ao pai o que *me f**** significava, e o pai, em geral muito autoconfiante, ficou perturbado. Roger contou que, naquele momento, sentiu uma sensação intensa de poder sobre o pai que nunca havia sentido antes. Poder, para um homem, é coisa muito séria. Até hoje, é por isso que Roger reage com tanta potência a uma mulher que diga aquela palavra proibida.

A estampagem sexual não para na infância. Freud disse que não são só duas pessoas na cama, são seis: você, seu parceiro, sua mãe, seu pai, a mãe de seu parceiro e o pai de seu parceiro. Eu gostaria de ampliar essa lista e incluir mais algumas pessoas. Todas as outras mulheres que seu parceiro já teve influenciaram sexualmente o que ele quer. A essência do apetite sexual dele se mantém igual, mas o desejo de novas explorações e de experiências continua pela vida toda.

Deixe sua Presa saber que você é uma aventureira sexual

Praticamente todos os homens querem continuar explorando a própria sexualidade. E ficam tremendamente excitados por uma mulher de cabeça aberta o suficiente para brincar.

Em The Project, eu entrevistei um homem que havia começado a sair com a namorada, Tania, pouco tempo antes. John disse que o sexo entre eles era excitante e que Tania parecia aberta a qualquer coisa que ele fizesse. Ele estava começando a desenvolver sentimentos sérios por ela (isto é: amor). Certo domingo, a caminho do campo, eles dirigiam por uma estrada longa e vazia, que serpenteava por uns bosques de aparência sedutoramente reservada. John começou a sentir os conhecidos comichões. Ele se virou para Tania e perguntou:

– Que tal uma rapidinha ali no meio das árvores?

John contou que Tania o encarou como se ele fosse louco.

Naquela noite, na casa dela, quando ambos estavam prestes a ir deitar, John teve outra ideia erótica aventureira. Ele examinou a cômoda de Tania, que era firme e tinha a altura certa.

– Linda, por que você não se senta em cima da cômoda, e a gente faz lá?

De novo Tania franziu o rosto e olhou para John como se ele tivesse perdido um parafuso.

Na verdade, John contou, ela embarcou, e eles fizeram amor. Ele de pé e ela sentada na cômoda. Mas a reação inicial dela fez com que ele se sentisse sujo e culpado por sugerir essa posição incomum. Nunca mais ele propôs outra posição ou outro lugar incomum para o sexo. Por mais que John gostasse de Tania, isso foi o começo do fim do relacionamento deles.

A maioria dos homens quer uma mulher que seja aventureira e aceite os pedidos deles de braços abertos ou, pelo menos, de cabeça aberta. Como Diógenes, eternamente em busca do homem honesto, os homens estão eternamente em busca da mulher que preencherá suas fantasias. Caçadoras, para fazê-lo apaixonar-se por vocês, sejam essa mulher.

Descubra as principais fantasias dele

Para extrair as preferências sexuais mais importantes de um homem, é preciso remover as camadas de proteção que ele passou anos construindo, meticulosamente, ao redor delas. É inacreditável a naturalidade com que perguntamos a um homem sobre seu gosto para comida, filmes, livros, músicas, esportes e atividades de lazer, mas deixamos de fora o gosto mais crucial de todos. Com que frequência olhamos um homem diretamente nos olhos e perguntamos: "*O que te excita?*"?

Perguntar a um homem o que o excita exige um pouco mais de fineza, no entanto, do que soltar um: "Ei, qual seu filme preferido?". Você deve escolher cuidadosamente o momento, o lugar, o clima e sua atitude. O *momento* deve ser relaxado, mas não quando o sexo já está visível no horizonte próximo. O *lugar* deve ser um tanto reservado, mas não o quarto. O *clima* deve ser propício para que ele fale, sem ser interrompido, por um longo período. Acima de tudo, sua *atitude* deve ser brincalhona, apimentada, esperançosa.

Formule a pergunta de um jeito que não deixe dúvida, na cabeça dele, de que você está perguntando o que *realmente* o excita. Faça-o saber que vale *tudo* e que, quanto mais suculento, melhor. O objetivo é que ele conte tudo, feliz como um canarinho.

Faça sua Presa se sentir segura para compartilhar os desejos mais profundos

Se você quer que ele abra o jogo, precisa fazer com que se sinta seguro para dar uma resposta honesta à pergunta "O que te excita?". Prepare a situação fazendo-o saber que nada chocaria nem desapontaria você. Você é uma mulher de mente bem aberta e, na verdade, adora histórias sexuais inusitadas.

Como fazer isso? Assim como um número de abertura aquece a plateia para a atração principal, você precisa aquecer sua Presa contando uma história. Ponha-o no estado de espírito certo para compartilhar as próprias histórias sexuais ao contar a ele uma das suas, alguma aventura sexual que aconteceu com você ou com uma de suas amigas.

Se contar uma história própria, certifique-se de parecer inocente, mas ainda assim sexualmente aventureira. Reconte uma aventura que permita a ele saber que você tem uma imaginação sexual vívida, mas não é promíscua. Além disso, tenha cuidado para que a história não machuque o ego dele nem o deixe com ciúme. Com frequência, é melhor dividir uma experiência sexual excitante que "uma amiga" contou a você. Será que alguma amiga já saiu com um homem que gostava de *ménage à trois* ou encenou fantasias excêntricas com o namorado? Em caso afirmativo, conte para sua Presa a respeito com uma faísca de inveja nos olhos, como se desejasse que fosse você a felizarda por encontrar um amante tão criativo.

Se você não tem experiências pessoais para dividir com sua Presa, deixe-me contar sobre uma amiga minha chamada Alicia. Dou permissão para que você pegue Alicia emprestada como "sua amiga", com o objetivo de regalar sua Presa com seu espírito sexual aventureiro.

Alicia contou que sempre teve a fantasia de ser "estuprada". Não estupro de verdade, veja bem, mas um estupro fantasiado, uma fantasia feminina muito comum. Alicia estava saindo com um camarada chamado Jim, que queria desesperadamente ir para a cama com ela. Jim insinuou. Jim pediu. Jim implorou. Mas Alicia resistiu. Alicia era uma mulher vivida e, um pouco entediada com os parceiros anteriores, decidiu que não faria sexo com Jim a menos que fosse *do jeito dela*.

Certa quinta-feira à noite, depois de irem ao cinema, Jim levou Alicia de volta à casa de campo dela, afastada muitos quilômetros, no meio do nada. Ele acompanhou Alicia até a porta da casa e pediu para entrar. Mas uma vez, Alicia objetou.

– Jim, você não pode entrar agora. Não nesta noite. Não amanhã à noite. – Ela viu a conhecida decepção no rosto dele. – *Mas* – ela disse, colocando a chave da casa na mão dele –, qualquer noite depois disso, e não me conte quando, eu quero que você...

Alicia começou a contar a ele precisamente o que queria. Ele deveria dirigir até a casa dela durante a madrugada. A porta estaria destrancada. Alicia estaria dormindo. Jim deveria entrar no quarto dela silenciosamente e passar pela cama a caminho do banheiro. Ela disse que ele encontraria um preservativo no armarinho. Ele deveria tirar toda a roupa, colocar o preservativo e depois, furtivamente, aproximar-se da cama.

Alicia queria que Jim pressionasse a mão sobre sua boca e começasse a arrancar a camisola. Ela resistiria com todas as forças. Choraria e gritaria: "Não! Não! Socorro! Estupro!". Como ela morava no meio do bosque, ninguém escutaria. Alicia então correria até o telefone para chamar a polícia. Mas Jim iria dominá-la e "estuprá-la".

Isso foi precisamente o que aconteceu. Alicia disse que jamais vai esquecer a imagem da silhueta de Jim banhada pela luz que vinha do banheiro. Apenas uma coisa saiu do plano. Jim não a "estuprou" apenas uma vez, naquela noite. Ele a "estuprou" duas vezes. E eles fizeram amor de novo quando o sol nasceu.

A beleza de usar a história de um terceiro, como a de Jim e Alicia, é dupla. Você não está admitindo nenhuma depravação que possa voltar e assombrá-la adiante no relacionamento, e está atribuindo a fantasia estranha à mulher, não ao homem, protegendo assim os segredos de outros homens com quem se relacionou. Acima de tudo, você está também pavimentando o caminho para que sua Presa revele a história favorita dele. De um modo tipicamente masculino, ele vai querer brincar de "Eu consigo superar isso".

Enquanto contar para sua Presa essa história ou alguma aventura sexual sua, observe as reações dele. Ele provavelmente vai enxergá-la sob uma nova luz. Ele dirá a si mesmo: "Ei, esta mulher tem uma imaginação excitante. Está aberta a aventuras!". Nem todo homem quer uma mulher sexualmente experiente, mas praticamente todos os homens querem uma mulher que se excita com novas experiências sexuais, em especial com ele.

Quando acabar de contar a história da aventura, esteja preparada para lidar com várias reações. Por exemplo, sua Presa pode arregalar os olhos e perguntar se você gostaria de ser estuprada (ou seja lá o que foi que aconteceu com sua heroína). "Não, não exatamente", você pode rir. Depois, dê uma piscadinha e pergunte: "Alguma outra sugestão?". Agora você pavimentou o caminho para que ele se sinta confortável em compartilhar os desejos sexuais mais profundos. Você pode acabar de mãos vazias ou pode desenterrar a chave para o coração dele. Mas esteja preparada para ouvir da boca dele algumas das fantasias masculinas mais comuns.

Quais são as fantasias masculinas secretas mais comuns? Fantasias de fazer sexo com duas mulheres, de ver duas mulheres fazendo amor entre si, ver outros casais fazendo amor, ver uma mulher se masturbar, ter a mulher no comando e dando a ele ordens sexuais, dominar uma mulher... a lista é longa. A lista também fica cada vez mais extravagante e esotérica.

Se sua Presa tem segredinhos no bolso, vai exibir para você agora, animadíssimo por estar com uma mulher de espírito tão livre.

TÉCNICA # 77 (PARA CAÇADORAS):
O que te excita?

Caçadoras, murmurem misteriosamente sobre como gostam de sexo criativo. Contem a ele uma história como a de Alicia e depois, com um sorrisinho malicioso, perguntem: "O que *te* excita?".

A resposta pode ser o ovo de ouro que dá acesso à galinha... e que o faz apaixonar-se por vocês.

O ronronar quente do depois

Caçadoras, seu trabalho ainda não acabou – longe disso. *Qualquer* que seja a resposta dele, finja entusiasmo. Ponha brilho no olhar e diga: "Ah, jura?". Depois, morda um pouquinho o lábio, tentando conter a empolgação, e sussurre: "Conte-me mais". Pontue o monólogo dele com os "ahs" e "ohs" apropriados e com sorrisos sensuais. Seu objetivo é conseguir que ele continue falando sobre seja lá o que for que o excite.

Alguns alertas. É crucial que, enquanto ele compartilha essas intimidades, você não deixe que nenhum julgamento de reprovação contraia sua testa. A maioria das mulheres tem inteligência suficiente para saber que, ao ver pela primeira vez o pênis do parceiro, deve se mostrar impressionada. Bem, quando um homem divide as fantasias dele com você, está desnudando suas partes privadas mentais. Ele está sensível a cada expressão sua. Um olhar de desaprovação, e ele vai parar de falar no assunto, talvez para sempre.

TÉCNICA # 78 (PARA CAÇADORAS):
A resposta sexy ronronada
Como você deve reagir quando conseguir que sua Presa fale sobre sexo?

Um gemido de aprovação, um ronronar sexy e, talvez, um sorriso malicioso realçado por um pequeno lamber de lábios é o que sugere a Senhorita Bons Modos Eróticos.

Todos os homens têm um segredo sexual?

Prepare-se para uma estatística bem surpreendente. Terapeutas relatam que cerca de 90% dos homens têm um desejo secreto que nunca contaram às esposas ou parceiras. O *New York Time* noticiou em manchete que "Muito é considerado pervertido".[73] Abordaremos essa questão adiante, mas por ora vamos falar sobre as fantasias secretas masculinas mais comuns.

Que tipo de segredos os homens guardam? Nada ultrajante, nada chocante. Mas algo que eles temem que levaria suas mães a considerarem-nos sujos, por pensarem, como as seis fantasias masculinas secretas mais comuns listadas anteriormente neste livro.

Por acaso, a técnica "O que te excita?" é um método esplêndido para descobrir se vocês dois serão sexualmente compatíveis no longo

---

[73] Goleman, Daniel. 1991. "New View of Fantasy: Much Is Found Perverse." *New York Times*, 7 de maio. (N.A.)

prazo. Alguns homens têm hábitos e tendências sexuais que são um lugar divertido para visitar, mas não para morar.

Digamos que você esteja sentada à mesa do restaurante, de frente para ele, com o reflexo da chama da vela no belo copo de vinho iluminando seu rosto expectante e sorridente. Você perguntou a sua Presa "O que te excita?". Ele começa a contar alguma atividade bizarra, que você nunca poderia aceitar. O que fazer, então? Gritar? Pegar a bolsa e sair correndo? Dizer: "Credo, isso é nojento!" ou "Você é um psicopata!"?

Não. Continue ouvindo. Reaja como se o que ele está dizendo fosse excitante. Corra para o banheiro e vomite mais tarde, se for algo que você considera repulsivo, mas agora não é o momento de demonstrar seu asco. Você conduziu sua Presa pelo parque até este ponto, e não é justo jogar areia na cara dele.

A propósito: você não deve jamais revelar os segredos de seu parceiro para ninguém, nem mesmo para sua melhor amiga. Você o induziu a contar tudo, então, agora, precisa jogar limpo. O mais provável é que o segredo de sua Presa seja algo bem comum, mas, se quer que ele se apaixone por você, está em suas mãos fazê-lo pensar que você considera as fantasias banais dele extraordinariamente excitantes.

Faça perguntas com um nível de detalhes que o leve a nocaute

Agora é hora de fingir que você está no curso de ciência política para impedir uma votação prolongando indefinidamente o debate. Esta é sua prova final sobre por quanto tempo você consegue manter um monólogo (dele). Faça a sua Presa todas as perguntas imagináveis sobre a fantasia dele. No começo, ele pode ficar um pouco surpreso com seu interrogatório amigável. Dali a pouco, eu lhe prometo, ele vai captar o espírito da coisa e ficar excitado com sua linha de questionamento.

A primeira e mais desenfreada fantasia secreta masculina é querer estar na cama com duas mulheres ou observar duas mulheres fazendo amor. Vamos dizer que você tenha acabado de usar com sua Presa as técnicas "O que te excita?" e "A resposta sexy ronronada". Fantasiar com duas mulheres foi a grande confissão dele.

Você: Hummm. [Você ronrona.] Isso é excitante. Como são essas duas mulheres?

Ele responde.

Você: Sério? [Você dá uma piscadinha.] Oh. E elas estão vestidas?

Ele responde.

Você: Uau. [Exiba um sorriso fofo, travesso, malicioso.] Uma delas está seduzindo a outra ou as duas já estão interessadas?

Ele responder.

Você: Hum, gosto disso. [Curiosidade sincera.] É a primeira vez que elas fazem com outra mulher?

Ele responde.

Você: E, na sua fantasia, elas têm nomes?

Se tiverem, comece a usar os nomes delas.

Você: Hum. [Molhe os lábios.] E onde Barb e Di se beijam?

Ele responde.

Você: Oh. [Você embarcou totalmente, agora.] E Barb e Di são lésbicas ou só se acharam mutuamente irresistíveis?

E assim vai, e assim a excitação de sua Presa aumenta. A esta altura, se vocês estiverem tendo essa conversa durante o jantar, a mesa poderia começar a flutuar em decorrência da ereção dele. Está bem, Caçadoras, estou exagerando, mas mantenham-se fazendo perguntas e desfrutem do jeito novo como sua Presa vai olhar para vocês. Independentemente de quanto ele as achava atraentes antes, vocês estão se tornando muito mais excitantes para ele agora.

Não levem para o lado pessoal nem se sintam diminuídas porque sua Presa está falando sobre Barb e Di, ou sobre qualquer outra pessoa, e não sobre você. Acreditem em mim, o valor que ele vai dar à sua atitude aberta logo vai redirecionar os pensamentos dele para você.

TÉCNICA # 79:
A entrevista proibida para menores de idade

Enquanto ele lhe conta o que o excita, mantenha-
-o falando, falando, falando.

Finja que você é a apresentadora de TV entrevistando um astro do cinema sobre seu último filme. Faça para sua Presa todas as perguntas imagináveis sobre as fantasias eróticas dele. Pontue as respostas dele ronronando, piscando, gemendo, molhando os lábios e dando outros sinais sutis de aprovação.

Caçadoras, vocês precisam ter uma imagem clara sobre até onde sua Presa quer ir com as fantasias. Pergunte se ele prefere pensar nelas durante o sexo, se quer falar sobre elas enquanto faz amor ou se gostaria de realmente encená-las. Essa é uma pergunta potencialmente perigosa, porque ele pode interpretar como a grande chance de perguntar a você se você realizaria a fantasia dele. Não diga não. Não diga sim. Deixe que ele adivinhe, mas convença-o de que você é cabeça aberta.

No exemplo da fantasia das duas mulheres, você poderia dizer:

– Bem, eu nunca fui para a cama com outra mulher, mas parece bem excitante. Eu teria de pensar bastante a respeito.

Acredite em mim, você nunca precisará ir para a cama com outra mulher se não quiser. A fantasia por si só já vai mantê-lo satisfeito por anos. Na verdade, muitos homens inclusive *preferem* a fantasia.

Caçadoras, descubram as palavras que o excitam

Caçadoras, nós ouvimos muitas vezes que o homem é visual quando se trata de sexo, mas sabiam que ele é também muito auditivo? Tal como uma criança ouvindo histórias antes de dormir, o homem adora ouvir as palavras mágicas que o excitam – de novo, de novo e de novo. Eu as chamo de palavras-gatilho porque elas são projéteis que disparam direto no alvo. Palavras-gatilho apontadas para o coração de uma mulher são um importante estímulo para o relacionamento, mas agora vamos falar sobre como palavras-gatilho, apontadas para os desejos sexuais masculinos, são um afrodisíaco poderoso.

Um homem consegue fechar os olhos para o mundo concreto de trabalho, família e contas a pagar e submergir em um universo de fantasia sexual. Quando sussurra as palavras exatas que acendem o desejo dele, você o joga diretamente em outro mundo, e ele a leva junto.

Homens adoram falar sobre sexo com uma mulher que não transmite julgamentos negativos. Se alguns homens estão dispostos a acumular dívidas pesadas no cartão de crédito só para compartilhar suas fantasias com uma mulher pelo telefone, conversar sobre fantasias deve ser importante para eles. Muitos homens que não podem falar fantasiosamente com as esposas ou namoradas ligam para serviços telefônicos para contar a uma mulher desconhecida o que os excita.

O que acontece em uma ligação típica para um serviço de sexo? Uma mulher de voz sexy pergunta (depois que as condições de pagamento foram negociadas, claro):

– No que você está pensando? Quais são suas fantasias mais quentes, mais profundas, mais eróticas? Humm? Me conta tudo.

Ela só precisa de umas poucas frases dele para mantê-lo falando. Qualquer coisa que o homem diga, a mulher finge achar muito excitante.

– Ah, sério? Humm, gosto disso.

Como fazer qualquer pessoa se apaixonar por você

Uma profissional de telessexo foi treinada para ouvir atentamente as palavras que o chamador utiliza – foi treinada, por assim dizer, na técnica de *Eco* que abordamos antes. Ela inventa uma história, uma fantasia, usando as palavras *dele*.

Voltemos ao exemplo da amplamente disseminada fantasia masculina de duas mulheres fazendo sexo. Suponha que um chamador ligue dizendo que gostaria de "ver duas loiras excitadas uma com a outra chegando às vias de fato". Isso é tudo de que uma profissional precisa. Ela conseguiu as palavras-gatilho para entregar o que o dinheiro dele comprou. O telefonema poderia correr mais ou menos assim.

Ela poderia dizer:

– Ah, você queria ver duas mulheres *chegando às vias de fato*, né? Eu gosto de mulher. Especialmente das *loiras*.

Repare que a profissional da linha erótica não disse *transar*, *fazer amor* nem a palavra começada por *f*. Ela usou a frase exata do cliente, *chegar às vias de fato*. O chamador responderia, meio sem fôlego:

– Você gosta?

– Ah, gosto – ela responderia. – Eu *cheguei às vias de fato* com muitas mulheres. E é engraçado, agora que parei para pensar nisso, todas eram *loiras*.

O chamador respira com dificuldade.

– E você... você... é loira? – ele pergunta.

E quando ela responde "Sou, sim. Tenho cabelo loiro comprido, meço quase um e oitenta", ele começa a ofegar.

Agora, a profissional vasculha o cérebro para criar uma história. Afinal, o cronômetro está correndo e ela quer manter o cliente na linha pelo maior tempo possível.

– Sabe, foi no verão passado – ela começa. – Vi Sheila sentada do lado oposto da piscina. Estava penteando os longos cabelos *loiros*.

Quando ela se levantou, notei que era bem *alta* e tinha um corpo lindo. Comecei a ficar *excitada por ela*. Andei até lá e...

É claro que nunca existiu Sheila nenhuma, piscina nenhuma e nenhum sexo entre a mulher da linha erótica e outra mulher. Na verdade, a profissional provavelmente não era loira, não era alta e poderia até não ser uma mulher. Às vezes, travestis com voz feminina trabalham em serviços de telessexo. Mas *esses detalhes não importam*. São a *fantasia* e as *palavras-gatilho* que contam para o chamador.

TÉCNICA # 80 (PARA CAÇADORAS):
Palavras-gatilho

Ouça atentamente quando sua Presa tiver vencido a inibição e estiver falando sobre sexo. Ele usa "mulher", "moça", "menina", "gostosa", "tesuda", "novinha", "linda"? Para excitar seu parceiro, seja *eroticamente* correta, não politicamente correta.

Quando está em um clima sensual, ele se refere a seus seios, peitos, melões, suas tetas, sua comissão de frente?

Se você quer esquentar as coisas, esqueça os eufemismos femininos durante o sexo. Use qualquer palavra que *ele* use.

Sua Presa pode não ter uma fantasia sexual tão específica quanto a do exemplo que usamos, mas faça-o falar sobre sexo, qualquer coisa sobre sexo. Pergunte sobre as experiências sexuais anteriores dele. Pense no que ele pensa enquanto se masturba (todos os homens fazem isso). Pergunte qual seria a experiência sexual mais excitante que ele consegue imaginar.

Preste atenção à escolha de palavras dele. Quando ele está à vontade, como se refere ao próprio pênis? Não repita a palavra que ele usa quando está em uma conversa social. Ouça a que ele usa quando está com tesão.

Às vezes, você desanima um homem quando *não* usa as palavras-gatilho dele. Entrevistei um homem, em The Project, que contou que ficava muito excitado quando ouvia a palavra *fodendo*, mas a namorada sempre dizia "fazendo amor". Ele amava a namorada e, claro, quando a estava fodendo, dizia que estava sentindo amor. Mas ele ansiava que ela dissesse, só uma vez, "Amor, por favor, me *fode*".

Caçadoras, ofereçam para sua Presa um mimo raro, uma excitação sexual que ele normalmente não obtém de uma mulher com quem esteja em um relacionamento. Vocês podem fazer isso praticamente em qualquer momento, qualquer lugar: ao telefone, à mesa de jantar, passeando no shopping. Simplesmente cochiche as palavras-gatilho no ouvido dele.

Ofereça para sua Presa um bom papo de cama

Para sua Presa, o auge da experiência sexual auditiva é ouvir as palavras que ele considera mais quentes saindo da *sua* boca durante o sexo. Acima de tudo, quando vocês estiverem na cama, use as palavras *dele*, não as suas. Independentemente de quanto elas lhe parecerem bobas, se ele lhe disse que o excitam, acredite nele.

TÉCNICA # 81:
Papo de cama

Caçadoras, lembrem-se de todos os detalhes da resposta dele quando perguntaram: "O que te excita?".

Levem essas fantasias sexuais para a cama junto com vocês. Crie histórias de cama para ele. Seja a operadora de telessexo particular dele, especialmente quando mais importa: durante o sexo.

Junto com as palavras, mencione na cama também as fantasias de sua Presa. Encontre um jeito de abordar as histórias quentes que ele lhe contou. Por exemplo, se sua Presa teve a fantasia com "Barb e Di" que abordamos antes, pergunte a ele durante as preliminares, com um brilho malicioso nos olhos, "Ei, como estão Barb e Di?". Se for a primeira vez que você usa a técnica com ele, talvez ouça em resposta um murmúrio do tipo: "Nossa, credo, eu estava pensando em *você*, Linda". Daí você diz: "Pois eu não estava. Eu estava pensando em Barb e Di. Isso é mesmo um tesão".

Conversar com um homem sobre as fantasias dele durante o sexo se chama *papo de cama*. Caçadoras, isso não é totalmente altruísta. Um bom papo de cama mantém elevada a dimensão do velho e cru medidor de pênis, para seu máximo prazer.

48 Caçadores, estas técnicas funcionam com mulheres?

Considerem isto como mais uma gota no sempre em expansão oceano das diferenças de gênero. Vocês não vão empolgar uma mulher se, no primeiro encontro, embarcarem em um interrogatório sobre as fantasias sexuais dela. Uma mulher provavelmente interpretaria mal se vocês perguntassem "O que te excita?" cedo demais na relação. Pareceria rude. Além disso, mulheres são mais discretas em relação às próprias fantasias e não sentem a mesma necessidade de compartilhar que os homens.

No entanto, vocês ainda precisam responder à pergunta crucial "O que te excita?". O objetivo é o mesmo, cavalheiros, mas o método para chegar lá é diferente. Depois de estarem em um relacionamento íntimo com ela, pergunte a sua Presa (com cautela) sobre relações anteriores: do que ela gostava, do que não gostava. Avancem devagar e informem-na sobre sua motivação. Vocês não estão sendo invasivos. Vocês estão tão felizes com o prazer que ela lhes proporciona que desejam retribuir, oferecendo prazer a ela. Portanto, gostaria de saber do que ela gostava antes. Isso abre uma porta para que ela lhes dê orientações e instruções, se ela quiser.

Se ela preferir não falar, porém, não pressionem. Pisem gentilmente, andem com com delicadeza. Se, a partir do que ela está disposta a divulgar, vocês conseguirem captar alguma informação útil sobre as atitudes e preferências sexuais dela, já estarão em vantagem.

Tenham em mente que sua Presa se excita com vocês como um pacote completo. A sexualidade dela não é tão específica. Sua técnica entre os lençóis é importante, porém, para uma mulher, o interesse vai mais fundo do que isso. Todas as suas maravilhosas qualidades e ações, na cama e fora dela, contribuem para a excitação dela por vocês.

Homens: sempre que pergunto a uma moça o que a excita sexualmente no parceiro atual, ouço palavras descritivas como *brilhante*, *sensível*, *responsável*, *honesto* e uma miríade de outras qualidades, que vocês pensam que não têm nada a ver com o que acontece sob os lençóis. Essas qualidades aumentam a atração dela por você, mesmo quando as luzes são apagadas.

Tanto Caçadores quanto Caçadoras podem usar outra técnica para capturar a Presa. Caçadores, prestem mais atenção, pois esse conselho é mais poderoso para vocês. Descubra outro tipo de fantasia, uma mais profunda, que inclua as necessidades psicossexuais de sua Presa.

Remova as camadas e desnude as fantasias mais profundas dela

Caçadores, as mulheres também têm fantasias sexuais quentes, fantasias sexuais intensas, fantasias sexuais recorrentes. Homens: se conseguirem preencher as fantasias sexuais de uma mulher, terão dado um grande passo para de fazê-la amar vocês. Mas podem dar um passo ainda maior rumo ao coração dela, um pulo mais eficaz na direção de seu objetivo: preencher as fantasias de *relacionamento* dela. Assim como não há duas pessoas com exatamente as mesmas fantasias sexuais, não há duas pessoas com as mesmas fantasias de relacionamento. Outra generalização, mas, assim como homens têm fantasias *sexuais* mais específicas, mulheres têm desejos de *relacionamento* mais específicos.

Tenho uma amiga chamada Dana, uma morena de trinta e seis anos muito atraente, que tem um espetáculo para casas noturnas. Sua beleza física é maior que o talento, mas ela consegue fazer apresentações em bares por todo o país. Dana sente que seus dias de cantora estão contados e quer desesperadamente se casar. Embora encontre centenas de homens todos os anos, ainda não encontrou seu Príncipe Encantado.

Fiquei por muitos anos sem ver Dana, mas recentemente nos encontramos na mesma cidade. Ela estava se apresentando em uma pequena boate perto do meu hotel. Fui assistir ao show e, depois do número dela, sentamo-nos para conversar e nos atualizar. Perguntei como iam as coisas. "Solitárias", ela disse. Após todos esses anos, ela ainda ansiava pelo Senhor Certo. Perguntei:

– Dana, você conhece tantos homens, e sei que vários deles são loucos por você. O que está esperando?

Dana disse:

– Estou esperando pelo cara certo.

– Quem é o cara certo, Dana?

– Bem, um que realmente me ame – ela disse.

– Tenho certeza de que muitos homens poderiam amar você. O que quer dizer?

— Bem, um que me ame do jeito que preciso ser amada.
— Como você precisa ser amada?

Isso abriu as comportas. Dana passou as duas horas seguintes me contando sobre o sonho de algum dia, em alguma boate, *ele* aparecer. Eles fariam contato visual enquanto ela estivesse cantando. Ele a encararia o tempo todo, jamais desviando o olhar. Depois do show, ele a convidaria para sentar-se com ele. Ele diria que ela canta como um anjo e que ouvi-la era como ouvir a voz de uma sereia, que poderia fatalmente levá-lo à destruição. As frases *canta como um anjo* e *sereia que poderia levá-lo à destruição* surgiram diversas vezes durante o melancólico monólogo de Dana. Aquelas eram obviamente frases que provocavam nela uma reação bem forte.

Comecei a perceber que a descrição de Dana sobre ser amada era muito específica e bastante incomum. Para Dana, ser amada era ter um homem que a adorasse quase ao ponto da autodestruição, devido a sua voz ser tão hipnótica. Dana era mesmo linda, mas a voz deixava um pouco a desejar. Insistir que um homem a amasse primordialmente por sua música era exigir muito, mas era isso que ela queria.

Dana e eu exploramos mais fundo e descobrimos que, quando ela era criança, a mãe lhe contava histórias de sereias, as ninfas cantoras dos mares, que enfeitiçavam os marujos e os levavam à morte. Dana contou que costumava cantar na banheira, imaginando que os patinhos de plástico eram marujos que se afogavam, fascinados por sua bela voz. Estranho. Sem dúvida. Mas, de acordo com os testemunhais que recebi em The Project, muitas mulheres têm uma peculiaridade igualmente incomum quanto a como querem ser amadas.

Caçadores, vocês podem ter conhecido mulheres bonitas e bem-sucedidas que poderiam ter qualquer homem, nas que continuam sozinhas. Elas dizem às amigas que "o homem certo ainda não apareceu".

Para elas, essa afirmação é verdadeira, porque a definição que adotam para "o homem certo" é muito específica. É importante para uma mulher ser amada *do jeito que ela precisa ser amada*.

Recentemente, decidi incrementar a pesquisa de The Project perguntando a minhas amigas como elas imaginavam ser amadas. Fiquei pasma com a diversidade de respostas.

Outra amiga, Katharine, tem quarenta e dois anos e nunca se casou. Ela me contou que queria um homem que fizesse dela a prioridade da vida dele, um homem que não tivesse ninguém na vida mais importante do que ela. Isso incluía até ex-esposas ou membros da família atual, como filhos.

Katharine me contou que sabia que seu pedido era de difícil realização, porque a maioria dos homens de sua idade já foram casados antes e muitos têm filhos. Contou que havia rompido com o namorado anterior, Bill, por sentir que ele era apegado demais aos filhos de um casamento anterior. Katharine sabia que seu anseio por ser a número um era injusto, irracional, mas não conseguia se desapegar.

Conversamos mais, e Katharine contou que vinha de uma família desfeita, problemática. Ela se lembrava de um momento de medo, em pé no meio da sala, de mãos dadas com a mãe. O pai estava gritando com a mãe enquanto saía pela porta pela última vez.

– Você não é mais a prioridade número um da minha vida. Adeus.

Enquanto me contava isso, Katharine cobriu os ouvidos com as mãos, para abafar o horror das palavras do pai.

Notando como fiquei comovida com sua história, Katharine dividiu comigo um segredo constrangedor. Ela disse que, quando estava namorando Bill, tinha uma imagem de si mesma e das duas filhas dele, de um casamento anterior, afundando em uma jangada. Em seu pesadelo, Bill vinha às pressas, de canoa, para resgatá-las, mas na canoa havia espaço para apenas uma pessoa. Quem ele iria resgatar?

Ela inclusive me contou que, certa vez, fez a pergunta abertamente para Bill. Ele, com todo o direito, respondeu:

— Katharine, essa pergunta não é justa. Existem diferentes tipos de amor. Você é a pessoa mais importante para mim na categoria *mulher*, mas como você pode comparar isso ao meu amor pelas minhas filhas?

Bill estava certo, é claro, e Katharine sabia, porém, por mais que se envergonhasse de sua necessidade ilógica, ela não ia embora. O fato de Bill não lhe dizer que ela era a *número um* teve grande peso em seu rompimento com ele.

Katharine está agora toda apaixonada por um homem chamado Dan, mas Dan é mais astuto do que Bill. Ele é inteligente o bastante para dizer: "Kathy, você é a *número um* na minha vida". Essas palavras funcionam como palavras-gatilho sexuais para Katharine. Ela está torcendo para que Dan a peça em casamento.

Algumas fantasias femininas de relacionamento são ainda mais masoquistas que as de Katharine. Você já conheceu uma mulher que sempre se envolve com um cafajeste, que a trata realmente mal? Esse é um fenômeno tão comum que alguns homens temem que os caras bacanas sempre se dão mal. Com essas mulheres, é isso mesmo o que acontece. Mulheres felizes são mais realistas e não têm traços esquisitos em suas fantasias de relacionamento. Elas querem simplesmente um homem amoroso, bom, gentil e que as apoie, um bom marido e pai que adore a família, nunca olhe para outra mulher e seja fiel para sempre. (Pensando melhor agora: *essa* fantasia de relacionamento é mesmo realista?)

Ame-a como ela precisa ser amada

Mulheres são mais exigentes que homens quanto às qualidades que o parceiro deve ter. O lamento recorrente "Não tem homem que preste" não significa literalmente que não há homens que prestem. Significa que há escassez de homens que preencham essa definição feminina particular de "prestar". Caçadores, tenham em mente que essa definição é muito subjetiva.

O nível em que a realidade combina com nossas fantasias de relacionamento desempenha um papel importante em nossa felicidade ao longo da vida. Um estudo interessante explorou como namorados pensavam que o parceiro os amava em comparação a como eles *queriam* que o parceiro os amasse[74].

Digamos que John e Sue foram um casal participante do estudo. A partir dos questionários, três itens foram avaliados: como John se sentia em relação a Sue; como Sue gostaria que o parceiro ideal a amasse ou se sentisse em relação a ela; e como Sue pensava que John se sentia em relação a ela.

Quando Sue acreditava que John a amava *do jeito ideal como ela queria ser amada*, sentia-se felicíssima no relacionamento. Todos os Johns e Sues eram mais felizes quando sentiam que os parceiros os amavam da forma exata como eles queriam ser amados.

Caçadores, para cativar o coração de sua Presa, não basta fazê-la sentir-se amada. Descubram *como* ela precisa ser amada: em que medida, por quais qualidades. Façam-na sentir-se amada do modo preciso pelo qual ela quer ser amada. Vocês vão derrotar homens que são mais

---

[74] Sternberg, R. J., e Barnes, M. 1985. "Real and Ideal Others in Romantic Relationships: Is Four a Crowd?" *Journal of Personality and Social Psychology* 49:1586-1608. (N.A.)

fortes, mais bonitos, mais ricos e mais inteligentes do que vocês. Amar e ser amada é importante assim para uma mulher.

Palavras mágicas para fazê-la amar você

Assim como usar as palavras certas para alimentar a fantasia sexual de um homem é crucial, Caçadores devem usar as palavras certas para alimentar a fantasia de relacionamento de uma mulher. Como encontrar as palavras certas? Perguntando, escutando e mantendo sua antena sempre sintonizada. Captem sinais quando ela estiver falando sobre parceiros anteriores, sobre a relação que tem com os pais e sobre o que gosta e desgosta nos vários amigos.

Você talvez tenha também de penetrar fundo, e do âmago extrair o grão de que precisa para plantar as sementes do amor. Pergunte para sua Presa o que amor significa para ela. Escolha um momento relaxado, talvez durante um jantar em um restaurante, e então, em um estado de espírito leve, conte que está lendo um livro sobre como cada pessoa gosta de ser amada de um jeito, como as pessoas têm ideias amplamente variadas sobre o que um relacionamento deveria ser.

Pergunte a ela, simplesmente:

– Se alguém se apaixonasse por você, como você mais gostaria de ser amada?

Talvez ela se mostre hesitante e sem graça, mas insista. Você vai conseguir sua munição, seu grão. Dez mulheres lhe darão dez respostas diferentes. Mil mulheres lhe darão mil respostas diferentes. Você vai ficar surpreso com a diversidade de respostas, mas uma coisa será consistente. Cada mulher dirá as mesmas palavras várias vezes.

Caçadores, se vocês estivessem tentando fazer minha amiga Dana se apaixonar por vocês, diriam a ela: "Dana, sua *linda voz me leva à destruição*". Se estivessem de olho em Katharine, diriam: "Katharine, você é a *número um na* minha vida". Essas são as palavras-gatilho, as chaves de ouro para abrir o coração de cada uma.

TÉCNICA # 82 (MAIS PARA CAÇADORES):
Palavras-gatilho para relacionamento

Primeiro, pergunte a ela: "O que é o amor?" para descobrir como sua Presa mais gostaria de ser amada.

Enquanto ela estiver respondendo, ouça atentamente em busca das palavras-gatilho. Não as use imediatamente, mas, quando chegar o momento de dizer "Eu te amo", insira essas palavras especiais.

Caçadoras, palavras-gatilho para relacionamento funcionam para vocês também

Homens também têm modos específicos como querem ser amados. No entanto, há um truque extra que vocês podem usar para descobrir como sua Presa quer ser amada. Descubram a fonte do orgulho dele e usem as palavras mágicas que o descrevem.

Um homem pode querer uma mulher que o ame porque ele é inteligente. Outro precisa sentir que é sexualmente irresistível. Um terceiro pode ansiar por ser Peter Pan, que é amado por sua meninice.

Um amigo meu chamado John, advogado, ficou noivo recentemente. Ele tem muito orgulho por ter se feito sozinho. Na verdade, essa é uma das frases favoritas dele, e eu o ouvi dizê-la vezes sem conta. O pai de John era gari, e John chegou ao ensino médio e depois fez faculdade de Direito.

Uma vez, nós estávamos conversando sobre a noiva dele, Lisa. Ele me disse: "Lisa entende que *eu me fiz sozinho* e me admira por isso". Eu pensei com meus botões: será que Lisa realmente admira isso? Ou é uma mulher muito inteligente, que compreende que essa é a fonte do orgulho de John?

Uma vez, eu tive um inquilino, um jovem policial muito bonito, chamado Karl, que saía com uma porção de mulheres. Sabendo de meu interesse por relacionamentos, ele com frequência me contava sobre a namorada da semana. A frase recorrente de Karl era: "Acho que ela saca meu estilo". Provavelmente nenhuma das moças com quem ele estava saindo dizia exatamente "Karl, eu saco seu estilo", mas, se uma delas fosse esperta o bastante para captar essas palavras, estaria tocando o ponto sensível dele.

Caçadoras, façam o homem sentir que vocês o amam e admiram pelas qualidades das quais ele mais se orgulha. É provável até que sua Presa, sem perceber, já tenha lhes dado a frase certa para usar. A "eu me fiz sozinho" de John e a "saca meu estilo" de Karl eram as chaves para conquistar o amor deles. Ecoar essas frases é usar seu arco do Cupido para fazer uma pontaria certeira no coração desses homens.

49 Finalmente, laçando o solteiro convicto

De vez em quando, Caçadoras consomem os próprios corações e arrancam os cabelos por uma Presa confirmadamente livre: o homem maduro atraente que está solteiro e nunca foi casado. Você conhece o tipo. Você pensa que ele poderia escolher: sai com belas mulheres e tem casos amorosos com elas. Mas os relacionamentos dele nunca duram mais que uns poucos meses. Quando os amigos perguntam o que está esperando, ele apenas sorri, dá de ombros e diz: "Ah, a mulher certa ainda não apareceu".

Esse tipo de Presa disponível está mentindo? Ele está decidido a permanecer solteiro até morrer? Geralmente, não. Geralmente, ele não está mentindo e, sim, geralmente a mulher certa para ele ainda não apareceu. O que ele não conta é que, com isso, quer dizer que a mulher *sexualmente* certa ainda não apareceu.

Jerry era o exemplo perfeito de homem cobiçado que todo mundo considerava um solteirão determinado, persistente e decidido. De fato,

Jerry era o solteiro mais desejável na cena social de sua cidade. Tinha cerca de quarenta anos, era bem-apessoado e muitíssimo atraente. Tinha um trabalho interessante, como apresentador de um programa de entrevistas na emissora de TV local. Às vezes, os convidados de Jerry até perguntavam, enquanto estavam no ar, "Jerry, quando você vai se assentar?" ou "Jerry, todas as mulheres da cidade o desejam. Quando você vai escolher a sortuda?". A resposta dele era sempre a mesma: "A mulher certa ainda não apareceu".

Caçadoras, caso vocês se vejam atraídas por uma Presa que nunca caiu em uma armadilha, suas chances matemáticas de ser quem vai conquistá-la são bem baixas, a menos que disponham de uma munição especial, armas especiais que outras Caçadoras não têm. Munidas desse conhecimento especial, vocês aumentam suas chances de se tornar, para o solteiro convicto do tipo de Jerry, a tão aguardada "mulher certa".

Conheci Jerry quando estava conduzindo pesquisas sexuais em The Project. Eu era uma "convidada especialista" frequente no programa dele, e nos tornamos amigos platônicos. Certa noite, depois do programa, estávamos jantando em um restaurante perto da emissora. Quando fiz a ele a mesma pergunta que todos lhe faziam, "Por que a mulher certa ainda não apareceu?", ele sentiu que podia confiar em mim. E me contou tudo.

Acontece que Jerry tinha um segredo, mas sentia tanta vergonha dele que nunca havia contado a ninguém. Torcendo as mãos entre uma e outra garfada no filé de linguado, Jerry cochichou seu mais profundo segredo para mim:

— Às vezes, quando estou na cama com uma mulher, fantasio que eu sou a mulher e ela é o homem. Ela assume o comando e me seduz.

— E daí? – respondi. – Qual o problema?

— O problema — ele respondeu nervosamente, olhando ao redor para se certificar de que ninguém poderia ouvir — é que eu me imagino vestindo as roupas dela.

Ele pousou o garfo e enterrou o rosto nas mãos.

— Jerry, não é tão ruim assim. É uma fantasia muito comum.

O sorriso grato dele foi minha recompensa pelo exagero. Ao longo das horas seguintes, Jerry se soltou e me contou tudo. Disse que, sempre que sai com uma mulher, lança algumas dicas, para ver como ela reage. Por exemplo, às vezes ele olha para os saltos altos da moça e diz: "Esses sapatos são lindos. Como acha que eu ficaria, com eles? Ahaha".

Jerry analisa a reação dela *com muita atenção*. Se ela por acaso diz algo como: "Ah, você ficaria horrível!", isso elimina o interesse erótico de Jerry por ela. No entanto, se ela responde com: "Nada mau", ele considera isso uma boa reação e segue interessado. Se ela diz algo além, como: "Ah, você ficaria muito bem em sapatos de salto alto", Jerry conta que fica louco de desejo por ela. Esse é o nível de aleatoriedade da sexualidade de alguns homens!

Uma Caçadora frequentemente desanima um homem ao falhar em responder de um jeito específico às pistas sexuais que ele dá. No entanto, se a mulher não tem experiência nem conhecimento de fantasias pouco convencionais, não se pode esperar que ela dê a resposta certa.

O conteúdo excêntrico sobre o qual todos nós lemos nos tabloides e ouvimos dando risadinhas, em programas de TV, é espantoso. Muitas pessoas acham que todos os homens que querem brincar de jogos incomuns são uns doidos varridos, que deveriam ser trancafiados. O que elas não entendem é que as coisas não são ou brancas ou pretas, estranhas ou não estranhas. Muitos homens têm traços de desejos não convencionais, mas não fortes o bastante, ou desesperados o bastante, para fazê-los ir a um programa em rede nacional e se humilhar na frente do país, mas fortes o bastante para excluir o casamento, a menos que a mulher aceite essa característica extravagante dele.

Jerry me contou que, se a moça responde positivamente às dicas, ele leva as coisas um passo adiante. Após ir para a cama diversas vezes com essa nova mulher, ele certa noite sugere uma inversão de papéis.

– Nesta noite – ele brinca – você vai ser o cara e eu vou ser a garota. Vai em frente: me seduz!

A maioria das namoradas, Jerry disse, faz uma tentativa não muito animada.

– Mas – ele contou – eu sei quando ela não está gostando, E, se não está, bem, não posso fazer nada. Perco interesse nela. Quando encontrar a mulher certa, que goste de me vestir com as roupas dela, eu me caso na mesma hora.

E ele não está brincando.

Existem milhões de Jerrys no mundo. Nem todos eles querem usar as suas roupas, mas querem uns sabores bem mais exóticos do que baunilha em seus pratos.

Por que os Jerrys querem um sexo tão bizarro?

Conforme vimos, tal como o restante de nossa personalidade, praticamente todas as nossas necessidades e desejos sexuais têm raízes na infância. Em terapia, a origem com frequência aparece, mas alguns homens não precisam fazer análise para encontrar as raízes de suas fantasias sexuais.

Jerry se lembra de uma vez, quando tinha por volta de cinco anos. A irmã mais velha e várias amiguinhas dela o desnudaram, e depois o vestiram com suas roupas de baixo de renda. Ele se lembra de olhar para si mesmo nas belas calcinhas das meninas e ver um pequeno inchaço, sua primeiríssima ereção. Jerry se sentiu humilhado por ser controlado pelas meninas, mas adorou receber toda aquela atenção. Isso marcou seu Mapa do Amor para sempre.

Caçadoras, mantenham os ouvidos especialmente antenados para captar pistas de fantasias envolvendo controle. O jogo dominância/submissão é o fruto exótico mais comum nos jardins secretos dos homens. Surpreende muita gente, mas a verdade é que, entre os dois, ser o submisso é de longe o anseio mais prevalente.

Para mulheres que tradicionalmente assumiram um papel mais dócil, ser sexualmente submissa não é grande coisa. A fantasia clássica de "ser possuída" – o lindo desconhecido levando-a no meio da noite para o castelo e fazendo sexo com ela – não é constrangedora. No entanto, se um homem tiver a fantasia equivalente de uma mulher forte o amarrar na cama e fazer sexo com ele à maneira dela, ele se sente envergonhado.

Por que fantasias de controle são tão prevalentes? A maioria dos meninos tem seu primeiro prazer sexual muito cedo na vida, quando a Mamãe ainda é o centro do universo. Como ele é criança, a mãe o banha, troca suas fraldas, dá-lhe palmadinhas, passa talco no pênis, passa óleo em seu corpinho e oferece vários outros tipos de atenção íntima e não viril. Embora a mãe seja sua protetora, ela é também a primeira figura de autoridade, a ditadora dele. Ela o castiga quando ele se comporta mal. Ele fica vulnerável e totalmente à mercê da mãe, mas sente em seu coraçãozinho que conta com o amor incondicional dela. E nisso há uma grande segurança.

Na idade adulta, longe do controle e da proteção da mãe, um homem é deixado sozinho. Todos nós, quer percebamos ou não, estamos continuamente buscando formas de superar essa sensação de estarmos sós, de nos sentirmos alienados. Alguns homens encontram consolo nas fantasias sexuais. Se não pode ter a mãe de volta, ele pode ter outra mulher bonita lhe dizendo o que fazer. Não apenas ela vai dizer a ele o que fazer, mas vai dizer também como fazer e, quem sabe, até castigá-lo quando ele fizer errado. Esse tipo de homem busca uma parceira sexual que permita a ele pôr tudo para fora, permita a ele chorar, permita a ele implorar, permita a ele ser de novo uma criança vulnerável.

Alguns homens invertem a fantasia toda e querem fazer com você aquilo que não conseguem admitir que desejam que seja feito com eles. Esse tipo de homem mantém essas fantasias trancadas em sua psique sexual privada, até que alguma Caçadora inteligente esfregue a lâmpada de Aladim e as liberte, e o faça sentir-se bem em relação a elas.

Caçadoras, se vocês sentem que poderiam ser felizes com um Jerry, há um caminho seguro para o coração dele. Simplesmente entre nos jogos fantasiosos dele. Nem todos os Jerrys querem vestir roupas femininas. Outros Jerrys querem apimentar o sexo com jogos que envolvem tapas, cócegas, lutas ou a presença de brinquedinhos na cama com vocês dois.

Um giro pela estranheza

Alguns solteiros convictos têm segredos ainda mais profundos e sombrios. Como os patinhos que identificam como mãe o primeiro objeto que veem se movendo ao sair do ovo, alguns rapazes carregam por toda a vida uma atração incurável por uma experiência ou objeto que deixou uma impressão profunda neles. Se o desejo sexual de um menininho se distorce, ele pode ficar apegado ao avental de borracha que roçou seus pequenos genitais enquanto a mãe trocava suas fraldas ou aos pés nus que viu caminhando ao redor do berço. Para alguns poucos homens, isso pode se tornar fetiches completos. Como fetiches são praticamente inexistentes entre mulheres, elas não os compreendem.

Você consegue alterar os desejos de sua Presa, ajudar seu parceiro a sair delas? Não, dizem-nos os terapeutas. Assim como é praticamente impossível modificar um homem homossexual para torná-lo heterossexual, é uma batalha perdida tentar transformar um homem com fantasias incomuns em convencional. As fantasias mais estranhas, como o desejo de Jerry de vestir roupas femininas, são espantosas, mas em geral caem em categorias defináveis.

Basta dizer que, se você se vir interessada em um Jerry ou alguma outra espécie sexualmente exótica, simplesmente vá até um streaming ou a um site de filmes. Desta vez, busque um filme sobre sujeição [ou qualquer que seja a pegada dele].

50 Sobre olhar para outras mulheres

Vamos agora subir dos subterrâneos para a Avenida Principal, em Qualquer Cidade, Estados Unidos, e encarar um problema que *todos* os homens e mulheres enfrentam quando estão passeando com o parceiro.

Um casal, Dick e Jane, estão alegremente passeando de mãos dadas na calçada. Uma mulher deslumbrante vem no sentido contrário e anda na direção deles. "Droga", Jane pensa. "Aposto que Dick vai olhar para ela. Ele não se atreveria."

"Uau, mil vezes uau", Dick Pensa. "Que filé! Opa, é melhor eu não deixar que Jane me flagre olhando para ela. Bem, vou manter a cabeça reta e só olhar quando a visão for a melhor. Vou mover apenas os olhos, rapidinho, quando ela passar perto de nós."

Dick e Jane continuam andando despreocupadamente, alheios, claro, ao filé que se aproxima. Dick sorri para Jane e aperta um pouco mais sua mão, para tranquilizá-la. Jane sorri, toda contente.

O filé se aproxima. E se aproxima. Essa é a janela de oportunidade de Dick. É agora ou nunca. Ele deixa os globos oculares girarem na direção dela por uma fração de segundo. Ele consegue se safar?

De jeito nenhum! Do ponto de vista de Jane, os olhos de Dick poderiam, da mesma maneira, estar caídos para fora e pendurados pelo nervo óptico quando o filé passa. Jane entra em um acesso de insegurança ou então cutuca Dick com uma frase batida, tipo: "O que foi, nunca viu uma mulher antes?".

Cena ruim.

TÉCNICA # 83 (PARA CAÇADORES):
Nada de fitar os filés

Caçadores, para ganhar o coração de sua Presa,
use tapa-olhos de cavalo sempre que estiver com
ela. Mantenha seu olhar em dieta restrita.

Na verdade, reze para que um filé suculento ande em sua direção, apenas para provar para sua Presa quão indiferente você é a todas as outras – você só tem olhos para sua linda mulher.

Caçadoras, aqui vai um truque que as ajudará a ganhar o coração de sua Presa quando o inevitável acontecer. Deixe-me apresentar isso na forma de um debate jurídico.

DADO QUE: Todos os homens gostam de olhar para outras mulheres... por mais que finjam que não;

DADO QUE: Homens adoram quando uma mulher lhes dá permissão para fazer algo que eles queriam muito, mas sentiam que não deveriam;

PORTANTO: Para conquistar o coração de sua Presa, ajude-o a fazer o que ele queria o tempo todo ter feito. Dê a ele petiscos sem culpa. Aponte os biscoitinhos bonitos. *Faça-o olhar para outras mulheres.*

Aponte para outras mulheres na rua, em uma festa, na televisão. Procure por elas nas multidões e certifique-se de que sua Presa não deixe de ver nem uma. Quanto afeto a mais Dick sentiria por Jane se ela, ao ver o filé se aproximando, tivesse dito: "Uau, Dick, você vai adorar o que está vindo".

TÉCNICA # 84 (PARA CAÇADORAS):
Fite os filés

Caçadoras, apontem mulheres atraentes para sua Presa para dar a ele permissão de olhar para elas. Digam coisas como: "Ora, isso sim é uma mulher de estilo" ou mesmo "Nossa, que linda, né?".

Se ele for inteligente, provavelmente vai protestar e murmurar alguma coisa sobre você ser mais bonita. Mas daí ele já terá dado uma espiadinha, e você terá um homem muito mais feliz.

51 Revirando a última pedra

Que nunca se diga que uma única pedrinha deixou de ser revirada, na exploração de *Como fazer qualquer pessoa se apaixonar por você*. Nenhuma investigação ampla estaria completa sem o exame de outra passagem para o coração de nossa Presa: a passagem nasal ou feromônios.

Oi?

Feromônios. Excreções corporais químicas. Odores físicos.

De uns tempos para cá, falou-se muito dos feromônios. Em certos insetos e animais, feromônios comprovaram ser realmente matéria poderosa. Alguns insetos precisam copular imediatamente quando recebem um estímulo olfativo. E, quando porcas recebem um borrifo dos feromônios emanando de um porco suado, elas abrem as narinas, viram as ancas na direção dele e grunhem sedutoramente.

Nos animais humanos, suor, chulé e fluidos vaginais (odores que os americanos pagam alegremente às empresas de desodorante para que eliminem) podem ser considerados feromônios. Eles funcionam? Os odores corporais masculinos exercem sobre as fêmeas humanas e vice-versa os mesmos efeitos que têm sobre os sexos opostos no reino animal?

Certos humanos respondem abertamente a odores corporais. Muitos homens gostam do aroma das axilas de uma mulher. Napoleão supostamente enviou uma carta para sua amada Josephine, pedindo-lhe: "Chego a Paris amanhã. Não se banhe". Hoje, no entanto, a esposa típica seria mais propensa a mandar o marido cheirador de axilas para um terapeuta sexual.

Ceticismo à parte, alguns pesquisadores ainda nutrem grandes esperanças para os feromônios humanos. Meia dúzia de cientistas respeitados pensa ter descoberto um novo órgão sensível em nossa cavidade nasal, chamado *órgão vomeronasal* ou VNO. Esses cientistas nos dizem que os anatomistas negligenciaram esse órgão durante séculos. Não é de espantar: ele não passa de um carocinho pálido perto da base do septo, que divide o nariz. Esse grão minúsculo é supostamente capaz de detectar sinais químicos transmitidos de maneira inconsciente entre as pessoas.

Para provar seu argumento, os cientistas fizeram o que fazem todos os cientistas. Realizaram experimentos. Porém, quando os humanos pesquisados se deitaram de costas e dilataram as narinas em prol da ciência, nada aconteceu. Mulheres que cheiraram almofadas de axilas que homens haviam usado por diversos dias observaram realmente uma ligeira mudança em seus ciclos menstruais, mas certamente não relataram nenhuma sensação de atração sexual.

Apesar disso, cientistas e empreendedores modernos, sempre em busca de uma descoberta capaz de chegar às manchetes, continuaram a pesquisar. A esperança (o entusiasmo?) é que, ao envasar alguma forma de odor corporal humano, as pessoas serão capazes de provocar a mesma reação da porca quando recebe uma lufada do hálito do porco. Um empreendedor esperto já engarrafou uma nova forma da velha substância, o cheiro de corpo, e está vendendo cinquenta mililitros por setenta dólares. Catálogos de venda por correspondência embarcaram no trem do cheiro corporal e estão anunciando ingredientes secretos do corpo humano que garantidamente hipnotizam e atraem o sexo oposto.

Realizei um pouco de pesquisa pessoal nesse campo, mas minha observação nada científica é que, se você passar um pouquinho de feromônio atrás de cada orelha, poderá descobrir insetos fêmea excitadas voando ao redor de sua cabeça. Nenhuma evidência até o momento comprova para mim que feromônios podem causar as mesmas reações em humanos.

O sentido do olfato, no entanto, exerce uma atração poderosa. Quem sabe? Há um borrifo de evidência de que esses cientistas e empreendedores estão no caminho de alguma coisa – suficiente, ao menos, para fundamentar um último conselho: tenha muita consciência dos efeitos que seu cheiro pode provocar em sua Presa.

TÉCNICA #85:
Quem sabe?

Não espere que sua Presa caia de nariz no chão de amor por você apenas por causa de seu cheiro. No entanto, dado que feromônios desempenham um papel importante no erotismo animal, melhor garantir. Dê um impulso olfativo a seu relacionamento deixando que sua Presa escolha seu perfume ou sua loção pós-barba.

Posfácio

Nós chegamos a este mundo, vindos do útero materno, sozinhos. Vivemos a vida em uma solitude determinada pelos limites de nossa mente e nosso corpo. E deixamos esta existência terrena desacompanhados. Se, no meio do caminho, duas solidões conseguem encontrar união e comunhão com outro mortal, encontram realmente a verdadeira felicidade. Mas o amor verdadeiro é um luxo, não um direito de nascença preestabelecido. Assim como para obter qualquer luxo precisamos avaliar os métodos mais poderosos para consegui-lo.

Recorremos à pesquisa científica para saber *por que* as pessoas se apaixonam e depois modelamos nossas ações para que atendam às necessidades daquele mortal que queremos que se apaixone por nós. Porém, como o poeta inglês Samuel Taylor Coleridge escreveu em uma carta a um colega, "Acredito que as almas de quinhentos Sir Isaac Newton seriam necessárias para formar um Shakespeare ou um Milton".

Assim é com o amor. Atentem para os estudos, que nos falam dos seis elementos do amor que exploramos:

- ❤ O impacto das *primeiras impressões*,
- ❤ A influência das *semelhanças*,
- ❤ A avaliação distorcida da *equidade*,
- ❤ O narcisismo do *ego*,
- ❤ A magnitude das *diferenças de gênero* e
- ❤ A alegria e o arrebatamento do *sexo*.

Afie sua flecha com a sabedoria e as técnicas que a ciência produziu. Mas, quando mirar em sua Presa, nunca se esqueça do aspecto artístico, da criatividade e da *mágica* do amor. Um grande artista estuda técnicas durante toda a vida, porém, inundados pelo calor dos holofotes, esses anos de treino excruciante somem no passado. Artistas triunfantes se entregam ao momento e deixam que a mágica aconteça naturalmente. Assim é com o romance. Estude e treine práticas para fazer alguém se apaixonar por você. Mas, quando o momento chegar, entregue-se a ele. Siga seus instintos e obedeça a seu coração.

Eu lhe desejo amor.